Alfonso   Gálvez

Siete Cartas
a
Siete Obispos

Volumen Segundo

New Jersey
U.S.A. - 2025

Siete Cartas a Siete Obispos, Volumen Segundo by Alfonso Gálvez. Copyright © 2025 by Shoreless Lake Press. American edition published with permission. All rights reserved. No part of this book may be reproduced, stored in retrieval system, or transmitted, in any form or by any means, electronic, mechanical, photocopying, recording or otherwise, without written permission of the Society of Jesus Christ the Priest, P.O. Box 157, Stewartsville, New Jersey 08886.

CATALOGING DATA

Author: Gálvez, Alfonso, 1932–2022
Title: Siete Cartas a Siete Obispos, Volumen Segundo
Library of Congress Control Number: 2024924299

ISBN: 978-1-953170-47-7
978-1-953170-48-4 (e-book)

Published by
Shoreless Lake Press
P.O. Box 157
Stewartsville, New Jersey 08886

NOTA DE LOS EDITORES

El volumen primero de **Siete Cartas a Siete Obispos**, fue publicado en el año 2009. El Padre Alfonso Gálvez, desarrolla en sus páginas un jugoso comentario a las cartas que *"el Espíritu escribe a las siete iglesias"*, en los primeros capítulos del Apocalipsis de San Juan.

Este primer volumen está dedicado enteramente a *La Carta a la Iglesia de Éfeso*. La intención del autor era continuar comentando las otras seis cartas a las iglesias. Y así lo hizo en parte, pues continuó escribiendo la Carta a la Iglesia de Esmirna, que ha permanecido inédita hasta la fecha.

Diversas circunstancias, —y la preparación de otras nuevas publicaciones—, le obligaron a dejar de lado este comentario, que volvió a retomar a partir de 2014, esta vez en forma de Editoriales, breves textos que eran publicados con regularidad en su blog. De ahí surgieron los comentarios a las cartas de las Iglesias de Pérgamo, Tiatira y Laodicea. De esta forma, llegó a completarse casi todo el plan inicial del autor —a excepción de las cartas a las iglesias de Sardes y Filadelfia—, aunque nunca se procedió a publicarlo y reunirlo en un segundo volumen.

Ahora, dos años después de la muerte del P. Alfonso Gálvez, hemos querido sacar a la luz y reunir los textos a que hemos hecho referencia. Y, aprovechando esta nueva edición, hemos actualizado algunas de las citas de su libro de Poemas, —Los Cantos Perdidos—, que se publicó definitivamente en el año 2020 con el nuevo título de Cantos del Final del Camino.

CARTA A LA IGLESIA DE ESMIRNA

Al ángel de la Iglesia de Esmirna, escríbele:

«Esto dice el Primero y el Último, el que estuvo muerto y ha vuelto a la vida: "Conozco tu tribulación, tu pobreza —aunque eres rico— y la calumnia de parte de los que se dicen judíos y que no son más que una sinagoga de Satanás. No temas por lo que vas a padecer: el Diablo os va a encarcelar a algunos de vosotros, para que seáis tentados; y sufriréis tribulación durante diez días. Sé fiel hasta la muerte y te daré la corona de la vida"».

El que tenga oídos, oiga lo que el Espíritu dice a las Iglesias. Quien venza no será dañado por la muerte segunda.

(Ap 2: 8–11)

I

El Autor de la Carta y Jesucristo

1. El Primero y el Último

Lo primero que llama aquí la atención se refiere al autor de la Carta. Dirigida al Ángel de la Iglesia de Esmirna, parece indudable que es el Espíritu quien habla.[1] Es Él quien induce a escribirla y quien la dicta: *Al ángel de la Iglesia de Esmirna, escribe...* Lo que queda confirmado en la misma Carta, mediante la advertencia, contenida ya en la dirigida al Ángel de Éfeso y que luego se repite en cada una de las restantes: *El que tenga oídos, oiga lo que el Espíritu dice a las Iglesias.*[2]

Sin embargo, todo en el texto parece indicar que es otro quien toma la palabra: *Esto dice el Primero y el Último, el que estuvo*

---

[1] Esmirna era una de las ciudades más prósperas y antiguas del Asia menor, situada alrededor de unas cuarenta millas al norte de Éfeso. La ciudad (actualmente Izmir) consta de una población de 200,000 habitantes de los cuales solo un tercio son cristianos. En el pasado era conocida a menudo como el "ornamento de Asia", "la ciudad de la vida" y "metrópolis". El monte Pagus se levantaba en medio de la ciudad y en su cima se adoraba al dios griego Némesis. Pocas ciudades habrán sufrido tantos sitios, masacres, terremotos, plagas e incendios como ésta. San Policarpo, que era el Pastor de esta iglesia cuando Juan, del cual había sido discípulo, escribió la Carta, murió en la hoguera alrededor del año 155 en la cima del monte Pagus.

[2] Ap 2: 7.11.17.29; 3: 6.13.22.

muerto y ha vuelto a la vida: 'Conozco tu tribulación...' Según lo cual cabe preguntar: ¿Quién es exactamente el que habla y quién es el que se dirige al Ángel de la Iglesia de Esmirna?

Evidentemente el autor de la Carta es el Espíritu: *El que tenga oídos, oiga lo que el Espíritu dice a las Iglesias.* Pero quien toma la palabra —el que habla— es Otro distinto: *Esto dice el Primero y el Último, el que estuvo muerto...* De donde se impone la conclusión: Uno es el autor de la Carta y Otro es el que habla. ¿Debe ser atribuida la Carta, por lo tanto, a dos autores, si bien con distinto grado de intervención? La respuesta es un sí y un no a la vez, aunque suene a contradictoria. Pero es que aquí nos tropezamos, ya de entrada, con el Misterio Trinitario.

Según lo cual, quien habla es Jesucristo —*el Primero y el Último, el que estuvo muerto y ha vuelto a la vida*—. Aunque lo hace por boca del Espíritu.

Jesucristo, como Verbo Encarnado, es la Palabra del Padre. La cual se hace inteligible para los discípulos por medio y a través del Espíritu. Así es como el Espíritu cumple con su misión específica: *Cuando venga Aquél, el Espíritu de la Verdad, os guiará hacia toda la verdad, pues no hablará por Sí mismo, sino que dirá todo lo que oiga y os anunciará lo que va a venir.*[3]

2. El Espíritu Santo y el Amor en las criaturas racionales

Que el Espíritu de la Verdad no hablará *por Sí mismo* es la traducción corriente del texto de la Vulgata (y de la Neovulgata) *non loquetur a semetipso*. Traducción que puede considerarse correcta conforme al texto griego y que se podría traducir también como que

---

[3] Jn 16:13.

no hablará *de Sí mismo*. Así por ejemplo, la *Bible de Jérusalem*, entre otras, lo interpreta en este último sentido: *car il ne parlera pas de lui–même*. De todas formas la discusión es intranscendente, puesto que el resultado es el mismo: tanto la expresión *no hablar por sí mismo* como la de *no hablar de sí mismo*, vienen a significar, en último término, que la persona que habla desaparece como tal en cuanto al tema y el objeto de los cuales se habla. De ahí que el texto añada que el Espíritu sólo hablará *de lo que oyere*.

Pero el hecho de que el Espíritu Santo *nunca hable de Sí mismo*, sino solamente en referencia al Hijo, y a través de Él al Padre, hace especialmente difícil la consideración teológica —en el marco trinitario— de la Tercera Persona Divina. *El Gran Desconocido* ha sido una expresión con frecuencia aplicada al Espíritu Santo con justa razón. Con respecto a lo cual conviene recordar que la *procesión* de la Tercera Persona Divina es la que siempre ha ofrecido más dificultades al entendimiento humano. El cual, si bien es verdad que al menos hasta cierto punto es capaz de hacerse una idea de la *generatio* intelectual del Hijo, no deja de sentir dificultades con respecto a la *spiratio*, que es la operación por la que el Espíritu Santo procede conjuntamente del Padre y del Hijo.

Ya puede suponerse, sin embargo, que el problema no acaba ahí. Dado que al Espíritu Santo se le *atribuye* el Amor en el seno de la Trinidad, puesto que es la mutua y recíproca *spiratio* de Amor entre el Padre y el Hijo, resulta que el amor en general, o en cuanto participado por las criaturas racionales, habrá de ser referido a Él de un modo especial como a su fuente y fundamento.[4]

Nada tiene de extraño por lo tanto que el amor, al cabo de tantos milenios transcurridos en la Historia de la Humanidad, siga

---

[4]Téngase en cuenta que aquí se habla de *atribuciones*, puesto que en realidad Dios es todo Amor (1 Jn 4: 8.16).

siendo una realidad prácticamente desconocida. A pesar del alto nivel alcanzado por el hombre en su intento por explicarlo (incluso ayudado por la Revelación neotestamentaria, que vino a significar un paso de gigante en la tarea), el conjunto de lo sabido no es sino una parte ínfima con respecto al todo. Sin olvidar que aquí nos referimos al participado por las criaturas, puesto que, tal como hemos visto en San Juan, en último término el Amor se identifica con Dios.

En realidad, todo responde a la naturaleza de las cosas. ¿Qué podría decir de sí un alma enamorada, que jamás suele pensar en sí misma y que solamente pretende salir de sí e ir al encuentro de la persona amada? El amante no piensa en sí mismo sino en la persona amada, y de ahí que no se sienta tan interesado acerca de sí mismo cuanto por la persona amada. En *El Cantar*, por ejemplo, apenas si la esposa da razón de sí misma, mientras que en cambio se deleita describiendo al Esposo:

> *¿Y en qué se distingue tu amado,*
> *oh la más hermosa de las mujeres?*
> *¿En qué se distingue tu amado,*
> *tú, que así nos conjuras?*
>
> ....
>
> *Mi amado es fresco y colorado,*
> *se distingue entre millares.*
> *Su cabeza es oro puro,*
> *sus rizos son racimos de dátiles,*
> *negros como el cuervo...*[5]

El amor habla del otro a cada uno de los amantes: al amante acerca de la persona amada; y a la persona amada acerca del amante.

---

[5] Ca 5: 9–11.

Mira desde cada uno de ellos hacia al otro sin detenerse en sí mismo, y hasta al parecer sin interesarse en sí mismo.

En el seno de la Trinidad, el Espíritu Santo es el *nexus duorum* que decían los Padres. Si se le preguntara *acerca de Sí mismo* su respuesta acabaría remitiendo al Hijo, y a través de Él al Padre. Es el *nexo* de Amor que, procediendo de ambos, manifiesta la *unión* entre el Padre y el Hijo.[6] Dado que es una Persona, como el Padre y el Hijo (de los que se diferencia realmente *como Persona*, aunque se identifica realmente con ellos en la única Esencia divina), es susceptible de ser invocado. Y también de ser amado en el mismo Amor con el que se ama al Padre o al Hijo, dado que la simplicidad de la Divina Esencia hace imposible amar a alguna de las Personas Divinas sin amar a las otras: lo que los teólogos llaman *perichóresis* o *circumincesión*.

Con respecto a las criaturas, ya puede suponerse que es obligado echar mano, una vez más, de la analogía. En ellas el amor es una realidad creada y una participación, aunque no una persona. En el orden sobrenatural, el amor en las criaturas significa una *presencia* del Espíritu, que es quien produce ese amor como uno de sus frutos (Ga 5:22), tal como se dice en la Carta a los Romanos: *El amor de Dios se ha derramado en nuestros corazones por medio del Espíritu Santo que se nos ha dado.*[7] Tal presencia, sin embargo, no consiste en un acto de mera subjetividad a la manera de un estado de *toma de conciencia* por parte de quien la recibe, sino que es una *realidad* a la que los teólogos han denominado como *inhabitatio* y que puede referirse a Dios, a Cristo, al Espíritu Santo, a la gracia o a las Personas Divinas en conjunto (Jn 14:23; 17:26).

---

[6]Cf Santo Tomás de Aquino, *Summ. Theol.* I^a, q. 37, a. 2, co.
[7]Ro 5:5.

En el orden puramente natural, en ausencia de la gracia y sin la presencia del Espíritu Santo, el hombre es todavía un ser capaz de amar y de ser amado. Al fin y al cabo se trata de una potencialidad inherente a su naturaleza, creada a imagen y semejanza de Dios que es Amor. El amor es un don que Dios habría otorgado al hombre desde que decidió crearlo, lo que incluía también el hipotético caso de no haberlo elevado al orden sobrenatural. Sin embargo, el amor limitado por las exigencias de la pura naturaleza difiere del que, por ser fruto del Espíritu, entra en la categoría de lo que podemos llamar *amor perfecto*. El amor puramente natural, con respecto al sobrenatural, aparece en una relación semejante a la de lo imperfecto con respecto a lo perfecto; o mejor, como a la de la finitud con respecto a la infinitud. Dado que, en realidad, la infinita distancia que media entre lo sobrenatural y lo meramente natural solamente puede ser salvada por la gracia.

De ahí que al amor puramente natural le resulte bastante difícil crecer y evolucionar según las condiciones del verdadero amor, que no son otras sino la *totalidad* y la *perennidad*.[8] Sin contar con la situación de precariedad en la que constantemente se mueve. Si se insiste en que de hecho contiene tales cualidades puesto que de todos modos es verdadero amor aunque imperfecto, será preciso añadir que solamente las posee *in nuce* o bajo la forma de potencialidad. Pretender haber captado el concepto del perfecto amor, o de haberlo incorporado como realidad a la propia vida si bien desde una perspectiva puramente natural, es creer poseer algo cuya naturaleza carece de alguna de las cualidades que le corresponden como esenciales, y de ahí su invalidez.

---

[8] Y en cierto modo, en orden a lo que podría considerarse una verdadera *perfección*, puede decirse que le resultará imposible, tal como se dice a continuación.

El amor creado tiende siempre hacia la persona amada. Como tal amor no es amado en sí mismo ni por sí mismo. Lo contrario carecería de sentido, puesto que el amor creado no es una persona sino solamente el *vínculo que une a los que se aman*. En realidad nadie se enamora del amor con el que es amado, *sino de la persona que le profesa tal amor*. Incluso aunque de momento la correspondencia al amor del uno se vea reducida a mera posibilidad por parte del otro, pero que es real en cuanto a que pueda actualizarse. Un amor *unilateral* con pretensiones de ser considerado como genuino, tenderá siempre a convertirse en *bilateral*, recíproco y correspondido.

Por eso son de dudosa autenticidad las nociones de *amor platónico* o la de *amor cortés*. De una u otra manera ninguna de ellas espera la posesión de la persona amada, la cual habría de realizarse a través de una verdadera entrega en reciprocidad. Un problema que no corresponde contemplar aquí.

El tema es delicado en cuanto que puede afectar a los fundamentos de algunas devociones, auténticas y bendecidas por la Iglesia, como la del Corazón de Jesús. Puesto que nadie se enamoraría *del amor que Jesús profesa a los suyos* ni le tributaría especial dedicación, *sino de la Persona de Jesús que les profesa tal amor*.[9]

Conviene tener en cuenta que el problema del amor, tal como está planteado aquí, da lugar a consecuencias de gran importancia.

En primer lugar, si el verdadero amor se dirige siempre *hacia la persona amada*, a la expectativa de una auténtica bilateralidad y perfecta reciprocidad, por el hecho de ser verdadero amor requiere un *sí* voluntario y libre, pero que a su vez ha de ser también mutuo

---

[9]En cuanto a las dificultades que podrían suscitar algunos aspectos de la devoción al Corazón de Jesús, véase la Encíclica de Pío XII *Haurietis Aquas* (1956). El mismo Pontífice tiene cuidado en disipar las dudas afirmando que el culto al Corazón de Jesús termina siempre en el amor a la *Persona* del Redentor.

y recíproco. Condición que incluye al amor divino–humano, como no podría ser de otra manera.

Tal cosa es necesaria *porque el amor supone esencialmente la libertad*. El *sí* amoroso, tanto en cuanto que significa ofrecimiento de una de las partes, como que supone aceptación por la otra, es fruto de un acto voluntario y libre que se traduce en una entrega de perfecta totalidad: *Ubi autem Spiritus Domini, ibi libertas*.[10] Ahora bien, aquello que constituye lo más íntimo y peculiar de la condición de una persona, solamente por ella puede ser entregado.[11] Una criatura puede verse privada de la vida sin intervención de su voluntad o en contra de ella; *pero solamente ella es la que puede ofrecerla (entregarla) libre y voluntariamente*. En lo que puede afectar la cuestión al amor divino–humano, el *sí* de Jesucristo es perfecto en cuanto que procede de un amor perfecto: *Porque Jesucristo, el Hijo de Dios —que os predicamos Silvano, Timoteo y yo—, no fue sí y no, sino que en él se ha hecho realidad el sí*.[12]

Por otra parte, el objeto y la finalidad del *sí* amoroso es justamente la *entrega* en totalidad de la persona que ama a la persona amada. Ahora bien —y aquí radica la clave del problema—, la entrega de una persona a otra supone, con respecto a la primera, *salir de sí misma* para darse en posesión a la que es objeto de su amor. Y la entrega en libertad supone, a su vez, una aceptación en libertad. Luego el amor —y es de notar el hecho de que siempre se viene a desembocar en la misma conclusión— es cosa de dos, puesto que requiere absolutamente un *sí* libre por parte *de cada uno de los que se aman*.

---

[10] 2 Cor 3:17.

[11] Con respecto a la entrega de la misma capacidad de entregar, con los problemas que aquí se plantean, un apunte de posible solución en mi ensayo *"Disputationes" sobre el Amor Divino–humano*, en "El Invierno Eclesial", SLP, 2011. Reimpr. 2021.

[12] 2 Cor 1:19.

Expuestas así las cosas, la conclusión es obvia. La Justificación cristiana, que parte de la base de un Amor libremente ofrecido por Dios al hombre, *no se lleva a cabo sin la aceptación y colaboración del hombre*. De lo cual se deduce que las especulaciones doctrinales del *Cristianismo anónimo* carecen de sentido. Es impensable que Dios haya pretendido ofrecer al hombre un Amor que no espera respuesta en la libre aceptación de un *sí*. ¿Cabe imaginar un Amor que no sea bilateral y recíproco? Y sin embargo, por la mera Encarnación del Verbo según el *Cristianismo anónimo*, todos y cada uno de los hombres han quedado justificados: lo sepan o no lo sepan, lo acepten o no lo acepten. De tal manera que la distinción entre cristianos y paganos quedaría definitivamente borrada.

Con lo que llegamos casi al final del camino. Pues si ya no hacen falta la libre aceptación y cooperación del hombre, es el momento de preguntar dónde quedan su dignidad y su grandeza.

Consecuentes con su propia doctrina, los partidarios del *Cristianismo anónimo* niegan prácticamente la existencia del Infierno. Como se sabe, es propio del Modernismo la vaguedad, el doble sentido y la puesta en cuestión de lo incuestionable; en suma, la siembra de la duda para quebrar los fundamentos de las verdades de la Fe. Los modernistas *católicos* suelen emplear multitud de circunlocuciones para tratar de imponer su doctrina al respecto. De ahí la logomaquia y la verborrea, utilizadas para echar mano de ciertas peculiares expresiones, como la de *el Infierno como posibilidad real*, las cuales intentan disimular la descarada negación de verdades dogmáticas. En realidad olvidan que el Amor *libremente ofrecido* —¿y acaso podría existir de otro modo?— requiere ser *libremente aceptado*. Pero la posibilidad de una aceptación libre exige a su vez, en lógica contrapartida, la de un rechazo igualmente libre (si no existe la posibilidad de un rechazo en libertad tampoco existe la de una aceptación en libertad). El Infierno es el lugar propio de un Amor ofrecido alguna vez en completa libertad, pero que fue rechazado mediante un acto voluntario realizado también en absoluta libertad.[13] Pero el Amor auténtico, que como tal fue otorgado en totalidad, excluye cualquier límite de medida y cualquier condicionamiento, incluidos los derivados de circunstancias espacio–temporales. El *sí* de aceptación para siempre ha supuesto aquí la contraprestación del *no* del rechazo para siempre. La aceptación o el rechazo del Amor, ambos sin límite de tiempo ni condiciones de ninguna clase, son los determinantes de la existencia del Cielo y del Infierno.

3. La *entrega* amorosa como realización de la persona

Para el Nuevo Testamento, la meta del cristiano consiste en intercambiar su vida con la de Jesucristo. Dicho de otro modo, su objetivo se encuentra situado en el punto medio que abarca el hecho de *perder* la propia vida y el de *adquirir* la de su Maestro. De esta forma, la madurez y crecimiento en Cristo —tarea de todo cristiano— vendrían a ser el equivalente a la *transformación* en Cristo. Ciertas expresiones bíblicas que se refieren al tema, así como las que directamente se desprenden de ellas, son muy precisas, aunque ya no pueda decirse lo mismo con respecto a su significado. Profundizar en su contenido es tarea difícil en la que incluso es imposible alcanzar un tratamiento exhaustivo.

Y en efecto, tal como se dice en los lugares referidos, *quien encuentre su vida, la perderá; pero quien pierda su vida por mí, la*

---

[13]La aceptación total del amor perfecto de los bienaventurados, a semejanza y en analogía con el Amor Infinito, excluye la posibilidad del rechazo (una limitación solamente admisible en el amor imperfecto o aún no consumado).

encontrará.[14] El evangelio de San Juan es aún más expresivo: *Quien come mi carne y bebe mi sangre permanece en mí y Yo en él*.[15] Téngase en cuenta que el verbo *méno* puede significar *estar, permanecer, quedarse* (Jn 7:9; 12:24; Hech 27:31; passim); *vivir, habitar* (Lc 8:27; Jn 1:38; Hech 28:16); *permanecer, continuar* (Jn 6:56; 12:46; 14:10; passim) *durar, persistir, continuar viviendo o existiendo* (Mt 11:23; Jn 9:41; 1 Cor 13:13; passim); etc. Por supuesto que no se trata aquí de la con–fusión de ambas personas en una ni de alguna especie de fusión–identificación de tipo físico. Precisamente acerca de este último punto San Pablo establece cuidadosamente la distinción: *¿No sabéis que el que se une a una meretriz se hace un cuerpo con ella? Porque está dicho: "Serán los dos una sola carne". En cambio, el que se une al Señor se hace un solo espíritu con Él*.[16]

Todo parece indicar que perder la vida en el Amado, o permanecer mutuamente el uno en el otro, viene a traducirse *en que ambos viven del mismo Espíritu*; o también *en el mismo Espíritu*, como parece entenderse mejor en el texto de la Neovulgata: *Qui autem adhæret Domino, unus Spiritus est*. A partir de ese momento, es el Espíritu del Hijo quien *informa* la vida del discípulo. Aunque —y la advertencia es importante— permaneciendo lo peculiar e íntimo de ambas personas, como cosa intransferible, enteramente respetada en el intercambio. Claro está que, a causa de la reciprocidad del amor, la entrega que el Hijo hace de su Espíritu al discípulo no tiene lugar sin la entrega respectiva de la vida del discípulo al Hijo. Son ambos quienes entregan (pierden) y son también ambos los que reciben (encuentran). El Maestro acoge el *sí* amoroso de su discípulo en el

---

[14] Mt 10:39. Los textos paralelos vienen a decir lo mismo: Mt 16:25; Mc 8:35; Lc 9:24.

[15] Jn 6:56.

[16] 1 Cor 6: 16–17.

que va contenido, en forma de entrega gozosa, lo que él es y todo lo que posee. El discípulo recibe a su vez el Espíritu de su Maestro, por el cual Éste le comunica su propia vida.

Ha de quedar claro, sin embargo, que aquí no se trata de un intercambio de vidas entendido en sentido figurado, metafórico, literario o poético. O en el que suele darse ordinariamente al vocablo *espiritual*, cuando se habla de una mera identificación o intercambio de sentimientos. Aquí nos referimos a una unión de *orden sobrenatural*, distinta de la unión de orden físico y perteneciente a una *realidad superior* a nivel de infinitud. La cual resulta imposible de describir (inefable), al menos por ahora, mediante palabras y conceptos humanos. La unión carnal, por ejemplo, como expresión del amor meramente humano de los esposos aun el elevado por la gracia —*y serán dos en una sola carne*—, no es sino un analogado, muy difuminado y demasiado lejano —como que corresponden a órdenes diferentes— de la unión que tiene lugar en el amor divino–humano. El amor meramente humano más elevado y capaz de ser imaginado, no puede parangonarse con la identificación y mutua entrega de vidas tal como tiene lugar en los desposorios de Dios con el hombre.

Según lo cual, a diferencia de lo que sucede en el amor meramente humano (gran parte del cual discurre en el terreno del simple conato o tentativa por lo que se refiere a su ejecución), y en el de la expresión literaria o metafórica (por lo que se refiere a su manifestación o descripción), el amor divino–humano, por el contrario, tiene lugar entre *realidades consumadas*. Y así por ejemplo, la voluntad de cada uno de los amantes pertenece verdaderamente al otro, dado que la mutua *entrega* que supone este amor anda lejos de ser una ficción:

Mi amado es para mí y yo soy para él...[17]

---

[17]Ca 2:16.

> *Yo soy para mi amado y mi amado es para mí...*[18]
>
> *Yo soy para mi amado*
> *y a mí tienden todos sus anhelos.*[19]

Por eso el amor perfecto, tal como sucede en los santos, consigue de Dios todo lo que desea. La razón es obvia. Pues si la voluntad de la persona que ama está enteramente identificada con la de la persona amada; y no desea otra cosa sino lo que la otra voluntad también desea..., se sigue de lo cual que ambas voluntades —la de Dios y la de su criatura— vienen a coincidir en lo mismo. En el amor divino–humano la criatura no desea otra cosa sino lo que su Creador desea, puesto que le ha entregado su voluntad; y dado que el Creador ha rendido también la suya, se provoca un *lugar de encuentro* entre ambas voluntades que hace que actúen como si fueran una sola: *Un solo corazón y una sola alma...* Y que, efectivamente, es *numéricamente una* en el seno de la Trinidad o del Amor Perfecto e Infinito; y *al modo de una sola* cuando, por razón de que interviene la criatura, resulta obligado tener en cuenta la analogía. En cuanto a la Persona Divina de Jesucristo, la unión de sus dos voluntades —divina y humana— no puede ser considerada en un sentido *monoteleta* o *monoenergeta*, que reducirían las dos voluntades a una sola.[20]

Este es el significado de las seguridades dadas por Jesús a sus discípulos, en el sentido de que, gracias a la fe, pueden conseguir cualquier cosa (Mt 17: 19–20; Lc 17:6). Para ilustrar lo cual el Maestro

---

[18] Ca 6:3.

[19] Ca 7:11.

[20] En Jesucristo tiene lugar una íntima unidad de actuación entre sus dos voluntades, las cuales permanecen siendo distintas. La perfecta unidad de acción se debe a que ambas voluntades pertenecen igualmente a la única Persona Divina que las sustenta.

incluye la posibilidad, seguramente a título hiperbólico o de ejemplo ilustrativo pero sin duda alguna con ánimo de enfatizar, de trasladar de lugar un monte o un árbol con un simple mandato.

En cuanto a la necesidad de la fe exigida por Jesucristo, conviene recordar que la fe o la confianza absolutas no son sino fruto del amor absoluto. Por otra parte, la alusión a que bastaría una fe de grado menor (parangonada incluso con la pequeñez de un grano de mostaza), parece contradecir la advertencia dirigida a los discípulos: no han podido liberar al endemoniado precisamente a causa de su *poca fe*. Es probable, sin embargo, dada la forma en que suele concretarse el *modus loquendi* en el lenguaje humano, que Jesucristo no tuviera otra intención que la de distinguir la insustancialidad del lenguaje hiperbólico o ilustrativo (trasladar montes) del referente a temas importantes (expulsar demonios).[21]

La aparente antinomia apreciable en el amor divino–humano (y en grado menor y en otro orden, en el simplemente humano) entre dos voluntades *distintas* que no obstante actúan *como identificadas* en una sola, requeriría para su solución profundizar hasta el fondo del misterio del amor. Ya hemos dicho más arriba que tal identificación es real en el seno de la Trinidad. En el amor divino–humano, en cambio, permanece la diversidad de voluntades en una perfecta concordancia, en un grado tal de elevación que escapa a las posibilidades del entendimiento humano. Y por fin, por lo que respecta al amor meramente humano, si bien existe también tal identificación, preciso es reconocer que suele quedar más circunscrita al terreno de la tentativa, en cuanto a su ejecución, y al de la metáfora, en cuanto a su explicación, que al de la realidad cumplida: expresiones tales

---

[21] El lenguaje hiperbólico, en perfecta consonancia con lo que los hombres hacen ordinariamente, es utilizado frecuentemente por Jesucristo: Mt 5: 29–30; 18: 8–9; Mc 9:43–47.

como *mi vida, mi amor, mi dueño* y otras semejantes, son más propias del ámbito de los sentimientos nostálgicos que del círculo de las aspiraciones satisfechas.

Algo importante, sin embargo, se desprende con claridad de todo esto. Es evidente que, tanto para la existencia como para el desarrollo de la relación amorosa, son necesarias dos voluntades que libre y enteramente se entreguen la una a la otra. Pues no existe el amor unilateralmente ofrecido que no espera respuesta. Quienes preconizan la salvación universal —mediante la justificación *a priori* por la Encarnación del Verbo, confirmada luego *a posteriori* por la Redención de toda la Humanidad sin excepciones, desde Adán hasta el fin de la Historia—, destruyen el concepto y la realidad del amor. El *Cristianismo anónimo*, a la vez que considera inútil e innecesaria la necesidad de la cooperación del hombre en orden a la salvación, suprime en realidad la dignidad del ser humano. El cual, que fue creado dotado de libertad, como cualidad indispensable para amar y ser amado, queda ahora reducido a la condición de un vulgar instrumento en las manos de Dios.

De los textos se deduce que el Espíritu nunca habla de Sí mismo, sino solamente del Hijo, con el único objeto de conducir los hombres hasta Él. Lo cual lleva a cabo haciendo que los discípulos recuerden y comprendan las palabras de Jesús: *Os he hablado de todo esto estando con vosotros; pero el Paráclito, el Espíritu Santo que el Padre enviará en mi nombre, Él os enseñará todo y os recordará todas las cosas que os he dicho.*[22] Constantemente el Espíritu da testimonio de Jesucristo ante los discípulos, para lo que actualiza en ellos la presencia del Maestro: *Cuando venga el Paráclito que Yo os enviaré de parte del Padre, el Espíritu de la verdad que procede*

---

[22] Jn 14: 25–26.

del Padre, Él dará testimonio de mí.[23] En cuanto al objetivo que se propone, no es otro que el de lograr entre Jesús y los suyos, más allá de una mera *imitación*, una configuración o intercambio de vidas (Ga 2:20).

Dicho lo cual podemos disponernos a leer la Carta al Ángel de la Iglesia de Esmirna a fin de intentar profundizar en su contenido.

En la Carta se presenta Jesucristo denominándose a Sí mismo como el *Primero y el Último*. Aunque no es éste el único lugar en el que aparece esta expresión, que además ni siquiera es exclusiva del Nuevo Testamento, puesto que en realidad la utiliza ya Isaías como referida expresamente a Dios (Is 44:6; 48:12). En cuanto al Apocalipsis, está contenida también en el comienzo del libro: *Al verle, caí a sus pies como muerto. Él, entonces, puso la mano derecha sobre mí, diciendo: "¡No temas! Yo soy el primero y el último, el que vive; estuve muerto pero ahora estoy vivo por los siglos de los siglos, y tengo las llaves de la muerte y del hades".*[24] Por lo que hace a la referencia a la primera y a la última letra del alfabeto griego, de la que se habla en otro lugar, es una clara alusión a lo mismo, tal como el mismo texto lo dice expresamente, a saber: *Yo soy el Alfa y la Omega, el Primero y el Último, el Principio y el Fin.*[25]

Es evidente que estas expresiones —el Primero y el Último, el Principio y el Fin, el Alfa y la Omega— significan que toda la Creación es cristocéntrica. Aunque en realidad, más que su centro, sería más exacto decir que Cristo la llena por completo. Incluso es su fundamento y quien le da consistencia, como dice claramente la Carta a los Colosenses: *Él es la imagen del Dios invisible, el primogénito de toda la creación. Porque en Él fueron creadas todas las cosas, tanto*

---

[23] Jn 15:26.
[24] Ap 1: 17–18.
[25] Ap 22:13.

las del cielo como las de la tierra...Todo ha sido creado en Él y para Él. Él es antes que todas las cosas y todas ellas subsisten en Él.[26] Según lo cual, Cristo es el fundamento y el punto de referencia de toda la Creación: todo ha sido hecho en Él y para Él. De tal manera que *sin Él no se hizo nada de cuanto ha sido hecho.*[27] O dicho esto último de otro modo pero con idéntico significado: *Sin Él nada se habría hecho de lo que ha sido hecho.*

Así es como toda la doctrina de la Historia de la Salvación viene a girar en torno a la Cristología. A pesar de que la Pastoral católica, a partir sobre todo de la mitad del siglo veinte, la dejara sumida en el olvido para volverse a las cuestiones sociales. La Teología postconciliar, en cambio, vino a centrarse en otras cuestiones, como la del Ecumenismo. La misma Encíclica *Redemptor Hominis*, de Juan Pablo II, pese a su encabezamiento, está dedicada, sobre todo, a desarrollar las teorías rhanerianas de la salvación universal y de la *Nueva Iglesia* postconciliar (terminología del mismo Papa).

La *Doctrina Social de la Iglesia* llenó las bibliotecas eclesiásticas durante casi todo el siglo veinte. Cuando en realidad Cristo no vino a establecer un nuevo y más justo orden social, sino a predicar un Mensaje de Salvación (Lc 12:14). Tal nuevo y más justo orden social estaría destinado a llegar, como lógica consecuencia, una vez que el Mensaje de Salvación hubiera sido escuchado y secundado (Mt 6:33). Asusta la sola perspectiva de que cualquiera de los otros mandamientos, aparte del séptimo, hubiera necesitado el aluvión de *Doctrina* que ha sido necesario para *explicar* este último. Aunque en la *Nueva Iglesia* y Teología postconciliares el diluvio de doctrinas sociales haya disminuido o casi desaparecido; pero sólo para ser

---

[26]Col 1: 15–17.
[27]Jn 1:3.

sustituido por otros maremotos de corrientes doctrinales afines al modernismo o emparentadas con él, y desde luego, más peligrosas.

Pero el cristocentrismo del Universo no es un tema para dejarlo reducido a su exposición en los tratados, ni tampoco para convertirlo en mero objeto de especulaciones por parte de teólogos o escrituristas. Si bien es cierto que primero es el *ser* y luego el *obrar*, pero el carácter más *funcional* de Jesucristo no es el de ser constituido eje y fundamento de toda la Creación, sino el de ser el centro y el núcleo de toda vida en el corazón de los creyentes: *Para quien no hay griego o judío, circuncisión o no circuncisión, bárbaro o escita, siervo o libre, sino que Cristo es todo en todos.*[28]

Conviene tener en cuenta, antes de seguir adelante, que aunque San Pablo deja claro que Dios *quiere* la salvación de todos los hombres (1 Tim 2:4), en realidad la reserva *de hecho* sólo para los creyentes: *Porque, como en la sabiduría de Dios el mundo no conoció a Dios por medio de la sabiduría, quiso Dios salvar a los creyentes por medio de la necedad de la predicación* (1 Cor 1:21; cf Mt 20:28; 26:28; Mc 10:45; 14:24). Lo cual se explica porque la salvación es un negocio en el que intervienen a la vez la gracia y la libertad humana.[29] En cuanto a la supuesta salvación *gratis* para todos,[30] la teoría no tiene otro fundamento que la imaginación rahneriana.

Lo verdaderamente decisivo para cada creyente, o aquello que más le puede importar, es el hecho de que Cristo es para él lo Primero y lo Último, como Quien está destinado a llenar enteramente su existencia. Por eso, cuando dice el Apóstol que *fuimos sepultados*

---

[28] Col 3:11. No es sino un eco de Mc 16:16.

[29] San Juan lo dice bien claramente, poniéndolo en boca del mismo Jesucristo: *Tanto amó Dios al mundo que le entregó a su Hijo Unigénito, "para que todo el que crea en Él" no perezca, sino que tenga vida eterna* (Jn 3:16; cf Mc 16:16).

[30] Para los rahnerianos la salvación es universal, puesto que el Infierno no es sino una mera posibilidad; y en caso de existir estaría de todos modos vacío.

juntamente con Él mediante el bautismo para unirnos a su muerte,[31] está afirmando que toda la vida del creyente, desde el bautismo a la muerte, está contenida en Cristo y orientada hacia Él. Lo que significa que Cristo se ha convertido para él, no ya en el centro de su existencia, sino en su vida misma: *Todos los que fuisteis bautizados en Cristo os habéis revestido de Cristo.*[32] De ahí que toda la existencia del cristiano esté llamada a desarrollarse en esa dirección sin posibilidad de otra distinta: *Hijos míos, por los que padezco otra vez dolores de parto "hasta que Cristo esté formado en vosotros".*[33]

También es importante advertir que lo dicho hasta aquí nada tiene que ver con la conocida doctrina del protestantismo liberal, según la cual la única posible relación a mantener con Cristo, por parte del cristiano, es la que se deriva de considerar el *Cristo para mí*. Sin admitir la que parecería la más lógica vía de acceso, cual es la del *Cristo en Sí*.

Sin embargo la verdad pone en evidencia que, sin la consideración de *lo que es Cristo*, al cristiano le importaría muy poco lo que pudiera significar el Cristo *para él*. En la relación de amor, la mera consideración de *lo que es para mí* la persona amada, sin posibilidad de conocer ni de alcanzar lo que es esa persona *en sí misma*, no tiene ningún sentido. La naturaleza humana no parece funcionar de ese modo, y así ocurre siempre en cualquier relación entre personas que se supone que se aman. Se trataría de otro Cristo–fantasma, demasiado próximo al *Cristo de la fe* cuando se propone como contraposición al *Cristo de la Historia*, y nadie le entrega su corazón a un fantasma. Un Cristo cuya existencia real se diluye en la preca-

---

[31] Ro 6:4.
[32] Ga 3:27.
[33] Ga 4:19.

riedad de una hipótesis, no puede ser capaz de arrastrar un corazón humano hasta lo que significa una entrega total.

4. Lo que el Espíritu dice a las Iglesias

He aquí una declaración importante que sin embargo suele pasar desapercibida. Está contenida en cada una de las Siete Cartas, y produce la impresión de que pretende insistir en algo fundamental, a saber: la realidad de que el Espíritu no habla a los individuos, *sino a las Iglesias*.

Todo lo que sabemos de la Persona de Jesucristo —su vida, sus acciones, sus enseñanzas, lo que significa para nosotros— lo sabemos a través del Espíritu, y solamente por esa vía.

Ciertamente hay que considerar a los hagiógrafos que redactaron el Nuevo Testamento. Pero teniendo en cuenta, ante todo, que lo contenido en los escritos de San Mateo, San Marcos, San Lucas, San Juan o San Pablo, por ejemplo, no lo aceptamos porque haya sido dicho por ellos como individuos, por más que posean la categoría de autorizados testigos; *sino porque sus escritos fueron inspirados por Dios, y reconocidos y avalados luego por la Iglesia e incluidos en el 'Canon' de los libros inspirados*.

De no haber sido por esa circunstancia sus obras no hubieran superado la categoría de libros piadosos. De gran autoridad, por supuesto, dada la condición de testigos excepcionales que adornaba a sus autores, pero no suficiente para poder reclamar la *aquiescencia de la fe* por parte de los fieles. De donde se deduce que es la autoridad de la Iglesia la que certifica acerca de la inspiración, autenticidad, integridad y veracidad de tales escritos; y la única instancia, por lo tanto, que puede exigir la obligatoriedad del asentimiento de la fe. De esta forma el Espíritu habla a la Iglesia aunque por medio del hagiógrafo, quien a su vez necesitará la autenticación eclesial como una definitiva acreditación. Es entonces cuando la Iglesia difunde, con la suficiente garantía, a todos los fieles la doctrina recibida.

En la Iglesia no existen las revelaciones *privadas* con pretensiones de gozar de carácter oficial. De todas formas, caso de existir tales revelaciones —que algunos pretenden haber recibido del Espíritu en forma de *inspiraciones*— no pueden reclamar ningún tipo de asentimiento por parte del resto de los fieles. Es importante tener en cuenta que, una vez cerrada y completada con el último Apóstol la Revelación *oficial*, las pretendidas revelaciones privadas que hayan podido existir, incluyendo las bendecidas y *recomendadas* por la Iglesia (como las de Lourdes o Fátima), jamás han sido impuestas a los fieles como obligatorias.

Una revelación privada aprobada, bendecida o incluso recomendada por la Iglesia, no recibe por eso el marchamo de *certeza* en orden a su autenticidad. Tal sello de garantía pertenece exclusivamente a la Revelación pública y oficial, cerrada definitivamente con el último libro del Nuevo Testamento.[34] Las revelaciones privadas no pueden reclamar otra cosa, por lo que respecta a los fieles, que un asentimiento *voluntario* en orden al índice de probabilidad de verdad que puedan contener; aunque con la condición de ofrecer las suficientes garantías de conformidad con la Doctrina y el Magisterio de la Iglesia.

De lo cual se deduce, en relación a las revelaciones (o inspiraciones privadas), que si la Iglesia no las impone jamás como de obligatorio asentimiento, *menos aún podrá hacerlo cualquier perso-*

---

[34] La sola fuente de la fe es la Revelación. La cual se transmite a los hombres de dos maneras: o bien de forma escrita (Sagrada Escritura), o bien de forma oral (Tradición). Tanto para una forma como para la otra, la Iglesia es la única garante de su autenticidad y verdad.

na privada, y ni siquiera cualquier Institución, por muy alto rango que ocupen dentro del organigrama de la Iglesia.

En todos los tiempos de crisis padecidas por la Iglesia a lo largo de su Historia, las revelaciones privadas se han multiplicado hasta la saciedad. Todo un enjambre de videntes, iluminados, pretendidos profetas y Movimientos de Espiritualidad (en busca de legitimación) se han esforzado en asegurar que han sido objeto de especiales revelaciones, visiones, profecías, etc., etc. Ya decía Jesucristo que *donde esté el cadáver allí se congregarán los buitres*.[35] En los tiempos actuales, que son los de la mayor crisis jamás sufrida por la Iglesia con la apostasía universal de los tiempos que han seguido al Concilio Vaticano II, el fenómeno ha alcanzado su punto álgido.

Un hecho de transcendencia histórica sucedió cuando el mismo Papa Juan XXIII pretendió haber convocado el Concilio *bajo la inspiración del Espíritu Santo*. Lo que no dejó de constituir una grave imprudencia por parte del Pontífice, aun en la hipótesis de que el hecho hubiera sido cierto. Dado su grado de autoridad, sólo hubiera procedido hacer tal declaración de forma puramente privada, sin necesidad de atribuir pública y oficialmente al Espíritu un acontecimiento cuyos resultados han sido tan desastrosos para la Iglesia.

La actividad y el comportamiento de todas estas gentes parece responder al convencimiento de que disponen del Espíritu Santo a su antojo. Una vez en la creencia de que el Espíritu se ha puesto a su servicio, se apresuran a invocar su presencia para justificar pretendidos anuncios de lo Alto o las acciones más peregrinas, en la seguridad de que siempre van a encontrar una nube de seguidores dispuestos a creer sus extravagancias.

---

[35] Mt 24:28.

5. El Primero y el Último. La Humildad

La expresión, que el Espíritu asigna con propiedad a Jesucristo (Ap 2:8), suele pasar desapercibida cuando se aplica a otro contexto. Tomada al pie de la letra puede considerarse apropiada también a los discípulos, según palabras del mismo Jesucristo: *Si alguno quiere ser el primero, que se haga el último de todos y servidor de todos.*[36] Y puesto que se trata de una norma para los discípulos, podemos estar seguros de que alcanza su perfecto cumplimiento en Jesucristo: el primero de todos y a la vez el más humilde y perfecto siervo entre todos. Según la Carta a los Colosenses aludiendo a Jesucristo:

El cual es la imagen del Dios invisible, primogénito de toda la creación...[37]

Mientras que en los Salmos se dice de Él:

Pero soy un gusano, no un hombre, oprobio de los hombres, desprecio del pueblo.[38]

Con lo que de nuevo aparecen las aporías o aparentes contradicciones formando parte de la existencia cristiana. Desde lo más alto hasta lo más humilde, para pasar luego desde lo más bajo hasta lo más sublime:

¿Comprendéis lo que he hecho con vosotros? Vosotros me llamáis el Maestro y el Señor, y tenéis razón, porque lo soy. Pues si yo, que soy el Señor y el Maestro, os he lavado los pies...[39]

De manera que si alguno *quiere* ser el primero ha de *procurar* hacerse el último y el servidor de todos. O dicho de otro modo: quien aspire al primer puesto ha de esforzarse para colocarse en el

---

[36] Mc 9:35.
[37] Col 1:15.
[38] Sal 22:7.
[39] Jn 13: 12–14.

último. Sin embargo se podría preguntar: ¿Por qué alguien desearía el primer lugar? Ciertamente es una aspiración que responde con propiedad a las exigencias normales de la naturaleza humana, por más que no deja de ser frecuente que sus aspiraciones *normales* sean superadas por otras de índole *sobrenatural* más elevadas.

En la vida cristiana no parece verse con buenos ojos que alguien aspire a los primeros lugares, como una actitud que se opusiera a la virtud de la humildad: *Cuando alguien te invite a una boda, no vayas a ponerte en el primer puesto, no sea que otro más distinguido que tú haya sido invitado por él y, al llegar el que os invitó a ti y al otro, te diga: "Cédele el sitio a éste", y entonces empieces a buscar, lleno de vergüenza, el último lugar.*[40] Y tal vez por eso decía Jesucristo que: *quien se ensalza será humillado, y quien se humilla será ensalzado.*[41]

Todo se resuelve cuando se distingue entre el orden natural y el orden sobrenatural. De manera que solamente sería deseable aspirar al primer puesto *cuando se considera el orden sobrenatural*. Bien entendido que el discípulo de Jesucristo que abraza esa actitud, cuya última razón y fundamento solamente se encuentra en el amor y el deseo de imitar a su Señor, solamente aspira a ella *como última intención*, a saber: aplazada para ser conseguida exclusivamente en la Vida eterna. Durante la etapa de peregrinación terrestre, quien ama a Jesucristo solamente desea compartir su Cruz e imitar su destino ocupando el último lugar.

Jesucristo había dicho: *Qui se humiliaverit, exaltabitur.*[42] Aunque la exaltación no está destinada a hacerse realidad ahora para el peregrino que camina por el Valle de Lágrimas, sino que habrá de

---

[40] Lc 14: 8–9.
[41] Mt 23:12.
[42] Mt 23:12.

esperar hasta la llegada a la Patria, como puede verse en la vida de los santos.

Sin embargo el problema, como ya habrá podido apreciarse, alcanza grados de profundidad que no suelen comprenderse fácilmente.

Jesucristo no muestra mucho entusiasmo por las aspiraciones a los primeros puestos, y de ahí su respuesta a la madre de los Zebedeos, que pedía para sus hijos los dos primeros lugares en el Reino de los Cielos:

No sabéis lo que pedís. ¿Podéis beber el cáliz que Yo he de beber?[43]

Y la advertencia parece extenderse a todo lo referente a la vida eterna, con respecto a la cual no tendría sentido aspirar desde aquí a posibles prioridades o categorías de dignidades:

Beberéis mi cáliz; pero sentarse a mi derecha o a mi izquierda no me corresponde concederlo, sino que es para quienes está dispuesto por mi Padre.[44]

Pues el verdadero amador de Jesucristo no piensa en primeros puestos o recompensas merecidas, sino solamente en el *perfecto amor*. La aspiración a un puesto de preeminencia en los cielos supondría un autoreconocimiento de los propios méritos, cosa incompatible con la virtud de la humildad. Para el auténtico discípulo es mucho más importante amar a Jesucristo con perfecto amor que el hecho de *ser reconocido*.

El amor no piensa en puestos de preeminencia ni en primeras categorías: *Caritas... non est ambitiosa, non quærit quæ sua sunt.*[45] De ahí la inoportuna petición de los Zebedeos, puesto que no es-

---

[43] Mt 20:22.

[44] Mt 20:23. Cf la lección de Jesucristo acerca de los invitados a una boda y la elección de los primeros puestos (Lc 14: 7–11).

[45] 1 Cor 13:5.

taba animada solamente por el verdadero amor y aún no habían aprendido los hombres que *sólo una cosa es necesaria.*[46]

El misterio de la grandeza del amor y la belleza de la virtud de la humildad solamente fueron plenamente revelados con Jesucristo, que es el primero en enseñar que el amor transciende los moldes de cualesquiera aspiraciones a consideraciones y puestos de jerarquía. Por eso dice San Pablo, hablando del Verbo, que:

Cum in forma Dei esset, non rapinam arbitratus est esse se æqualem Deo, sed semetipsum exinanivit formam servi accipiens.[47]

Por lo demás carecería de sentido que alguna criatura, ya fuera en el Cielo o en la tierra, buscara su propia gloria. Ya que todos los bienes que poseen las criaturas han sido recibidos: *Quid autem habes, quod non accepisti? Si autem accepisti, quid gloriaris, quasi non acceperis?*[48] Solamente en Dios tiene significado el hecho de proclamar la propia gloria, desde el momento en que es el Ser por esencia, la Infinita Perfección y el Eterno sin Principio. Incluso la gloria que le corresponde a la Naturaleza Humana de Jesucristo es recibida. En cuanto que la que le corresponde como Persona Divina también proviene del Padre, aunque propiamente sean una y la misma:

Si yo me glorifico a mí mismo, mi gloria nada vale. Mi Padre es el que me glorifica, el que decís que es vuestro Dios, y no le conocéis...[49] *Ahora, Padre, glorifícame Tú a tu lado, con la gloria que tuve junto a Ti antes de que el mundo existiera.*[50]

---

[46] Lc 10:42.

[47] Flp 2: 6–7.

[48] 1 Cor 4:7.

[49] Jn 8: 54–55.

[50] Jn 17:5.

Si el deseo de ocupar el último lugar está motivado por el amor, sin duda alguna que es fruto de una gracia especial y peculiarísima concedida por Dios. Y consiste en la entraña misma de algo que, como maravillosa exquisitez, ha sido cuidadosamente extraído de la esencia misma de la virtud de la humildad. Por lo que también podría decirse que es la virtud de la humildad en grado sublime, o en la más alta cima a la que le es posible llegar. Claro que, como todo lo verdaderamente precioso, es cosa bastante rara, además de pasar tan desapercibida como por completo desconocida: tanto para quien la posee (cosa bastante lógica) como por supuesto para los demás (cosa más lógica todavía).

No tiene por qué extrañar a nadie que así sea. La humildad es una virtud específica y fundamental y ya de por sí poco corriente, a pesar de desempeñar un papel esencial en la vida del discípulo de Jesucristo. A lo que hay que añadir, como ya hemos dicho, que aquí estamos ante su *quintaesencia*, como algo que es lo más granado de una virtud tan vital para la existencia cristiana.[51] El deseo de figurar en el último lugar, animado por el amor, suele ir acompañado de otras perlas preciosas, directamente emanadas de la santidad de Dios, y que son como ornatos adicionales que lo adornan. Como pueden ser, por ejemplo, el deseo de no figurar ni de sobresalir; la inapetencia con respecto a honores, cargos y reconocimientos recibidos del mundo y aun de la Iglesia; la indiferencia ante el hecho de ser conocido o reconocido; la ilusión por encaminar hacia los demás toda clase de preferencias; la ansiedad por ocultar las posibles virtudes que el propio interesado comienza por desconocer; la alegría amorosa ante los posibles desprecios y desconsideraciones sufridas...

---

[51]La humildad es la piedra de toque para distinguir, sin lugar a dudas, la verdadera santidad de la falsa. También puede ser objeto y el medio de una tentación sutil, frecuentemente utilizada por el Demonio para hacer vacilar a espiritualidades no demasiado bien fundadas en ella.

Su esfera discurre enteramente fuera de lo *normal*. Los honores, títulos, consideraciones y hasta prebendas, legítimamente ganados y adquiridos, suelen ser estimados y aun deseados por hombres inteligentes e incluso de probada virtud. Nada de particular, de extraño o de malo hay en ello. A nadie suele llamar la atención tal cosa..., por la sencilla razón de que no tiene porqué llamarla. Lo realmente *extraño* y extraordinario en este caso sería la circunstancia de rechazarlos, a lo que contribuye el hecho de que no suele ser cosa que corrientemente suceda.

El deseo de pasar desapercibido está necesariamente avalado, por lo tanto, por una humildad bien probada. Sin embargo, como es sabido, todas las virtudes se fundamentan en último término y hunden sus raíces en el amor, por lo que el deseo del que venimos hablando se fundamenta a la vez en esos dos puntales (humildad y caridad). De donde se sigue la conclusión de que el verdadero humilde es siempre un *enamorado*. Aunque el objeto de su amor no es cualquier cosa creada por sublime, bella o excelente que pueda ser, sino Dios mismo, ordinariamente concretado en la Persona de Jesucristo. Ahora bien, precisamente por eso, no estamos ante el caso de que el *humilde enamorado*[52] se sienta indiferente frente a las cosas que el mundo pueda ofrecerle; la verdad es que no contienen para él encanto alguno, o en todo caso relativo, en cuanto que se encuentra enteramente alucinado ante un bien mayor que lo seduce por completo. Más bien que hablar de un caso de renuncia, habría que

---

[52] La expresión el *enamorado humilde* sería menos correcta. Todo verdadero enamorado es necesariamente humilde, en cuanto que se considera a sí mismo como nada ante el objeto de su amor. Por lo que habría que reservar quizá el vocablo enamorado en referencia al amor divino–humano exclusivamente; un interesante tema al que prometemos dedicar nuestras reflexiones, al albur de las circunstancias.

decir de él que se había decidido *egoístamente* por lo absolutamente mejor.[53]

Y he aquí otra de las sorpresas que encierra la existencia cristiana pero que muy pocos llegan a conocer. Para los partidarios y detentadores de los honores y agasajos que puede ofrecer el mundo..., llega inexorablemente el momento de comprobar que tales cosas son absolutamente incapaces de llenar el vacío del alma. Y al hablar de lo que puede ofrecer el mundo nos referimos a todo aquello que no es propia y exclusivamente Dios mismo, por bueno y legítimo que sea e incluyendo los cargos y prebendas de la propia Iglesia; y así por ejemplo, si San Pablo afirmaba que el deseo de conseguir el episcopado es legítimo y bueno (1 Tim 3:1), tal cosa no supone valorarlo como lo mejor. En cuanto al vacío del alma, es indudable que el hecho de estar a favor de determinadas prioridades lo acentúa cada vez más, por muy legítimas que sean tales aspiraciones. Mientras que, por el contrario, el hombre que voluntariamente ha elegido el camino de ser un desconocido y sin historia, acaba por encontrarse con que ha hallado el secreto de la verdadera Alegría, a pesar de que tal circunstancia pasará ordinariamente desapercibida para los demás.

Pero, podría alguien preguntar, ¿por qué la elección de la *senda de los olvidados* conduce a la Perfecta Alegría? Ante todo, porque la preferencia por ese camino responde a una de las mociones con las que el Espíritu influye en el alma; y ya sabemos que el primero de los frutos del Espíritu, después del amor, es precisamente el gozo: *Fructus autem Spiritus est caritas, gaudium, pax, longanimitas...*[54]

---

[53] Sin dejar de advertir que, propiamente hablando, a nadie correspondería menos el calificativo de *egoísta* que a un enamorado. El cual, al fin y al cabo, es alguien que se olvida enteramente de sí mismo para entregarse a la persona amada; y aún a todas las demás en razón de ella.

[54] Ga 5:22.

Por otra parte, el Espíritu siempre habla de Jesucristo y no conduce sino a Él (Jn 16: 13–14). Sin contar con que la opción de Jesucristo a favor del último puesto es clara y terminante: *El Hijo del Hombre no ha venido a ser servido, sino a servir...*[55] *Yo estoy en medio de vosotros como quien sirve.*[56] Es, por lo tanto, el Espíritu quien impulsa a compartir el destino y la vida de Jesucristo..., lo cual es lo *único* que puede hacer feliz al discípulo verdaderamente enamorado. Como decía el Bautista: *El amigo del Esposo, que le acompaña y le oye, se alegra grandemente al oír la voz del Esposo. Por eso mi gozo es completo.*[57] Por lo demás, Jesucristo se niega a considerar a sus discípulos como siervos, sino en todo caso como amigos (Jn 15:15). Y no existe otra Alegría, ni en el Cielo ni en la tierra, que la derivada de la intimidad del amor, a saber: la de estar junto al Esposo compartiendo su vida.

> *Introdúcenos, rey, en tus cámaras,*
> *y nos gozaremos y regocijaremos contigo,*
> *y cantaremos tus amores, más suaves que el vino.*[58]

La opción por el último puesto no es sino la opción por la Verdad. Pues toda gloria creada es recibida y otorgada, desde el momento en que a solo Dios corresponde *omnis honor et gloria*. Desear ocupar el postrer lugar no es más que el gozoso reconocimiento de la propia nada, o la entusiástica proclamación de *Dios Es*, absolutamente contraria al *Non serviam* de Satanás. Y en cuanto al deseo de preferir para los demás las prioridades, es también el reconocimiento de que

---

[55] Mt 20:28.
[56] Lc 22:27.
[57] Jn 3:29.
[58] Ca 1:4.

todo lo que se posee es recibido y otorgado por la gracia, y no propio ni fruto de los propios méritos. El verdadero amor *non quærit quæ sua sunt*.[59] ¿Qué tiene de malo desear caminar tras los demás desde el momento en que sabemos que hemos sido llamados de la Nada y que, además de eso, somos pecadores sobre los que ha descendido la misericordia del perdón? Y cuando a cada uno le sea dicho que también los demás son pecadores, será obligada la respuesta: "Sí, en efecto, pero no tanto como yo mismo. Y si he sido perdonado en mucho, es porque también me ha sido concedido amar en mucho (Lc 7:47). Pues si he sido perdonado abundantemente, también me ha sido dado amar abundantemente; y después de todo, valga lo uno por lo otro".

Claro que estas gracias tan peculiares y especiales sólo a unos pocos les son concedidas. En realidad, para desear ser el último de todos es preciso estar ocupando ya el último lugar; o mejor, ser ya de antemano un verdadero niño, con toda la debilidad —*infirmitas*— e impotencia que la infancia lleva consigo: *Yo te alabo, Padre, Señor del cielo y de la tierra, porque has ocultado estas cosas a los sabios y prudentes y las has revelado a los pequeños*.[60] Así pues, otra gracia de Dios destinada a dar paso a la anterior. De lo cual se desprende que los dones de Dios son otorgados en cadena, y sólo así se comprende la conclusión que tan bien expresaba el adagio de Bernanos: *Todo es gracia*.[61]

Como puede verse, todas estas cosas —en sí mismas sublimes— no son *reveladas* (término que aquí se entiende como sinónimo de *concedidas*) a los sabios y prudentes, sino a los pequeños. Ahora bien, si se interpreta el texto en su literalidad (que, por lo demás,

---

[59] 1 Cor 13:5.
[60] Mt 11:25; cf Lc 10:21.
[61] Bernanos, *Diario de un Cura Rural*, in fine.

es su verdadero sentido), se ve con claridad que no se trata ya meramente de que a los sabios se les prive de ellas, sino que incluso les son *ocultadas*.[62] Lo que significa que existe de por medio una voluntad firme de Dios, no ya de que no lleguen a poseerlas, sino incluso de que no alcancen a conocerlas. ¿La razón de que las cosas sean así? Probablemente el hecho de que Dios es la infinita Verdad, y por eso gusta de que las cosas estén en su sitio, con la patencia de lo que *es* y de lo que *no es*; y siendo el hombre una simple creatura extraída de la pura Nada, agrada a Dios que se reconozca como tal, en su propia condición. En cuanto a los *sabios* y *prudentes*, por eso mismo de que ya lo son, andan siempre al borde de considerarse autosuficientes y de extraviarse, por lo tanto, del camino de la verdad; con la posibilidad incluso de sentirse satisfechos con lo que ya son y con lo que el mundo les ofrece.

Existe, sin embargo, un detalle en el texto que, pese a su importancia, suele pasar desapercibido. En él se habla de los *sabios* y de los *prudentes*, sin más. No se hace una especificación para referirse a los sabios y prudentes *según el mundo*, lo que supondría una alusión a la transcendental diferencia —en realidad oposición— entre la sabiduría humana y la divina (1 Cor 1: 18–25). Un raro laconismo que, como todo lo que se contiene expresado en la Escritura, debe tener una razón de ser.

Como, en efecto, así es. Porque los sabios y prudentes que serían *según Dios*, en este caso no cuentan para nada. O mejor dicho, cuentan solamente para Dios, pero en modo alguno para el mundo. Que no está dispuesto, bajo ningún concepto ni bajo ninguna circunstancia, a reconocer como tales a los que Dios califica como verdaderos sabios y prudentes. El mundo no ha reconocido jamás la auténtica

---

[62] El verbo κρύπτω (en indicativo aoristo activo, segunda persona del singular en el texto) significa esconder, ocultar, encubrir.

santidad; cosa en la que, al menos de salida, coincide con la Iglesia, que tampoco lo hace mientras dura el transcurso de la existencia terrena. En realidad, las santidades reconocidas *ab initio* solamente son atribuidas a Jesucristo y a la Virgen María. En cuanto a las repentinas, a lo *súbito*, o las proclamadas por el mundo, son más bien un producto a desconfiar.

La verdadera santidad se forja en el duro yunque de toda una vida, y nunca es percibida por el mundo. El mismo Jesucristo quiso vivir también una santidad *al modo humano*, que es lo mismo que decir adquirida y sufrida; y no hubiera podido ser de otra manera, desde el momento en que era *verdadero Hombre*. Y aún fue más allá, pues no solamente no prescindió de las angustias y penalidades de los hombres, sino que cargó con la totalidad de ellas, incluidos los pecados y miserias. La misma Escritura tiene cuidado de advertir, por ejemplo, que *aun siendo Hijo, aprendió por los padecimientos la obediencia*.[63] Y es que, de haber sido de otro modo, el Verbo se habría hecho efectivamente Hombre mediante la Encarnación, pero en modo alguno hubiera sido *uno de nosotros*. De la Virgen María —la *Mater Dolorosa*— nada hay que decir, pues es bien conocido su itinerario. De cualquier modo, la santidad es un estado que solamente se fragua a través de una vida orientada por completo a compartir la Cruz de Jesucristo. Y sin embargo, como ocurre con todo lo que Dios pone en manos de los hombres, también en la santidad cabe el peligro de las falsificaciones.[64]

---

[63] Heb 5:8.

[64] Lo cual no tiene nada de extraño. Pues si Satanás no halla inconveniente en disfrazarse de *Ángel de Luz*, ¿por qué no iba a tratar de falsificar las virtudes y las santidades de los humanos? Según está profetizado, si bien llegará un momento en que el gran enemigo de Dios y de los hombres lanzará al mundo toda una multitud de falsos cristos y de falsos profetas, tal cosa no quiere decir que no sea una labor ya en trance de realizarse, incluso desde el principio (1 Jn 2:18; 4:1).

El hecho de que el verdadero discípulo de Jesucristo tienda a ocupar el último lugar, tiene mucho que ver, aunque la ilación no aparezca claramente a primera vista, con la renuencia de la Iglesia a reconocer la santidad durante el transcurso de la vida terrena de un determinado individuo, así como con la multitud de trabas, exigencias, demoras y condiciones exigidas para proclamarla después de su muerte. Podría parecer que tal modo de proceder no obedece a otra cosa que a una justificada actitud de prudencia por parte de la Iglesia, lo cual es verdadero en gran parte. Aunque tampoco hay que olvidar que la Iglesia, aun conducida y guiada por el Espíritu Santo, está formada por hombres, para los que la elevación de alguien a los altares supone efectivamente la proclamación solemne y festiva de la gloria de Dios, de la que ha sido hecho partícipe uno de sus hijos..., al mismo tiempo también que el reconocimiento de unas previas conductas de incomprensión —y hasta de persecución— por parte de algunos de ellos.[65]

Como ocurre en todos los procesos de una vida espiritual auténtica, el discípulo de Jesucristo queda, por lo tanto, relegado al

---

[65] El caso más lacerante conocido de la época moderna es el del P. Pío de Pietrelcina, perseguido de forma cruel e incomprensible por sus hermanos de su propia Orden, la O.F.M. Cap. Después de su muerte, y ya a las puertas del proceso de canonización, los Capuchinos trataron de presentar, incluso mediante la filmación de películas y faltando descaradamente a la verdad, la *maravillosa* cooperación, simpatía y comprensión que durante su vida habían dispensado siempre al P. Pío. Un caso parecido, aunque anterior en el tiempo, fue el de San Juan de la Cruz con sus hermanos de la Orden Carmelitana, si bien éstos no trataron en ningún momento de falsificar la historia después de la muerte del Santo.

Como cualquier lector avisado ya habrá advertido, aquí se está hablando de las canonizaciones llevadas a cabo por la Iglesia *hasta el Concilio Vaticano II*, momento a partir del cual *se rompieron todas las reglas* y se originó en el Pueblo cristiano un doble fenómeno: la pérdida de la devoción a los Santos y la de la fe en las canonizaciones.

último lugar *con todas sus consecuencias*. Desde luego también en la consideración de sí mismo, pues es normal que ignore el puesto de relevancia que Dios le ha reservado en su Corazón; y de ahí que tienda a considerarse como un pobre pecador, cuando no incluso abandonado por Dios. Pero, por lo que se refiere al mundo, no se trata ya de que éste lo considere en el último lugar, sino de que además lo vitupere con el desprecio y en no pocos casos con la persecución.

Todo lo cual obedece, sin duda, a un maravilloso plan de Dios. Fundamentado, en primer lugar, en que así se acrecienta la gloria de un alma predilecta, por la mayor participación en la Cruz y Muerte de su Hijo; pero más aún y sobre todo, porque Él desea reservarse para Sí mismo el disfrute de tan maravillosos tesoros, puesto que el mundo, como dice la Carta a los Hebreos, *no era digno de ellos*.[66] Y así, ignorados, desconocidos o despreciados, viven la inefable intimidad en soledad con Dios, que en definitiva es la nota más característica y brillante de la relación amorosa. En la cual, quienes se aman tratan de poseer el todo en su mutuo y recíproco amor, olvidados ya de los avatares y contingencias del mundo. Como decía San Juan de la Cruz:

> *En soledad vivía,*
> *y en soledad ha puesto ya su nido,*
> *y en soledad la guía*
> *a solas su querido,*
> *también en soledad de amor herido.*[67]

La gracia de ocupar el último lugar, voluntariamente elegido por amor, es una las facetas más bellas de la virtud de la humildad.

---

[66] Heb 11:38.
[67] *Cántico Espiritual.*

Virtud que seduce y fascina a Dios en alto grado y que, por eso mismo, Él cuida de otorgarla solamente a algunos. Pues los más finos regalos se reservan siempre para los seres más queridos.

La alegría de sentirse ocupando el último lugar es, ni más ni menos, que la que corresponde al sincero y gozoso reconocimiento de que *Dios Es*, frente a la *Nada* de la que hemos sido creados; y después de creados, elevados, y luego de haber estado caídos, otra vez amorosamente perdonados y reintegrados. Pero —de nuevo hay que decirlo— para percibir y alegrarse de la Grandeza, es necesario tener ojos de niño.

Con lo que estamos ya en disposición de preguntar: ¿Nace más que nada nuestro gozo del hecho de vernos levantados a su altura? ¿O acaso al comprobar que Él se ha abajado hasta la nuestra?

Evidentemente, no se trata de lo uno ni de lo otro. Pues la fuente de nuestra Alegría brota, sobre todo, *del hecho mismo de sentirlo a nuestro lado*.

Pues *no está el discípulo por encima del maestro, ni el siervo por encima de su señor.*[68] No se encuentra Él, pues, por debajo ni alejado de nosotros; pero tampoco por encima: *Al discípulo le basta ser como su maestro, y al siervo como su señor...*[69] *Todo aquél que esté bien instruido, podrá ser como su maestro.*[70] En definitiva, todo se reduce a hacerse y sentirse *nada*, a fin de participar de la condición de Aquél que, siendo Dios, *se hizo a Sí mismo Nada tomando la condición de siervo* (Flp 2:7).

---

[68] Mt 10:24.

[69] Mt 10:25.

[70] Lc 6:40. Existe un texto de San Lucas que suele pasar desapercibido: *Dichosos aquellos siervos a quienes al volver su amo los encuentre vigilando. En verdad os digo que se ceñirá la cintura, les hará sentar a la mesa y acercándose les servirá* (12:37).

El hecho mismo de verlo a nuestro lado, reducido voluntariamente a nuestra condición..., es el motivo determinante de la Perfecta Alegría. Si bien, no tanto porque ahora es como nosotros, sino porque está junto a nosotros y con nosotros: *Ya no os llamo siervos..., a vosotros en cambio os he llamado amigos...*[71] *Si no te lavo los pies, no tendrás parte conmigo.*[72]

Y quizá nadie como el Bautista supo expresarlo con tanta precisión: *El amigo del Esposo, el que está presente y le oye, se alegra grandemente al oír la voz del Esposo. Por eso, mi alegría es completa.*[73]

---

[71] Jn 15:15.
[72] Jn 13:8.
[73] Jn 3:29.

II

El Dualismo RIQUEZA–POBREZA en la Vida Cristiana y otros Temas Anexos

1. Donde se tratan brevemente temas generales y ya conocidos acerca del problema de la Pobreza cristiana

Casi la totalidad del contenido de la *Carta a la Iglesia de Esmirna* gira en torno a la *tribulación* como uno de los constitutivos formales de la existencia cristiana. Quizá por eso añade una breve exhortación a mantener la fidelidad hasta la muerte, seguida de una referencia a la consiguiente recompensa.

Pero el texto incluye también un misterioso inciso que hace alusión a la antítesis pobreza–riqueza: *Conozco tu pobreza, aunque eres rico*. Así es como lo dice el Espíritu al Ángel de la Iglesia de Esmirna: como de pasada, sin prestarle más relevancia y sin añadir más explicaciones. Aunque es preciso reconocer que la expresión, ya de por sí un tanto extraña, no deja de parecer contradictoria.

Por un lado, el Espíritu afirma conocer la pobreza del Ángel de la Iglesia de Esmirna, mientras que por otro lo califica como rico.[74]

---

[74] Sobre el tema de la pobreza como virtud cristiana y sus implicaciones con las riquezas, aunque referido especialmente a las Órdenes Religiosas, Congregaciones, Institutos Religiosos, etc., ver mi libro *Esperando a Don Quijote*, Shoreless Lake Press, New Jersey, 2007, págs. 385–477. Reimpr. 2023. La cuestión de la pobreza como virtud personal está tratada por mí en otro de mis libros: *El Amigo Inoportuno*, Shoreless Lake Press, New Jersey, 1995, págs. 107–170. Reimpr. 2020.

La Biblia es un libro inspirado escrito para la salvación de los hombres. Un instrumento al servicio del Amor de Dios, que se ha volcado sobre el hombre (Ro 5:5) a la espera de ser correspondido. Pero, dado que el Amor se confunde con el mismo Dios (1 Jn 4:16), de ahí que sea en sí mismo un Misterio cuya comprensión nunca podrá ser *agotada* por la creatura. Por lo que el Libro que lo expone no puede ser, a su vez..., sino otro misterio. Que indudablemente contiene *todo* lo necesario según su finalidad, puesto que, como decía San Juan de la Cruz, en el Hijo, que es la Palabra del Padre, Dios ha dicho al hombre *todo cuanto tenía que decirle*.[75] Pero cuyo contenido, si bien de primera intención es suficiente para todos, será sin embargo comprendido por cada hombre *secundum mensuram donationis Christi*,[76] que es lo mismo que decir conforme a la medida de la gracia que cada uno haya recibido.

Nada tiene de extraño, por lo tanto, que el Libro se encuentre repleto de aporías, aparentes contradicciones y misterios sin resolver en toda su profundidad. Aunque, en realidad y tal como hemos dicho, los contenidos de mayor entidad nunca serán asimilados en la misma medida por unos o por otros: *A vosotros se os ha concedido conocer los misterios del Reino de Dios; pero a los demás solamente a través de parábolas*.[77]

Por lo que hace a este caso, cabe preguntarse si, según la afirmación del Espíritu, el Ángel de la Iglesia de Esmirna era en realidad pobre o si, por el contrario, era rico. Pero si nos atenemos al texto y a las palabras del Espíritu, hay que reconocer que era *ambas cosas* a

---

[75] San Juan de la Cruz, *Subida al Monte Carmelo*, II, 22, 3–5.
[76] Ef 4:7.
[77] Lc 8:10.

la vez, puesto que dice: *Conozco tu tribulación, tu pobreza, aunque eres rico.*[78]

Según las normas de la lógica y del pensamiento humanos, los conceptos *riqueza–pobreza* son contrarios. Aunque no sucede lo mismo en el ámbito de lo sobrenatural, en el que los conceptos adquieren nuevos sentidos que los transcienden y donde podría considerarse cosa posible, por lo tanto, ser pobre y rico a la vez.

Pues tanto la riqueza como la pobreza adquieren, contempladas desde una óptica cristiana y sobrenatural, un nuevo significado que no solamente es *eminentemente positivo* para ambas, sino que, además, tiende a hacerlas interdependientes. Si bien el mundo considera a la pobreza como una desgracia y una lacra, para el pensamiento cristiano, sin embargo, es una sublime virtud que bien puede considerarse como una de las caras del amor, o como uno de los ingredientes esenciales y necesarios que lo hacen posible; de tal manera que la *verdadera pobreza* conduce necesariamente, como factor previo indispensable, a la *verdadera riqueza*.

Pero si la pobreza —entendida en sentido cristiano— es el camino que conduce al amor, es por eso por lo que abre la puerta a las auténticas riquezas, que son aquéllas que el mundo no considera pero que, sin embargo, son las únicas verdaderas: *Bienaventurados los pobres, porque de ellos es el Reino de los Cielos.*[79] Según Jesucristo, por lo tanto, es a los pobres a quienes están reservados los tesoros de las auténticas riquezas. El Reino de los Cielos es precisamente aquel tesoro escondido en un campo que fue hallado por algún afortunado, el cual consideró que valía la pena desprenderse de todas las otras riquezas que poseía a fin de adquirir el terreno y quedarse con el

---

[78]La conjunción adversativa griega ἀλλά, traducida tanto en la Vulgata como en la Neovulgata por *sed*, corresponde propiamente a la castellana *aunque*.

[79]Mt 5:3; cf Lc 6:20.

hallazgo (Mt 13:44). Y algo semejante se desprende del episodio en el que San Pedro se dirige al cojo de nacimiento en la puerta del Templo llamada Hermosa: *No tengo plata ni oro; pero lo que tengo te lo doy: ¡En el nombre de Jesucristo Nazareno, levántate y anda!*[80] Con lo que se llega de nuevo a la conclusión de que la verdadera riqueza solamente se consigue previo paso por la verdadera pobreza: *Por la Nada al Todo*, decía San Juan de la Cruz.[81]

Que los conceptos *pobreza–riqueza* pueden albergar un significado contrario, según se consideren desde la perspectiva del mundo o desde el punto de vista cristiano, es algo que se desprende con claridad de un significativo texto del Apóstol. Según San Pablo, los cristianos se presentan ante el mundo *tamquam nihil habentes et omnia possidentes*;[82] lo que significa que cuando el mundo piensa que *nada tienen* es precisamente cuando lo poseen *todo*. Habida cuenta de que la realidad de ambos conceptos —el de *nihil habentes* y el de *omnia possidentes*— no pueden limitarse a una existencia puramente conceptual —la considerada por cada una de las dos partes, pagana o cristiana—, sino que ha de ser absolutamente real. Lo que significa que estamos hablando de auténtica pobreza y de verdadera riqueza. Al menos por una vez, en este caso el mundo tiene razón.

La interdependencia de la dualidad *riqueza–pobreza* se muestra, como acabamos de ver en el episodio del cojo de nacimiento narrado en el Libro de los Hechos, en que no se puede alcanzar la primera sin vivir previamente la experiencia de la segunda.[83] El enriquecimiento consiguiente posee seguramente, con respecto a los demás,

---

[80]Hech 3:6.

[81]*Subida al Monte Carmelo*, 1, 13; 11–13.

[82]*Como quienes nada tienen, aunque poseyéndolo todo* (2 Cor 6:10).

[83]Hablamos desde el punto de vista de la existencia cristiana, como fácilmente puede suponerse y sin necesidad de repetirlo a partir de lo que vayamos exponiendo a continuación.

tanta prestancia, o quizá más, de la que pueda tener para quien lo lleva a cabo, tal como lo asegura también el Apóstol: *como pobres, pero enriqueciendo a muchos*,[84] lo que lo dota de una importancia decisiva para el ministerio pastoral —a pesar de que esta circunstancia suele pasar desapercibida—; y como queda patente también en las condiciones que Jesucristo establece para sus discípulos cuando los envía a predicar: *No llevéis oro, ni plata, ni dinero en vuestras bolsas, ni alforja para el camino, ni dos túnicas, ni sandalias...*[85]

De todas formas, y prescindiendo aquí enteramente de lo que el mundo entiende por *pobreza*, la concepción cristiana de esta virtud supone una realidad extraordinariamente sutil y delicada, tanto por lo que hace a su concepto como por lo que se refiere al modo de llevarla a cabo en la práctica.[86]

Simplificando en lo posible,[87] pienso que podemos decir que la verdadera pobreza es la condición indispensable para el amor perfecto, en cuanto que supone la entrega *total* de todo lo que se es y de todo lo que se tiene a la persona amada. Y, como es lógico, una entrega tan absoluta da lugar a la desnudez y privación completas de todo lo poseído por aquél que ama. Los textos evangélicos van indudablemente en esta dirección: *Aún te falta una cosa: vende todo lo que tienes y dáselo a los pobres, y tendrás un tesoro en los*

---

[84] 2 Cor 6:10.

[85] Mt 10: 9–10.

[86] Acerca del concepto cristiano de *pobreza* se ha discutido durante siglos y se seguirá discutiendo. Y ya no sólo por lo que se refiere a la pobreza entendida como absoluta carencia de cosas materiales (que algunos identifican indebidamente con la *pobreza real*), sino por el modo mismo de afectar a la vida ordinaria; como ha quedado claro en la eterna discusión acerca de la *pobreza franciscana*, que comenzó en tiempos de San Francisco y que todavía no se ha solucionado.

[87] Acerca del concepto cristiano de la verdadera pobreza, ténganse en cuenta las indicaciones y referencias contenidas en la nota 74.

cielos. Luego, ven y sígueme...[88] *Y, al momento, dejaron las redes y le siguieron...*[89] *Y ellos, sacando las barcas a tierra, dejadas todas las cosas, le siguieron...*[90] *Si alguno quiere venir en pos de Mí, que se niegue a sí mismo, que tome su cruz y que me siga...*[91] *Quien no renuncia a todo lo que posee, no puede ser mi discípulo.*[92]

Ya hemos dicho que la pobreza es una virtud compleja y sutil. Y en cuanto a su consideración dentro de una posible escala de niveles de dificultad, quizá no tendría mucho sentido calificarla como virtud difícil, puesto que todas las virtudes lo son. Sin embargo, posee características peculiares que normalmente suelen pasar desapercibidas. Y así por ejemplo, en el ámbito de la pobreza cristiana, resulta más difícil *entregar aquello de lo que alguien desearía desprenderse con más interés.* Con lo cual nos referimos al conjunto de imperfecciones y defectos —a los que San Juan de la Cruz designaba con el nombre de *apetitos*, los cuales, según él, atormentan y atosigan al alma—, generalmente involuntarios, pero que gozan de la suficiente fuerza para retrasar el adelantamiento en la vida espiritual y hasta para destruirla por completo:

> *¡Ah! Cazadnos las raposas,*
> *las raposillas pequeñitas,*
> *que destrozan nuestras viñas,*
> *nuestras viñas en flor.*[93]

---

[88] Lc 18:22.
[89] Mc 1:18.
[90] Lc 5:11.
[91] Mt 16:24.
[92] Lc 14:33.
[93] Ca 2:15.

Lo más singular del caso es que resulta prácticamente imposible desprenderse por completo de tales apetitos durante la duración del periplo de la vida terrena.[94] La verdad es que parecen negarse a desaparecer enteramente del alma que, pese a todo, ama y busca sinceramente a Dios; por lo que puede llegar un momento en el que resulte más viable ofrecer a Dios la carga de contar con ellos, aunque sin renunciar a tratar de *eliminarlos*. Lo que sin duda será causa de una lucha que no habrá de cesar hasta el momento de la muerte.

Y algo que aún queda por decir y que puede parecer original y hasta extraño. Pues todo ocurre como si fuera más conveniente, para quien recorre los caminos del *Valle de Lágrimas* intentando la subida al *Monte Carmelo*, que las cosas sucedan de ese modo y no de otro. Y hasta parece que Dios las *tolera* así, sin duda para el mayor aprovechamiento de quienes lo aman, pues resultaría difícil encontrar aquí otra razón más convincente. La idea se puede expresar de otra forma diciendo que tales defectos e imperfecciones, de ningún modo deseados, resultan convenientes para que el discípulo que ama a Jesucristo viva la virtud de la pobreza *con mayor perfección*.

Desde luego es evidente que es más *pobre* ante Dios quien se contempla a sí mismo, con visión realista, como pecador y miserable; y no quien se cree virtuoso y que no tiene necesidad de apelar a la misericordia divina. Tal como se desprende claramente de la parábola del fariseo y el publicano que fueron al Templo a orar (Lc 18: 10 y ss.), y cuyo significado, con claros tintes de consolación, suele pasar desapercibido para subrayar más bien la virtud de la humildad. En este sentido, ya hemos dicho que los místicos reconocen una limpieza absoluta del alma en los grados más próximos de unión con Dios,

---

[94]Los escritores místicos consideran, sin embargo, que Dios puede erradicarlos por completo del alma en los grados más elevados de perfección.

según una doctrina clásica sostenida a lo largo de la historia de la Espiritualidad cristiana y que aquí no vamos a negar:

> *En una Noche Oscura,*
> *con ansias en amores inflamada,*
> *¡oh dichosa ventura!,*
> *salí sin ser notada,*
> *estando ya mi casa sosegada.*[95]

> *Entrádose ha la esposa*
> *en el ameno huerto deseado,*
> *y en su sabor reposa,*
> *el cuello reclinado*
> *sobre los dulces brazos del Amado.*[96]

Puede suceder, sin embargo, que muchos que buscan a Dios sinceramente o, si se quiere también, *a trancas y barrancas*, no consigan alcanzar tal estado de perfección a lo largo de toda su vida. O que no logren *enterarse* de que ya lo poseen, sumidos en la ignorancia propia de la sempiterna acompañante de la auténtica virtud, cual es la humildad. Por lo que solamente les queda, tanto a unos como a otros, el recurso de *ofrecer* a Dios con buena voluntad sus defectos e imperfecciones, puesto que, en realidad, *no tienen otra cosa para dar.*

Con lo que nos encontramos con otra de esas extrañas paradojas que son propias de la vida espiritual. Pues todo sucede como si tales personas fueran, *en cierto modo*, más pobres que las que han

---

[95]San Juan de la Cruz, *Noche Oscura del Alma*.
[96]San Juan de la Cruz, *Cántico Espiritual*.

alcanzado los más altos grados de unión con Dios. Y es que la misericordia divina permite a menudo que aparezca así con respecto a quienes se encuentran en esa situación: *En verdad os digo que esta viuda pobre ha echado* [en el gazofilacio del Templo] *más que todos los otros.*[97] Lo cual, efectivamente, es poseer *bien poco* o incluso *menos que nada.* Que por eso decía Jesucristo: *Muy bien, siervo bueno y fiel; puesto que has sido fiel en lo poco, yo te confiaré lo mucho: entra en el gozo de tu señor.*[98] Realidad que puede convertirse, para quien la acepte con humildad y ponga su confianza en el Señor, en motivo de consolación y de alegría, como así lo reconocía el Apóstol: *En cuanto a mí, en nada me gloriaré sino en mis debilidades.*[99]

Es importante advertir, sin embargo, que el hecho de gloriarse en las propias debilidades no obedece a una postura de conformidad con lo inevitable. Todo lo contrario, puesto que se trata, en realidad, de dar paso a la gracia, mediante la acción de la fuerza de Cristo como condición *sine qua non* para producir fruto: *Con sumo gusto me gloriaré más todavía en mis flaquezas, para que habite en mí la fuerza de Cristo,*[100] según decía el Apóstol, a lo que añadía: *Cuando soy débil es cuando soy fuerte.*[101] Donde conviene observar que no dice San Pablo *cuando me siento débil,* sino *cuando soy débil.* Pues

---

[97]Lc 21:3. Lo que no significa que todo quede reducido a la categoría de una creencia puramente subjetiva. Según las palabras del mismo Jesucristo, la viuda pobre, que depositó en el gazofilacio todo lo que tenía para vivir, había entregado en realidad *más que todos los otros*; donde todo parece apuntar a un cierto *sentido real* de la expresión. Con lo que nos enfrentamos ante otra aporía que viene a incrementar el número de secretos que jalonan el itinerario espiritual, tan característicos de la vida de oración contemplativa pero que nunca han logrado esclarecer las prolijas explicaciones de los místicos.

[98]Mt 25: 21.23.

[99]2 Cor 12:5.

[100]2 Cor 12:9.

[101]2 Cor 12:10: *Cum enim infirmor, tunc potens sum.*

bien se puede decir que el Cristianismo es una religión de profundos sentimientos, pero que *siempre se afirman y se fundamentan en la realidad*. En orden a la Pastoral de la predicación, pongamos por caso, su fruto entre los oyentes se encuentra en relación inversa al sentimiento de satisfacción de sí mismo que experimenta quien difunde la Palabra.[102] El nervio de la cuestión aquí no es otro que el de la suprema humildad, que tiende a la negación del propio yo para dar paso a la plenitud de la fuerza de Dios: *Si alguno quiere venir en pos de Mí, que se niegue a sí mismo, que tome su cruz y que me siga.*[103]

Todo lo cual nos conduce de nuevo al tema de la íntima relación existente entre la virtud de la pobreza y la de la caridad. La realidad de tan estrecha unión explica la imposibilidad de la existencia de un perfecto amor allí donde no existe la verdadera pobreza. De lo cual se desprende que también la pobreza admite grados de perfección, tal como sucede con la caridad, y cuyos límites —caso de que existan— se pierden en lo insondable del infinito desconocido.

Ante realidades tan sublimes —que pertenecen de lleno al ámbito del misterio— es frecuente establecer conclusiones y adoptar posturas que, por el hecho de ser verdaderas, fácilmente se dan por acabadas. Sin embargo, cuando se transita por los caminos de lo insondable, resulta arriesgado establecer como definitivos resultados que aparecen como concluyentes e irrevocables. Lo inescrutable

---

[102] El ejemplo de la predicación esclarece bastante bien la interacción, tan fundamental en la existencia cristiana, entre los sentimientos y la realidad que los provoca, o de la cual son consecuencia.

[103] Mt 16:24.

siempre se reserva la última palabra, pues sólo Dios es la suprema Verdad.[104]

Por ejemplo, nadie sería capaz de poner en duda que la suprema manifestación de la perfección humana —la santidad— supone la actitud de *abandonar* todo a causa del amor. Es perfecto el amor que ha entregado *todo* a la persona amada, en una clara demostración de que solamente ella importa para el que ama. Lo que jamás se ha expresado mejor y más bellamente que como lo hizo el Santo poeta de Fontiveros:

> *Quedéme y olvidéme,*
> *el rostro recliné sobre el Amado,*
> *cesó todo, y dejéme,*
> *dejando mi cuidado*
> *entre las azucenas olvidado.*[105]

Otros poetas también han intentado configurar la misma idea a su manera:

> *En la rosada aurora*
> *salí a buscar, con paso apresurado,*
> *a Aquél que me enamora;*
> *y, habiéndole encontrado,*
> *libre por fin de terrenales lazos*
> *morir quise de amor entre sus brazos.*[106]

---

[104]El hombre es capaz de profundizar en el misterio y lograr conclusiones verdaderas y seguras. Lo que aquí quiere decirse es que el misterio es inagotable, puesto que siempre puede llegarse a un punto que se encuentra *más allá* de lo ya conocido.

[105]San Juan de la Cruz, *Noche Oscura*.

[106]Cf Alfonso Gálvez, *Cantos del Final del Camino*, SL Press, 2020, 89. En adelante, *CFC*.

Con lo cual hemos llegado a lo más elevado del sagrado ámbito del amor divino–humano, que es para el hombre el límite del amor perfecto al que puede ser conducido por la gracia. O al menos eso es lo que parece a primera vista, puesto que aún cabe formular la pregunta acerca de si es posible que exista una perfección mayor en el amor y que, además, sea asequible a la creatura.

Y la respuesta, afirmativa en este caso, puede resultar verdaderamente inquietante; si acaso es verdad, como parece, que *todavía puede darse una perfección mayor*.

Todo el mundo estará de acuerdo en que se trata de una respuesta sorprendente para una pregunta que siempre se ha tenido como definitivamente resuelta: ¿Verdaderamente puede existir algo más perfecto que el hecho de abandonar todas las cosas a causa del amor...? Y todo parece indicar que sí, puesto que es justamente lo que sucede *cuando son las cosas mismas las que nos abandonan a nosotros, y siempre que tal situación sea plenamente aceptada por razón del amor*. Pues es indudable, en efecto, que, para los sentimientos humanos, *ser abandonado* (sentido pasivo) posee un sentido duro y doloroso del que carece el vocablo en sentido activo (*abandonar*). Se trata, por lo tanto de un sentimiento aflictivo, de intensidad indefinida, que da paso, a su vez, a la posibilidad de una más íntima y voluntaria participación en los sufrimientos y muerte de Jesucristo y que es exponente, por eso mismo, de un amor más perfecto y consumado.

Por supuesto que nadie ha experimentado este sentimiento de modo más agudo que Nuestro Señor Jesucristo, de tal manera que así se muestra, una vez más, como modelo y punto de referencia para todo lo humano. Un hecho transcendental que tuvo lugar en el instante que suele marcarse como el *punto culminante* de la Pasión en la Cruz: *Hacia la hora nona Jesús clamó con fuerte voz: "Elí,*

Elí, ¿lemá sabachthaní?", es decir: "Dios mío, Dios mío, ¿por qué me has desamparado?"[107]

Y con todo, llegar a intuir acerca del abatimiento de Jesucristo al sentirse abandonado *también por su Padre*, e incluso tratar de explicarlo (siquiera sea al modo humano y de manera harto imperfecta), es cosa que cae en la órbita de lo imposible. Lograr siquiera una cierta comprensión de tan espantosa realidad es cosa que depende de la concesión de gracias especiales por parte de Dios; las cuales, por lo general, quedan reservadas a quienes les ha sido otorgado acceder a los grados más elevados de la unión con Dios y de la oración contemplativa.

Dentro de este orden de cosas, y ya en un plano inferior y de orden diferente, también el Apóstol San Pablo, el gran seguidor de Jesucristo e íntimo partícipe de los sentimientos de su Maestro, se quejaba del abandono en que lo habían sumido algunos de sus discípulos: *Demas me abandonó por amor a este mundo y se marchó a Tesalónica.*[108]

Pues, efectivamente, el dolor de sentirse abandonado, y precisamente por parte de los seres más queridos, es uno de los más capaces de herir en profundidad las partes más sensibles del corazón humano. Pocas veces, por ejemplo, se cae en la cuenta del hondo contenido de la pregunta que Jesús dirige a sus discípulos, una vez consumado el abandono de la mayoría de sus seguidores después del discurso eucarístico de Cafarnaúm:

—*¿También vosotros queréis marcharos...?*[109]

---

[107] Mt 27:46; Mc 15:34.
[108] 2 Tim 4:10; cf 4:16.
[109] Jn 6:67.

2. En el que se insiste en algunos temas, no por marginales menos importantes

Por lo general, pocas veces llega el hombre a comprender el significado más profundo de los hechos que afectan a su vida. Los cuales son siempre buenos si suceden dentro del marco de un sincero amor a Dios: *Sabemos que, para los que aman a Dios, todo lo que sucede es para su bien.*[110] Con frecuencia, sin embargo, o bien son interpretados torcidamente, o no son comprendidos en absoluto. Pues rara vez sabe descubrir el ser humano la mano bondadosa de Dios a través de los acontecimientos que jalonan su existencia.

Y así es como ha transcurrido la mía. A la que siempre he considerado como un fracaso, al menos hasta cierto punto. Pues creo que Dios habría esperado de mí el cumplimiento fiel de una promesa que libremente pronuncié una vez, y por la que adquirí un compromiso que luego no supe —o no quise— mantener en su integridad.

Fue para mí un momento difícil de mi vida aquél en el que me sentí abandonado y, por supuesto, por mi sola culpa. Y abandonado principalmente por parte de Dios, a quien yo había prometido sinceramente entregar mi corazón.

Creo que Dios debe estar sobradamente acostumbrado a esta manera de proceder de nosotros los hombres: prometemos alegremente, quizá demasiado confiados en nosotros mismos..., y después no cumplimos, según aquello de que *el espíritu está pronto, pero la carne es débil.*[111] Es nuestra condición actual, que sin embargo no debe ser causa de tristeza sino de confianza en el Señor, y aun capaz de crear una mayor ilusión por volver de nuevo a la lucha en la que transcurre nuestra existencia diaria: *¿No es milicia la vida del*

---

[110]Ro 8:28.
[111]Mt 26:41.

hombre sobre la tierra?[112] A este propósito, decía San Pablo que *en nada me gloriaré, sino en mis propias debilidades.*[113] Donde queda demostrado, una vez más, que la Alegría forma parte de la naturaleza del cristiano hasta el punto de que jamás existen razones para perderla, ya que el desamor puede ser reemplazado siempre por un nuevo acto de amor..., y esta vez de contenido más intenso. La esposa de *El Cantar de los Cantares* reconocía que había respondido con falsos pretextos y rebuscadas excusas a las peticiones del Esposo para que le abriera la puerta y le permitiera entrar:

> *Ya me he quitado la túnica.*
> *¿Cómo volver a vestirme?*
> *Ya me he lavado los pies.*
> *¿Cómo volver a ensuciármelos?*[114]

Sin embargo, no tarda en darse cuenta de la traición que supone no haber querido responder al ofrecimiento de un Amor total. Sería bastante difícil explicar las excusas y los plazos de demora que el hombre es capaz de esgrimir ante Dios para rechazar, siquiera de momento, el Amor que tan generosamente le es ofrecido. Puede ocurrir, sin embargo, que la esposa trate de rectificar ante el Esposo divino, por más que tardíamente:

> *Abrí a mi amado,*
> *pero mi amado se había ido, desaparecido.*
> *Le busqué, mas no le hallé.*
> *Le llamé, mas no me respondió.*[115]

---

[112] Jb 7:1.
[113] 2 Cor 12:5.
[114] Ca 5:3.
[115] Ca 5:6.

Una falta de respuesta que, en definitiva, no es sino otra muestra de la amorosa pedagogía divina, movida por el deseo de que la esposa adquiera conciencia de lo que supone responder al amor con desamor. Pero Dios, que espera siempre con los brazos abiertos, a través de su bondad y sabiduría, transforma la tristeza propia de la falta de respuesta al amor en una alegría aún más profunda; una vez reconocida y rectificada su traición por parte de la creatura, como demuestran las parábolas del hijo pródigo y de la oveja perdida.[116] La oveja perdida, una vez hallada, recibe caricias y consideraciones de parte del pastor de las que éste no hace objeto, sin embargo, a las que habían quedado en el establo; y existe también más alegría en el Cielo por el arrepentimiento de uno que por la situación de muchos que no necesitan arrepentirse (Lc 15:7). Y todo porque en el ejercicio de la misericordia brilla aún más patente el Amor divino, al paso que se le ofrece a la creatura la oportunidad de amar con mayor intensidad. De tal manera que, lo que pudiera haber parecido un premio al desamor, se convierte, por el contrario, en una situación de amor sobre amor. De esta forma, la creatura goza de la posibilidad de amar más intensamente después de haber sido perdonada, además de contar con la alegría de sentirse débil y necesitada del Esposo. Y también al mismo tiempo más que confortada, pues se siente objeto de la búsqueda ansiosa de un Esposo enamorado que, junto con su Amor, le va a proporcionar toda su Fuerza y la va a hacer partícipe de su Vida.

Sólo quienes hayan amado podrán comprender el dolor que ocasiona el sentimiento de un tiempo perdido por causa de un amor que, por no haber sido respondido generosamente y en totalidad, no ha llegado nunca a consumarse.

---

[116] Lc 15: 4–7.11 y ss.

Sin embargo, ¿sabe alguien lo que significa un amor recibido en totalidad, pero solamente *en parte* correspondido? ¿Acaso un amor parcial, que no ha sido capaz de entregar todo lo que poseía, es algo más que una caricatura del verdadero amor? ¿Y qué pensar de quien, embarcado en una relación amorosa, se ha reservado algo para sí *por no haberse fiado plenamente de la otra parte*? ¿Podríamos asegurar que existe el amor donde falta la plena rendición a la persona amada? Y si es cierto que en la parcialidad no hay amor, ¿qué es lo que refleja realmente un falso retrato del amor?

> *En lágrimas bañado*
> *llora mi corazón, de amor herido,*
> *en penas angustiado*
> *del tiempo que ya es ido*
> *y por no haber amado se ha perdido.*[117]

Es cierto, sin embargo, que con el paso del tiempo y transcurridos muchos años, un pensamiento consolador alivió amargos momentos de mi existencia pasada. Fue cuando descubrí que, en realidad, aquello fue para mí la ocasión de compartir los sentimientos de Jesús, que se vio a Sí mismo como *el ser más abandonado de los hombres* y como el único que pudo experimentar en lo que consiste el *verdadero abandono*. Un abandono que, a diferencia del que nos puede afectar a los demás hombres, fue sufrido en la terrible oposición de la *injusticia contra la inocencia*. Algo difícil de comprender, ciertamente; pero al fin y al cabo abandono, y además llevado hasta el máximo extremo.

Es un lugar común suponer que la juventud es el mejor momento de la vida para entender el verdadero amor como una entrega en totalidad. La suposición no responde a la realidad y no pasa de ser

---

[117] *CFC*, 95.

un tópico, aunque un cierto tono de *romanticismo* prefiera tenerlo por verdadero. En todo caso se trata de una falsedad inofensiva, en el fondo reconocida por todos como tal pero universalmente admitida. La verdad es bien diferente. De hecho, aunque el corazón humano siempre acusa el cansancio producido por el paso de los años, su capacidad de amar *tiende constantemente a aumentar más bien que a disminuir*. Y de ahí que un corazón anciano encierre vivencias acerca del amor que suelen ser más profundas que las de un corazón joven, e incluso a menudo todavía desconocidas por este último.

Algunas experiencias que tienen lugar en la vida son absolutamente irrepetibles, aunque quizá por eso resulten suficientes con una única vez. Entre las que se encuentran, por ejemplo, la considerada por todos los enamorados de la Historia como la primera mirada amorosa. Posee, como siempre, la característica de la reciprocidad, como cosa esencial en el amor. Y aunque después habrá una multitud de ocasiones en las que quienes se aman crucen sus miradas, con todo, ninguna situación poseerá el dulce sabor de lo que significó *el primer encuentro*:

> *Sus ojos en los míos se posaron*
> *antes de que la aurora despertara,*
> *y de amor tan herido me dejaron*
> *que, si acaso de mí los apartara,*
> *mi vida en muerte pronto se trocara.*[118]

> *Sus ojos me miraron*
> *antes que el claro sol apareciera,*
> *y herido me dejaron*
> *de amor, en tal manera,*
> *que sin verlos de nuevo pereciera.*[119]

---

[118] *CFC*, 32.
[119] *CFC*, 33.

Se trata pues de aquel *primer encuentro* que deja el corazón herido para siempre y que, a partir de ese momento, solamente encuentra alivio con la presencia de la persona amada:

> *Vino hasta mí el Amado*
> *antes que el sol naciera por el teso,*
> *y, habiéndome mirado,*
> *sentí en sus ojos eso*
> *que sólo amor lo cura con un beso.*[120]

La *primera mirada* parece ser determinante en el proceso amoroso: ¿Quién sería capaz de explicar en qué consiste la fuerza misteriosa —la misma que seduce y atrae con fuerza irresistible— que transmite la mirada lacerante y cautivadora con la que, por vez primera, los enamorados se contemplan y se entregan mutuamente el corazón?[121] Su seductora fuerza cautivadora (embelesadora) es reconocida por el Esposo de *El Cantar de los Cantares*, dentro de los agudos requiebros que dirige a la esposa:

> *Prendiste mi corazón, hermana mía, esposa,*
> *prendiste mi corazón en una de tus miradas,*
> *en una de las perlas de tu collar.*[122]

Lo mismo viene a reconocer la poesía popular, que no duda en atribuir el carácter de herida mortal a la producida por la mirada amorosa del amante a la persona amada:

---

[120] *CFC*, 41.

[121] La mirada amorosa de Dios a su creatura, llevada a cabo en el instante siempre actual de la eternidad que no tuvo principio ni tendrá fin, siempre goza del carácter de *primacía* o de *prioridad*. Pues, no habiendo conocido nunca el *antes* ni estando destinada a conocer el *después*, no es sino un eterno *ahora* que siempre posee la condición de *primera mirada*.

[122] Ca 4:9.

> *Es tierno tu mirar, luz de la aurora,*
> *que al mismo sol seduce y enamora.*
> *Tu llanto es un rocío matutino*
> *que induce a la embriaguez de un dulce vino.*
> *Y al descansar tus ojos en los míos,*
> *mis lágrimas semejan anchos ríos,*
> *pues tu suave mirar, tan hondo hiere,*
> *que aquél en quien se posa de amor muere.*[123]

Y junto a la mirada, la hiriente y amorosa voz del Esposo. Cuya dulce nostalgia y constante recuerdo fueron los que me indujeron a intentar describirla de alguna manera, pasados ya bastantes años:

> *Es la voz del Esposo*
> *como la huidiza estela de una nave,*
> *como aire rumoroso,*
> *como susurro suave,*
> *como el vuelo nocturno de algún ave.*[124]

Con el paso del tiempo, las vicisitudes de la vida, y la llegada de la ancianidad, ¿quién no habría deseado oír la voz del Esposo pronunciando las mismas ansiosas palabras que dirige a la esposa en *El Cantar de los Cantares*:

> *Dame a ver tu rostro, dame a oír tu voz,*
> *que tu voz es suave, y es amable tu rostro?*[125]

---

[123] *CFC*, 76.
[124] *CFC*, 75.
[125] Ca 2:14.

Nadie debe llamarse a engaño. Pues si, como después veremos, todo es recíproco en el amor, y siendo Dios el primer Amador, no es admisible la duda acerca de que anhela nuestra intimidad con un deseo inmensamente mayor que el que nosotros pudiéramos sentir con respecto a Él.

¿Y quién no habrá deseado hacer suyas esas mismas palabras para dirigirlas a Él? Pues es precisamente la falta de esa voz la que crea en nosotros el sentimiento de un corazón abandonado y el de un alma vacía. Solamente quien alguna vez haya estado enamorado es capaz de entender lo que significa la ausencia de la persona amada; la única razón, en realidad, que explica el sentimiento de tristeza ocasionado por su falta de presencia:

> *Dime tú, amado de mi alma,*
> *dónde pastoreas, dónde sesteas al mediodía,*
> *no venga yo a extraviarme*
> *tras de los rebaños de tus compañeros.*[126]

Y en efecto, para que *no vaya yo a extraviarme tras de los rebaños de tus compañeros*. Como así ha sucedido las muchas veces que, por seguir otros rebaños que no eran los del Esposo, hemos acabado enteramente perdidos y desorientados.

En cuanto a lo que dice el salmo acerca de que es *preciosa a los ojos del Señor la muerte de sus santos*,[127] está claro que se refiere a quienes lo aman de verdad en la tierra. Pero ¿qué sucede con quienes nos encontramos tan lejos de la santidad, o siquiera de algo que lejanamente se le parezca?

Debiera ser normal que el cristiano no sienta temor ante la muerte. La luz de la fe y la confianza en la divina misericordia otorgan la

---

[126] Ca 1:7.
[127] Sal 116:15.

fuerza más que suficiente para afrontarla. De todos modos, puestos a reflexionar, ¿qué sentido podría tener para él —para nosotros— no sentir angustia o inquietud ante ella? ¿No sería más lógico afrontar alegremente la muerte (Sal 122:1), puesto que supone la llegada a la Patria y el encuentro definitivo con el Esposo...? Por mi parte, siempre he profesado profunda admiración y sentimientos de envidia hacia el Apóstol San Pablo por sus palabras de exhortación a los filipenses: *Me siento apremiado por los dos extremos: el deseo que tengo de morir para estar con Cristo, lo cual es muchísimo mejor...*[128] Así pues, las *ansias de morir para estar con Cristo* corresponden al amor perfecto de un corazón repleto de anhelos por estar con Él, como se desprende del *muero porque no muero* de Santa Teresa de Jesús, o de la impaciencia de la esposa enamorada según lo canta la poesía mística:

> *En la noche serena*
> *del silencioso valle nemoroso,*
> *en dolorosa pena,*
> *la espera del Esposo*
> *de angustiosa impaciencia mi alma llena.*[129]

> *Busqué en vano al Amado*
> *en el silencio de la noche oscura,*
> *mas sin haberle hallado,*
> *su ausencia me procura*
> *una llaga de amor que no se cura.*[130]

Lo cual encaja a la perfección con los santos y la poesía mística, pero nada o muy poco tiene que ver con nuestro caso. Por lo que a

---

[128] Flp 1:23.
[129] *CFC*, 108.
[130] *CFC*, 8.

mí respecta, no me asustan los rigores purificadores del Purgatorio, al que considero como un deseable y consolador estado de salvación. Lo que me llena de angustia y me envuelve en una sensación de penoso fracaso..., *es la posibilidad de llegar al momento de la muerte sin haber entregado, por amor, todo lo que tengo y todo lo que soy.* Me asalta la angustia de que se agoten todas las opciones que me fueron dadas, *sin haber correspondido, con todo mi amor, al que a su vez me fue ofrecido tan generosamente, en días ya tan lejanos pero nunca olvidados.* No desearía llegar al final de mi existencia poseyendo todavía *algo mío* por haber carecido del amor suficiente para darlo. Me inquieta la posibilidad de morir sin ser *enteramente posesión de Jesucristo*, por no haberme desprendido de cualquier cosa que pudiera haber significado un obstáculo, del modo que fuera, a la mutua posesión en totalidad, según aquello que fue dicho acerca de que *quien no renuncia a todo lo que posee no puede ser mi discípulo*:[131]

> *¿Cuál de tus ansias es la más soñada?,*
> *me preguntaste ayer por el sendero.*
> *Y yo, en susurros, dije enamorada:*
> *morir de amor por ti es lo que yo quiero.*[132]

Creo que desde mi adolescencia estuve dispuesto a aceptar, sin la menor dificultad por mi parte, el significado de algunas palabras evangélicas que, al menos en apariencia, podrían sonar como extremadamente duras: *Si alguno viene a mí y no odia a su padre y a su madre, y a su mujer y a sus hijos y a sus hermanos y hermanas, y hasta su propia vida, no puede ser mi discípulo.*[133] En realidad

---

[131] Lc 14:33.
[132] *CFC*, 96.
[133] Lc 14:26.

siempre las he interpretado como una verdad fundamental, y hasta como la más fundamental de todas las verdades, cuyo significado no podía ser otro sino el de que *el amor es algo absolutamente serio.*

Si algo queda bien claro en toda esta problemática, es que el amor a Dios —concretado en el amor a la Persona del Verbo hecho Hombre en Jesucristo— es para todo hombre *la suprema realidad y lo absolutamente todo.* Cuando se posee, se tiene todo y se es todo; cuando falta, ni se tiene nada ni se es nada. De tal manera que no tiene sentido alguno admitir la menor distracción de la atención hacia otra cosa, cuando se trata de dirigirse a Él como la persona amada: ¿Y qué podría ser más importante que el Esposo, como para merecer una atención mayor, o para suspender, siquiera fuera por un brevísimo momento, el maravilloso instante en que el corazón queda absorto en Él? Decía San Juan de la Cruz que un solo pensamiento del hombre vale más que el universo de las cosas materiales. Quizá por todo eso es por lo que, aturdida, emocionada y como fuera de sí, la esposa de *El Cantar de los Cantares* no encuentra palabras para expresar lo que el Esposo *es* para ella:

> *Como manzano entre los árboles silvestres*
> *es mi amado entre los mancebos.*
> *A su sombra anhelo sentarme*
> *y su fruto es dulce a mi paladar.*
> *Me ha llevado a la sala del festín*
> *y la bandera que ha alzado contra mí es bandera de amor.*
> *Confortadme con pasas,*
> *recreadme con manzanas, que desfallezco de amor.*[134]

Entre las sugestivas metáforas que contiene este texto —las cuales, en cuanto que tratan de referirse a realidades elevadas y su-

---

[134] Ca 2: 3–5.

blimes, ponen de manifiesto al mismo tiempo la insuficiencia del lenguaje—, están contenidos dos temas cuya importancia suele pasar desapercibida: el concepto de la relación amorosa divino–humana entendida como *combate*, justa o torneo entre contendientes..., de un lado, y el de la *muerte por amor*, de otro.

La relación amorosa divino–humana, considerada como *combate* entre iguales, es una original idea de la Revelación que afecta de forma insospechada al concepto del amor. De hecho no hubiera resultado fácil al entendimiento humano imaginar tal cosa, y ni siquiera parece posible que hubiera llegado a pensarlo.

Siendo un concepto muy rico en contenido, lo primero que pone de manifiesto es que la naturaleza humana, aun en su estado actual de naturaleza caída y reparada, pese a las debilidades adquiridas a causa del pecado y que aún conserva (concupiscencia, oscurecimiento de la inteligencia, debilitamiento de la voluntad), posee todavía, por obra de la gracia, un caudal potencial que demuestra la falsedad de la teoría de Lutero, para quien el ser humano, después de la caída, habría quedado por completo incapacitado para hacer el bien.

La naturaleza humana, a pesar de la debilidad en la que se encuentra en su actual estado, es capaz sin embargo de *contender* con Dios *como de igual a igual*.[135] Aun concediendo que se podría profundizar acerca del sentido de la *realidad* de esta afirmación, es preciso admitir, de todas formas, que la fe es capaz de descubrir en la naturaleza del hombre posibilidades muy superiores a las que ordinariamente se le reconocen.

Y sin embargo no puede decirse que nos encontramos aquí ante una situación extraordinaria. Ya que, una vez decidido por Dios el

---

[135] El primer testimonio escriturístico que alude a esta forma de relación está contenido en el libro del Génesis (capítulo 32), referido al combate de Jacob con el Ángel (al que el texto considera como Yavé), con su misterioso resultado final.

tipo de relación amorosa que deseaba establecer con el hombre, la lógica y las leyes del amor exigen *un cierto estado de igualdad* entre quienes se aman. A pesar que esta circunstancia suele pasar desapercibida cuando se analiza el concepto del amor. Los textos de la Escritura que apuntan a lo que aquí se dice son numerosos, tanto en el Viejo como en el Nuevo Testamento. Con respecto a este último cabe citar Ap 3:20: *Mira que estoy a la puerta y llamo: si alguno escucha mi voz y abre la puerta, entraré en su casa y "cenaré con él, y él conmigo"*.[136] Y entre otros textos a recordar aquí, podría añadirse el que contiene algunas de las palabras de Jesús, dirigidas al Padre, en la Noche de la Última Cena: *Padre, quiero que donde Yo estoy también estén conmigo los que Tú me has confiado...*[137]

Como puede verse, nos encontramos a distancia de años luz de los conceptos del *amor platónico* o del *amor cortés* (propio este último de los juglares y enamorados de la Baja Edad Media), en los que sobresale el concepto de sumisión y vasallaje a la mujer amada (recuérdese a Don Quijote de la Mancha con respecto a su idealizada Dulcinea). Una idea que incluso ha influido en el concepto del amor en la Espiritualidad cristiana; como puede verse, por ejemplo, en la devoción a la Virgen María preconizada por San Luis María Griñón de Monfort y calificada por él como *esclavitud mariana*: donde el Santo aconsejaba el uso de una cadena pendiente del cuello, a modo

---

[136] Algunos exegetas y traductores, de los que piensan en la necesidad de *facilitar las cosas* a los lectores y oyentes, desvirtúan el texto y traducen: *y cenaremos juntos*. Con lo que se difumina el carácter de reciprocidad, bilateralidad e igualdad que exige la relación de amistad amorosa.

[137] Jn 17:24. Sin olvidar los que contienen la parábola de los talentos o la de las minas, en las que se dice cómo el buen siervo es capaz de devolverle a su señor incluso *el doble de lo recibido de él*.

de medalla, para significar la situación de *esclavitud* con respecto a la Virgen.[138]

Pero incluso en el concepto de oración contemplativa, tal como ha sido vivido y explicado por los más grandes místicos del cristianismo, la insistencia en el papel de la gracia —por otra parte esencial y fundamental—, parece haber dado lugar a un cierto exceso en cuanto a la consideración de una actitud *puramente pasiva* por parte de la creatura. Cabe recordar aquí el ejemplo clásico de Santa Teresa —simplificando y resumiendo su terminología— con el que explica la diferencia entre la oración contemplativa y la simple meditación: el agua de lluvia, que cae del cielo sin esfuerzo alguno por parte del hombre (contemplación), de una parte, y la extraída trabajosamente por medio de la noria (simple meditación), de otra. Donde el obligado papel asignado a la gracia —aquí ciertamente más necesaria que nunca— parece dejar un tanto en la sombra a la necesaria actitud de reciprocidad que corresponde a la creatura en la relación amorosa divino–humana. Aun concediendo que la respuesta generosa por parte de la creatura también halla su último fundamento en la gracia.

Es de notar, sin embargo, que el Libro de *El Cantar de los Cantares* (al que podemos considerar como emblemático, dentro del Antiguo Testamento en cuanto al concepto del amor), se muestra terminante con respecto al carácter de reciprocidad e igualdad en las relaciones amorosas del Esposo y de la esposa (o divino–humanas). Donde incluso aparece a veces el Esposo en una actitud humilde y suplicante con respecto a la esposa. Una forma de hablar que no parece encajar con una actitud puramente pasiva por parte de la

---

[138] Aquí no se pretende cuestionar la oportunidad de esta devoción, bendecida por la Iglesia. Tanto en éste, como en otros casos semejantes, quizá sólo sería necesario profundizar más en sus fundamentos teológicos con vistas a clarificarlos.

esposa, a la que no le correspondería entonces representar ningún papel:

> *Ven, paloma mía,*
> *que anidas en las hendiduras de las rocas,*
> *en las grietas de las peñas escarpadas.*
> *Dame a ver tu rostro, dame a oír tu voz,*
> *que tu voz es suave, y es amable tu rostro.*[139]
>
> *Ábreme, hermana mía, esposa mía,*
> *paloma mía, inmaculada mía.*
> *Que está mi cabeza cubierta de rocío*
> *y mis cabellos de la escarcha de la noche.*[140]

El carácter de *combate* que corresponde a la relación amorosa divino–humana (analogado con respecto a las *relaciones* existentes en el seno de la Trinidad, y punto de referencia con respecto a cualquier relación amorosa humana) muestra la necesidad de que sean *dos*, en cualidad de *opuestos*, los integrantes de la relación. La condición de *contienda*, propia de la relación amorosa, hace patente la necesidad de dos personas que, en su condición de estar constituidas como un *yo* cada una de ellas, signifiquen ambas a su vez un *tú* para la otra.[141]

---

[139] Ca 2: 13–14.

[140] Ca 5:2.

[141] En el Amor Infinito, las dos Primeras Personas y la Tercera que las une, como Vínculo entre ambas, se identifican en una misma Esencia o Naturaleza; aunque *como tales Personas* son realmente distintas entre sí (de otro modo, Dios no sería Amor). En el amor creado, sin embargo, bien se trate de las creaturas con respecto a Dios, o de ellas entre sí, todo ocurre según el orden de la analogía y no puede darse la identificación de las personas en una misma sustancia; sino que cada una de ellas *conserva su propia identidad y naturaleza numéricamente distintas*, sin mezcolanza o confusión alguna.

Con todo, y continuando dentro del ámbito del amor divino–humano en el que nos encontramos, las diferencias entre Dios y la creatura exigen, a pesar de todo, *un cierto estado de equiparación* entre ambos. Ya que de otro modo, caso de existir una diferencia insalvable entre uno y otro dentro del ámbito del amor, desaparecería la condición de un verdadero *combate* en el que es preciso guardar las reglas de una justa *equivalencia* de condiciones.

Sin embargo, cualificar la relación amorosa divino–humana como *combate* plantea un grave problema que, a primera vista al menos, parece de difícil o incluso de imposible solución.

El reconocimiento de que las relaciones de amor de Dios con el hombre son *absolutamente reales*, exige que quede descartado cualquier indicio de *ficción* en el combate amoroso divino–humano. Y dado que no cabe admitir en Dios cualquier especie de algo previamente preparado, fingido, artificial o simulado, es necesario conceder a tal combate un entero carácter de realidad con todas las consecuencias que tal cosa supone, a saber: equiparación o igualdad de condiciones, de un lado, y resultado incierto, con la posibilidad de triunfo para cualquiera de las partes, de otro.

En cuyo caso se viene a parar a la extraña conclusión de que el hombre pueda prevalecer sobre Dios. Con lo que se da cabida a una pregunta delicada: ¿Acaso no parece absurdo, por lo que hace a la relación amorosa, que la creatura pueda superar a su Creador hasta el punto de amarlo con más intensidad que Él a ella?

Todo parece indicar que la única solución del problema consiste en negar el supuesto, en el sentido de dar por establecido que la relación amorosa divino–humana *no puede tener carácter de combate*. Sin embargo, tal salida es necesariamente imposible, y precisamente por dos razones:

La primera de las cuales se basa en que es precisamente la Revelación la que asigna el carácter de *combate* a la relación amorosa divino–humana, como pudimos ver más arriba en el texto de *El Cantar de los Cantares* y en las referencias, aún más antiguas, contenidas en el *Génesis*.

La segunda se fundamenta en la misma naturaleza de la relación amorosa, en la que siempre existen dos *contendientes* y en la que cada uno de ellos pugna por superar al otro en la entrega de lo poseído, con el límite puesto como mira en la totalidad.

Por lo que, si se quiere hallar algún atisbo de solución razonable al dilema, dado que la Revelación no puede contener afirmaciones absurdas o imposibles, hay que evitar ante todo situarse en una perspectiva falsa, con el fin de resolverlo.

Pues la Revelación (incluido el oscuro texto del Génesis), si bien es cierto que habla de un combate, ya no lo es tanto que se refiera a un combate en el que existe un *resultado final de victoria para uno de los contendientes*. Pues el combate amoroso al que aquí nos referimos tiene lugar en un *ahora* siempre actual y nunca consumado en final o acabamiento, puesto que, como decía el Apóstol, *caritas numquam excidit*.[142] Sucede aquí algo semejante a lo que se afirma en la teoría de la persona en cuanto a su cualidad esencial y más importante, cual es la posibilidad de entregarlo todo por amor..., *menos su condición de persona y su posibilidad de entregarlo todo*, ya que, de lo contrario, tal cosa supondría por definición la pérdida de esa condición. Conviene también recordar lo que sucede en el seno de la Trinidad, donde el Padre engendra al Hijo en el *hoy* siempre actual de la Eternidad en el que no hay un antes ni un después: *Filius meus es tu: ego hodie genui te*.[143]

---

[142] 1 Cor 13.8.
[143] Sal 2:7; Hech 13:33; Heb 1:5; 5:5.

Con lo cual queda patente, una vez más, la condición de eternidad que es propia del Amor Infinito y de la que participa también, en cierto modo, el amor creado.

Puesto que Dios ha querido que el hombre corresponda a su solicitud amorosa con un amor perfecto, según la capacidad de amar del ser humano elevado por la gracia, la relación amorosa divino–humana hubo de ser elevada a una *equiparación de condiciones* como nunca podía haber imaginado la creatura. Ya hemos dicho que las condiciones por las que ha de regirse un combate justo exigen esa homologación. Lo que no puede parecer demasiado extraño si se tiene en cuenta que el hombre ha sido elevado a la condición de participante de la naturaleza divina (2 Pe 1:4). Por otra parte, son las reglas del amor perfecto las que han determinado que la relación amorosa divino–humana se lleve a cabo dentro de una sublime intimidad que, no por misteriosa e inexplicable, deja de ser relación real. De ahí la conclusión de la oración que Jesucristo eleva al Padre en la Noche de la Despedida: *Les he dado a conocer tu nombre y lo daré a conocer, para que el amor con que Tú me amaste esté en ellos y Yo en ellos.*[144]

Ya vimos que el texto de Ca 2: 3–5, contenía dos temas importantes referidos al concepto del amor: la idea de la relación amorosa como *combate* entre enamorados, y la de la *muerte por amor*.

El empleo de la idea de morir de amor, o en versión más literal *desfallecer* de amor —*quia amore langueo*—,[145] se pierde en la noche de los tiempos, tanto en el habla como en la literatura profanas. Su exacto significado, por lo general metafórico, es difícil de precisar; y más todavía cuando se trata de los textos de la Escritura o de

---

[144] Jn 17:26.

[145] El texto se repite en Ca 5:8: *Os conjuro, hijas de Jerusalén, que si encontráis a mi amado, le digáis que desfallezco de amor.*

los escritos de la Espiritualidad cristiana, donde adquiere un sentido mucho más real y profundo nunca fácil de explicar.[146]

Aunque parezca extraño, los textos de la Escritura que se refieren al amor se asocian fácilmente con los que hablan de la muerte.[147] *El Cantar de los Cantares*, por ejemplo, puesto a proclamar las excelencias del amor, les atribuye la misma fuerza y capacidad que las que posee la muerte para suscitar fuertes sentimientos en el hombre y que vienen a ser, por lo tanto, de idéntica intensidad. Como siempre, el uso de la metáfora es aquí de empleo obligado, dado que se trata de realidades que transcienden con mucho al lenguaje, y a pesar de que el autor del Poema emplea expresiones que el habla ordinaria consideraría como bastante fuertes y expresivas:

> *Ponme como sello sobre tu corazón,*
> *ponme en tu brazo como sello.*
> *Que es fuerte el amor como la muerte*
> *y son como el sepulcro duros los celos.*
> *Son sus dardos saetas encendidas,*
> *son llamas de Yavé.*[148]

El mismo Jesucristo utiliza el dualismo conceptual amor–muerte con más propiedad, si bien ya dentro de una perspectiva abierta-

---

[146]No es equivalente la expresión *morir de amor* a la de *morir por amor* (por causa del amor). Esta última, por ejemplo, constituye el tema central de la tragedia shakesperiana *Romeo y Julieta*.

[147]En realidad toda la Escritura es una referencia al amor. El cual ha sido ofrecido generosa y libremente por Dios a los hombres, a la espera de ser correspondido. Aquí hablamos de los textos que de modo *expreso* tienen por objeto el misterio de la relación amorosa divino–humana. La Espiritualidad cristiana, como no podía ser de otra manera, es la que mejor ha sabido asociar las ideas del amor y de la muerte: al fin y al cabo, la muerte para el cristiano es el comienzo de la verdadera vida y el momento de alcanzar la plenitud del amor.

[148]Ca 8:6.

mente cristiana: *Nadie tiene amor más grande que el de dar uno la vida por sus amigos.*[149] San Pablo expone la misma doctrina, aunque en un contexto más amplio y complejo: *Ninguno de nosotros vive para sí mismo, ni ninguno muere para sí mismo; pues si vivimos, para el Señor vivimos; y si morimos, para el Señor morimos.*[150] Una vez más, se repite la misma idea: si amamos de verdad, ni siquiera nuestra vida o nuestra muerte nos pertenecen, puesto que el amor nos ha inducido a entregarlo todo y ya nada nos queda.

Los más importantes místicos utilizaron la idea de la muerte para hablar de su amor a Dios, a pesar de tratarse de sentimientos —el amor y la muerte— de signo tan contrario. Sin embargo, dada la limitación y pobreza de su lenguaje, es por lo que el hombre se ve obligado a echar mano de realidades que, siendo las más capaces de impresionar y llegar a su corazón, son las más aptas para expresar determinados estados de alma. No es infrecuente en la literatura poética en general utilizar formas en las que aparecen juntos conceptos contrarios como la más adecuada forma de expresión, como puede verse en la siguiente estrofa de San Juan de la Cruz:

> *¡Oh cauterio suave!,*
> *¡oh regalada llaga!,*
> *¡oh mano blanda!, ¡oh toque delicado,*
> *que a vida eterna sabe,*
> *y toda deuda paga!*
> *Matando, muerte en vida la has trocado.*[151]

Y la poesía mística, como ya hemos dicho más arriba, asocia con frecuencia las ideas del amor y de la muerte. Así es como aparece en

---

[149] Jn 15:13.
[150] Ro 14: 7–8.
[151] San Juan de la Cruz, *Llama de Amor Viva*, canción 2.

la locución *que muero porque no muero*, de Santa Teresa de Jesús, o en la conocida estrofa de San Juan de la Cruz contenida en su *Cántico Espiritual*:

> *Pastores los que fuerdes*
> *allá por las majadas al otero,*
> *si por ventura vierdes*
> *Aquél que yo más quiero,*
> *decidle que adolezco, peno y muero.*

El tema suele aparecer en la poesía mística:

> *Si vivir es amar y ser amado,*
> *sólo anhelo vivir enamorado;*
> *si la muerte es de amor ardiente fuego*
> *que abrasa el corazón, muera yo luego.*[152]

Para Jesucristo, la muerte física nada tiene que ver con la muerte eterna, que es la *verdadera muerte*. La que el ser humano considera siempre como *muerte* no es, para el Cristianismo, sino el paso de una vida bastante imperfecta a la verdadera vida. El episodio de la resurrección de la hija de Jairo es bastante elocuente, donde no dejaron de parecer extrañas las palabras del Señor al llegar a la casa y presenciar el escándalo y bullicio de los asistentes al duelo: *Non est enim mortua puella, sed dormit. Et deridebant eum*. Y una actuación semejante en la resurrección de Lázaro.[153] El mismo sentido que le otorga la poesía mística popular:

---

[152] *CFC*, 90.
[153] Mt 9:24; Jn 11:11.

> *A la rosada aurora,*
> *salí a buscar, con paso apresurado,*
> *a aquél que me enamora;*
> *y, habiéndole encontrado,*
> *libre por fin de terrenales lazos,*
> *morir quise de amor entre sus brazos.*[154]

Parece lógico pensar que los textos se refieren aquí, más que a la muerte física, a un sentimiento producido por el amor cuya fuerza es capaz de agotar el organismo humano hasta la extenuación, e incluso de hacerle sentir como próxima la idea de la muerte. Y efectivamente, porque si llega a alcanzar un cierto grado de intensidad puede ocasionar la pérdida real de la vida, como a veces sucede en ciertas situaciones de postración ocasionadas por la tristeza.

Es evidente que aquí no se trata de eso. La muerte de amor significa más bien una extraordinaria *sobreabundancia* del sentimiento amoroso, producida por situaciones que incluso a veces pueden ser opuestas, a saber: bien por la presencia de la persona amada o, por el contrario, por la nostalgia de su ausencia. En realidad es un sentimiento de *plenitud de vida* más que de muerte, y también de *gozo* más que de tristeza. De ahí que igualmente puede hablarse aquí de una trasformación, pues incluso el sentimiento de *dolor*, ocasionado por la nostalgia ante la ausencia de la persona amada, se transforma en *gozo*, según una de esas extrañas y aparentes contradicciones propias del universo del amor.[155]

---

[154] Cf *CFC*, 89.

[155] A este respecto, conviene recordar lo que sucede en los fenómenos místicos de la estigmatización o de la transverberación; según los relatos referentes a San Francisco de Asís o Santa Teresa de Jesús, por ejemplo. El gozo en estos casos tiene su fuente en la conciencia de estar cumpliendo más perfectamente la voluntad del Amado, así como por la mayor participación en su vida y, sobre todo, en su muerte.

Si se admite que el Amor en totalidad es el fin para el que fue creado el hombre, y de manera especial el discípulo de Jesucristo, es fácil deducir que la muerte por amor habría de ser la *forma normal* de morir el cristiano. La muerte no significaría para él lo mismo que para el Mundo, sino simplemente el paso obligado a la verdadera Vida y el momento de llegada a la Patria. Lo cual no quiere decir que quede liberado del angustioso trance de la muerte, desde el momento en que tal cosa supondría su falta de participación en los sufrimientos y en la muerte de Jesucristo. La hermosura de la muerte cristiana (Sal 116:15) no supone la exención de la prueba que lleva consigo el instante final de la vida terrena, incluso aunque tal momento haya sido ardientemente deseado.

Es propio de la muerte que coincidan en ella diversos sentimientos, algunos de los cuales, como dijimos más arriba, son del mismo signo mientras que otros son dispares y hasta contradictorios. Lo que es de particular importancia, sobre todo para el cristiano. Por lo que a mí respecta, y ahora que me encuentro en el ocaso de mi vida, me siento invadido por un cúmulo de sensaciones, generalmente de signos opuestos, que algunas veces me sumergen en el dolor mientras que otras, por el contrario, me llenan de alegría.

Algunas de ellas, a veces muy intensas, son de preocupación y pena, producidas seguramente por el sentimiento de lo que tenía que haber sido..., pero que nunca fue. Otras veces vienen envueltas en estados de ánimo de profunda nostalgia, creando en mí una actitud de espera impaciente, en la ansiedad de que llegue el momento del encuentro por mí tanto tiempo aguardado y tan ardientemente deseado.

Aunque a veces prevalecen los sentimientos de dolor y de tristeza. Y así como siempre he sabido que había sido creado para amar y ser amado, tampoco he ignorado nunca que el verdadero amor consiste en la *entrega en totalidad* a la persona amada. Sin embargo me encuentro a punto de culminar mi camino y sigo todavía sin desprenderme de todo. Lo que significa que mi confianza y mi amor no han sido totales con respecto a Aquél a quien debía pertenecer mi corazón, puesto que todo parece indicar que no me he decidido por completo a dejar atrás el pequeño mundo de mis posesiones a fin de *depender solamente de Él.* He comprendido por fin, aunque siempre lo he sospechado de alguna manera, que estar enamorado y *poseer* algo todavía —sea lo que fuere ese algo—, es pretender lo imposible y en eso precisamente consiste mi tragedia. Pues el verdadero amor va siempre acompañado de la verdadera pobreza. Bien sabido es que quienes se aman se han entregado mutuamente todo lo que poseían, a fin de quedar *desprovistos de todo...,* menos del *tú* de la persona amada. Y en la *Nada,* en la que ahora se encuentran, han logrado alcanzar el *Todo* que les proporciona el Amor. Que por eso decía San Juan de la Cruz que *por la Nada al Todo,* que era seguramente lo que intentaba decir San Pablo cuando hablaba de que habíamos de ser *tamquam nihil habentes et omnia possidentes.*[156]

A menudo pienso, con sentimientos de envidia y de nostalgia, en la hermosa estrofa de San Juan de la Cruz:

> *Mi alma se ha empleado,*
> *y todo mi caudal en su servicio;*
> *ya no guardo ganado,*
> *ni ya tengo otro oficio,*
> *que ya sólo en amar es mi ejercicio.*[157]

Según la cual, y tal como dice el Santo hablando de sí mismo, ya nada poseo ni a nada me dedico..., pues *ya sólo en amar es mi*

---

[156] 2 Cor 6:10.
[157] San Juan de la Cruz, *Cántico Espiritual.*

ejercicio. Donde aparecen el alma y el corazón humanos transformados en amor, después de haber eliminado todo aquello que de alguna manera podía entorpecer, siquiera fuera en lo más mínimo, el oficio de amar. Y cosa semejante se desprende de la bella estrofa final del poema *Epístola Moral a Fabio*, de Andrés Fernández de Andrada, en la que el poeta juega con maestría con los conceptos de la grandeza e importancia del fin al que estamos destinados, así como de la brevedad del escaso tiempo de que disponemos y que no podemos desaprovechar:

> *Ya dulce amigo huyo y me retiro*
> *de cuanto simple amé: rompí los lazos;*
> *ven y verás al alto fin que aspiro*
> *antes que el tiempo muera en nuestros brazos.*

El Cristianismo es la única doctrina que ha transformado los sentimientos de temor ante la muerte por otros de signo contrario. Cuales son los de impaciencia y de gozo en el deseo de enfrentarse a ella. De tal manera que lo que era muerte, definitivo final o desaparición en la Nada, se ve ahora convertido en Vida, Comienzo y Existencia en plenitud: *Yo he venido para que tengan vida y la tengan en abundancia.*[158] Vencida definitivamente la Muerte (1 Cor 15:55), resta la plenitud de la Vida. Jamás entre los Humanos había sido escuchada una exclamación como la del Apóstol San Pablo: *Me siento apremiado por los dos extremos: el deseo que tengo de morir para estar con Cristo, lo cual es muchísimo mejor, o permanecer en la carne, que es más necesario para vosotros.*[159] El deseo de morir para encontrarse con la persona amada en la verdadera Vida era un

---

[158] Jn 10:10.
[159] Flp 1: 23–24.

pensamiento nuevo en la Historia de la Humanidad. Ésa es la razón de que el cristiano no ame la muerte por ella misma, sino porque, gracias a Jesucristo, significa la entrada en la Vida y el encuentro definitivo con Él en la Patria, en la que gozará de la eterna celebración de los desposorios divino–humanos. Cuando San Pablo hablaba de que la muerte había sido definitivamente derrotada (1 Cor 15:55), estaba aludiendo a que lo hasta ahora considerado imposible se había convertido en cosa posible; mientras que el profundo horror del pecado y la miseria que supone la muerte se habían transmutado en la gloria que irradia la Vida divina..., gracias al Amor, a la Sabiduría y al Poder de Dios. Que por eso decía San Juan de la Cruz, en su *Llama de Amor Viva*:

> *¡Oh cauterio suave!,*
> *¡oh regalada llaga!,*
> *¡oh mano blanda!, ¡oh toque delicado,*
> *que a vida eterna sabe,*
> *y toda deuda paga!*
> *Matando, muerte en vida la has trocado.*

El cristiano posee como cosa exclusiva el secreto de la existencia, el cual no es otro que el de la facultad de amar; y de ahí el sentimiento de constante alegría que impregna su vida. Es cierto que el Enemigo de Dios y del hombre intentará a menudo empañar su vida con el recuerdo de pasados pecados, poniendo sombras ante la luz y amargura ante el gozo; aunque el amor del Esposo acabará por interponerse ante todos los obstáculos y no permitirá que se dude de su Amor: *Vetera transierunt, ecce facta sunt nova.*[160] Pues el Amor no está dispuesto a admitir ni siquiera la memoria del desamor pasado:

---

[160] 2 Cor 5:17.

> *El susurrar del bosque se escuchaba,*
> *y a lo lejos la tórtola arrullaba,*
> *cuando tus tiernos ojos me miraron*
> *y en lágrimas los míos se bañaron.*
> *Te hablé de mi pobreza, apresurado,*
> *aún más que pesaroso, avergonzado.*
> *Mas me pediste abandonar los llantos*
> *y entonar del amor los dulces cantos.*
> *Y así en tus manos fueron mis pecados,*
> *perdidos, perdonados y olvidados.*[161]

Estamos, como puede verse, ante un giro radical en cuanto al significado y consideración de realidades fundamentales para el ser humano. Aunque el hecho en sí, pese a parecer tan importante es mucho más que eso, puesto que supone un *cambio sustancial en la entera concepción humana de la existencia*. A partir de ese momento y gracias a Jesucristo, todo será absolutamente distinto para el hombre, después de que la concepción nihilista, pesimista y negativa de la vida, ha sido transformada en otra que, abarcando tanto el presente como el futuro, ha dado entrada en ella a la Perfecta Alegría consiguiente al hecho de haber hallado la Vida Eterna. De ahí que, con toda verdad, el Libro del Apocalipsis ponga en boca de Jesucristo unas brillantes palabras que, en una consideración meramente superficial, hubieran parecido misteriosas: *He aquí que hago nuevas todas las cosas.*[162]

Sin embargo, estas expresiones y modos de hablar solamente pueden ser pronunciados con sinceridad, como no resulta difícil de comprender, por los verdaderos enamorados de Dios. Fuera de eso,

---

[161] *CFC*, 93.
[162] Ap 21:5.

está el incalculable número de quienes no han superado nunca el curso de una vida vulgar transcurrida entre un *sí* y un *no* vacilantes y dubitativos —o tal vez se ha respondido con un rotundo *no*—, de los que nunca ha surgido un auténtico acto de amor. Por lo que a mí respecta, lo mismo que le ocurría a la esposa de *El Cantar de los Cantares*, han sido demasiadas las veces que, utilizando sutiles y desafortunadas excusas, he ido dando largas a la llamada insistente del Dios que tanto me ha amado:

> *Ya me he quitado la túnica.*
> *¿Cómo volver a vestirme?*
> *Ya me he lavado los pies.*
> *¿Cómo volver a ensuciármelos?*[163]

Uno de tantos misterios de los que afectan a la naturaleza humana tiene que ver con el hecho de estar dotada de un corazón vacilante que, ante un Amor que se le ofrece en completa generosidad, no es capaz de responder con un *sí* igualmente generoso e incondicional. Por lo que cabría preguntar por la situación de la libertad humana después de la caída, e incluso después de haber sido consumada la Redención, cuando de tal modo es capaz de resistir al Amor.

Un poeta del siglo XV, Jorge Manrique, dolorido ante la muerte de su padre, lloraba por la brevedad de la vida y el escaso sentido de las cosas que nos rodean. El discípulo de Jesucristo sabe, sin embargo, que ese sentido es algo que el verdadero amor puede proporcionar y que sólo en Jesucristo se puede hallar. Que es seguramente a lo que se refería el Maestro cuando aseguraba que únicamente podría *hallar la propia vida* quien fuera capaz de perderla por amor de Él (Mc 8:35). Con lo que nos encontramos de nuevo con las paradojas

---

[163] Ca 5:3.

de la existencia cristiana: para *hallar la propia vida* es absolutamente preciso *perderla*; aunque voluntariamente por amor, claro está. Con lo que queda confirmada, una vez más, la regla de oro de la existencia cristiana: para poseer la extrema riqueza del *todo*, que es el amor, es necesario alcanzar la suprema indigencia en la *nada* que supone el estado de verdadera pobreza. Por lo demás, ¿qué otra cosa puede significar la expresión *hallar la vida* sino la de haber encontrado el verdadero sentido de la existencia?:

> *Las justas y los torneos,*
> *paramentos, bordaduras*
> *y cimeras,*
> *¿fueron sino devaneos?*
> *¿qué fueron sino verduras*
> *de las eras?*[164]

Son bien conocidas las quejas de los juglares y poetas de la Baja Edad Media y del Romanticismo acerca de los devaneos de sus enamoradas, considerados por ellos como los culpables de que la vida quedara privada de significado.[165] Nosotros, sin embargo, que sabemos con certeza que la existencia se explica y adquiere toda clase de luminosas tonalidades *cuando se está enamorado del verdadero Amor*, ¿de qué forma hemos respondido a ese convencimiento...? ¿Acaso hemos sabido aprovechar el tiempo disponible, correspondiendo al Amor que se nos ofrecía con una respuesta generosa...? Y

---

[164] Jorge Manrique, *Coplas a la Muerte de su Padre*.

[165] Los devaneos de la novia y las quejas y lamentos del esposo convierten esta relación de amor en algo muy lejano a la que es también de amor pero divino–humana. Los mutuos piropos o reproches que en esta última se dirigen los enamorados son siempre festivos y amorosos, pero nunca fruto de la decepción.

más aún sabiendo que había llegado para nosotros el momento de amar, como decía el verso:

> *Pues ya la Noche el manto ha abandonado,*
> *y al alba sigue la rosada aurora,*
> *ansioso corro hasta el florido prado*
> *en impaciente busca del Amado,*
> *después de que sonó la dulce hora*
> *en que el tiempo de amar es ya llegado.*[166]

Puesto que el Amor se identifica con Dios (1 Jn 4:8), no tuvo principio ni tendrá fin. Sin embargo, al amor creado y participado de la creatura, si bien no conocerá jamás su final (1 Cor 13:8), le corresponde tener un principio. Por lo que bien se puede decir, mirando a la creatura y una vez aparecido el momento propicio, que ha llegado para ella *el tiempo de amar*. Lo cual, hasta aquí, es fácil de entender. El problema se plantea en cuanto al modo de conocer cuándo se hace patente ese tiempo oportuno para amar, del cual hablan los textos sin más precisiones que las que se desprenden de unas metáforas puramente poéticas:

> *Ya ha pasado el invierno*
> *y han cesado las lluvias...*[167]

A decir verdad toda la existencia humana es tiempo de amar, pues para eso ha sido creada. Pero para la creatura *siempre hay un primer momento*, el cual viene marcado por el encuentro con la persona amada. Que a su vez resulta decisivo y determinante de toda

---

[166] *CFC*, 85.
[167] Ca 2:11.

una existencia. San Juan cuenta en su Evangelio el primer encuentro que él y Andrés tuvieron con Jesús, donde cabe admirar la sencillez de la narración —contado el suceso como la cosa más ordinaria del mundo— y la precisión con que el Evangelista recuerda los menores detalles del momento. Prueba, sin duda alguna, del impacto que produjo en su corazón aquel decisivo acontecimiento, a la manera de esos hechos a primera vista pasajeros e insignificantes, pero que en realidad marcan la vida de una persona para siempre:

Al día siguiente estaban allí de nuevo Juan y dos de sus discípulos y, fijándose en Jesús que pasaba, dijo:
—Éste es el Cordero de Dios.
Los dos discípulos, al oírle hablar así, siguieron a Jesús. Se volvió Jesús y, viendo que le seguían, les preguntó:
—¿Qué buscáis?
Ellos le dijeron:
—Rabbí —que significa "Maestro"—, ¿dónde vives?
Les respondió:
—Venid y veréis.
Fueron y vieron dónde vivía, y se quedaron con Él aquel día. Era aproximadamente la hora décima.[168]

Existe en la vida de la criatura un momento transcendental en el que puede considerarse que ha llegado para ella el *tiempo de amar*. Y puesto que la vida consiste en amar, de ahí que sea ése el instante en el que también comienza a vivir. Dentro del ámbito del amor divino–humano del que estamos tratando, es fácil comprender que ese momento viene marcado por un *encuentro* con el Señor; tal como hemos visto que sucedió con los dos primeros discípulos.

---

[168] Jn 1: 35–39.

Y una vez sentada como base la realidad de tal *encuentro*, el cual tiene lugar en la vida en el momento más inesperado (recuérdese la parábola del padre de familias que sale *a diferentes horas* a contratar obreros para su viña),[169] aún cabe formular una pregunta más: Pero en definitiva, ¿quién encontró a quién...? Pues dado que en el amor todo es recíproco, parece lógico pensar que la búsqueda es cosa que corresponde a ambos, y no a uno solo. ¿O acaso alguno de ellos se atreve a pretender que fue suya la iniciativa? Como hace, por ejemplo, el Esposo en los versos que cantan las gestas del amor divino–humano:

> *Amada, yo he buscado*
> *de mi huerto de azahares el sendero,*
> *y luego, te he esperado*
> *detrás del limonero*
> *a ver si te encontraba yo primero.*[170]

Sin embargo, como hemos dicho repetidas veces, todo en el amor respira reciprocidad. De ahí que la esposa no quiera ser menos que el Esposo:

> *Amado, he recorrido*
> *de tu huerto de azahares el sendero,*
> *y luego, me he escondido*
> *detrás del limonero*
> *para poder besarte yo primero.*[171]

Sucede, no obstante, que Dios es la Fuente de todo Amor y el Principio de todo principio. Es el *Amor Primero*, como lo llamó

---

[169] Mt 20: 1 y ss.
[170] *CFC*, 46.
[171] *CFC*, 45.

Dante, describiéndolo grabado en el frontispicio de la entrada a la Ciudad del Eterno Dolor:

> *Me hicieron la divina potestad,*
> *la suma sabiduría y el amor primero.*[172]

Por lo que hay que atribuir al Esposo de *El Cantar de los Cantares* las palabras con las que llama e invoca por primera vez a la esposa:

> *Levántate ya, amada mía,*
> *hermosa mía y ven.*
> *Que ya se ha pasado el invierno*
> *y han cesado las lluvias.*
> *Ya han brotado en la tierra las flores,*
> *ya es llegado el tiempo de la poda*
> *y el arrullo de la tórtola se ha dejado oír...*[173]

Tal como lo confirmaba definitivamente el Evangelista San Juan en su Primera Carta: *Amamos porque Él nos amó primero*.[174] E igualmente lo repetía el verso, después de admitir la posibilidad de la infidelidad y de la huida, para pedirle al Esposo que, tal como se dice en la parábola de la oveja perdida, vaya de nuevo en su busca a fin de hacerla retornar *allí donde Él la halló primero*:

> *Si huyera de tu lado*
> *búscame tú de nuevo, compañero,*
> *y luego de encontrado*
> *retórname al sendero,*
> *allí donde me hallaste tú primero.*[175]

---

[172] Dante, *La Divina Comedia*, Infierno.
[173] Ca 2: 10–12.
[174] 1 Jn 4:19.
[175] *CFC*, 73.

Pero si se admite que ha llegado el *tiempo de amar*, forzoso es reconocer que existe también, o al menos ha existido en algún momento, la posibilidad de un *tiempo sin amor*. Pues lo que conoce un comienzo es porque antes no existía, lo que acaba llegando a alguna parte es porque previamente no estaba allí, y lo que se encuentra en un lugar es porque no puede encontrarse en otro.

El mundo está repleto de misterios que aún no hemos logrado desentrañar, por lo que el número de cosas que no sabemos es incomparablemente mayor que el de las que conocemos. Yo aún diría más, puesto que, a medida que vamos descubriendo nuevos secretos, otros diferentes y en cantidad más numerosa se van desplegando ante el horizonte de nuestro conocimiento. Por lo que a medida que vamos entendiendo el significado de cosas que hasta ahora eran para nosotros desconocidas, más patente se hace el hecho de que son muchas más las que ignoramos o las que no comprendemos por completo todavía.

Y aun si tuviera que decidir acerca de lo que menos entiendo, dentro del universo en el que Dios me ha creado y en el que vivo, señalaría a mi propia persona. Por supuesto que poseo ideas claras referentes a la causa y al porqué de mi existencia, a la naturaleza de mi último fin, al camino que he de recorrer para alcanzarlo y al hecho de que poseo más que lo suficiente para proporcionar sentido a mi vida. Pero mi persona, o mi alma, son también el *lugar* donde se concentra una gran cantidad de preguntas y de cuestiones que continuamente me hago a mí mismo y que cada vez, a medida que pasa el tiempo, aumentan mi asombro y me dejan más convencido de mi ignorancia.

Por ejemplo —y he aquí una pregunta difícil de responder—, ¿cómo es posible que exista un *tiempo sin amor*? Si he sido creado para amar y ser amado..., teniendo en cuenta además que el amor no es intermitente ni pasa jamás y que en ningún momento he dejado de ser amado, ¿cómo han podido aparecer, durante el transcurso de mi vida, tantos *espacios muertos* en los que no he respondido a ese amor e incluso lo he ignorado por completo?

Con respecto a la Misa —un punto clave y fundamental en la existencia cristiana—, pongamos por caso, reconozco que durante muchos años de mi vida he procurado celebrarla *correctamente*; o eso pienso yo al menos. Pero ahora que me encuentro en la ancianidad, estoy convencido de que fueron años perdidos, en el sentido al menos de que no creo que esa forma de vivirla fuera la que Dios hubiera deseado. Siendo la Misa un torrente de *amor desbordado* por parte de Dios, no ha encontrado otra cosa como respuesta, por lo que a mí toca, que un modesto *cumplimiento* que no ha llegado nunca más allá de satisfacer la rutina de unos *servicios mínimos*.

Pero la Misa es el Sacrificio en el que Jesús ofreció por mí su propia vida, hecho presente aquí y ahora para que yo participe de él y haga mía la gloria de su inmolación: *pues hasta eso ha querido entregarme, llevado de su amor por mí*. La Misa, o la *muerte de amor* de la que hablaba el Esposo de *El Cantar de los Cantares*, es en este caso la que Él sufrió por mí con el deseo de intercambiar su vida con la mía y de convertirse en la alegría de mi corazón. Pero no a manera de señal, o en figura, o de mero recordatorio, sino de modo tan *real* como lo exige el Amor, que nunca ha entendido de expresivos simbolismos, de simples metáforas o de puras rememoraciones.

La Misa es el lugar en el que el Esposo de *El Cantar* vuelve a llamar a la esposa para que comparta con Él su vida y especialmente su muerte, a fin de consumar un mismo destino y de llegar juntos hasta el final del sendero por el que caminan. ¿Pero acaso quienes se aman pueden desear otra cosa que vivir y morir juntos, recorriendo la senda que conduce a la Patria, la misma en la que al fin celebrarán sus desposorios para toda la Eternidad? Y así es como lo solicita de la esposa el Esposo de *El Cantar*:

> *Ven, paloma mía,*
> *que anidas en las hendiduras de las rocas,*
> *en las grietas de las peñas escarpadas.*
> *Dame a ver tu rostro,*
> *dame a oír tu voz,*
> *que tu voz es suave y es amable tu rostro.*[176]

La Iglesia, peregrina y militante, atraviesa tiempos oscuros dentro de la Historia. Los cuales son, probablemente, los más tenebrosos que haya sufrido jamás. Sin duda que a través de ellos saldrá de nuevo a los lugares de la luz; aunque solamente Dios sabe si tal cosa tendrá lugar pronto, en el momento de una *Parusía* ya próxima, o si, por el contrario, tendrá que recorrer todavía largos caminos en los que se alternarán de forma intermitente nuevos períodos de luz y de oscuridad. Mientras tanto, el cristiano está obligado a continuar su periplo, sin conocer la solución a tal dilema y sin detenerse tampoco.

Sin embargo, por muy rodeado de tinieblas que se encuentre a través de su andadura en el ambiente que lo rodea, el discípulo de Jesucristo siempre encontrará como guía la Palabra de Dios, la cual conducirá sus pies y alumbrará sus caminos: *Lucerna pedibus meis verbum tuum et lumen semitis meis.*[177] Más todavía, pues será el mismo Cristo quien vaya delante de él para conducirle a través de vericuetos y asperezas del sendero: *Qui sequitur me non ambulabit in tenebris, sed habebit lucem vitæ.*[178]

---

[176] Ca 2:14.
[177] Sal 119:105.
[178] Jn 8:12.

3. Más sobre el Diálogo que ha lugar en la relación de amor divino–humana

Entre la multitud de cosas fascinantes contenidas en ese compendio doctrinal de la relación amorosa divino–humana que es *El Cantar de los Cantares*, se encuentra la rica y exuberante floresta de vocabulario que, expresada en forma de lisonjas y requiebros, se dirigen mutuamente el Esposo y la esposa. Explicables y comprensibles los pronunciados por boca de la esposa, son más asombrosos y difíciles de justificar —aunque el hecho suele pasar desapercibido— los que el Esposo, traspasado de entusiasmo y profundamente enamorado, emplea para ensalzar los encantos de la esposa: ¡Dios *piropeando* a su creatura y confesándole su amor...! Cosa que hace utilizando un lenguaje poético de sublime y extrema belleza, con lo que parece exceder las posibilidades del entendimiento humano. Y como suele suceder en el lenguaje con el que se hablan los enamorados, hasta puede parecer exagerado a quienes son ajenos a la relación amorosa. Incluso algunos tropos y metáforas, de los empleados por el Esposo para expresar su admiración y amor por la esposa, pueden sonar a escandalosos, o a cosa extraña por lo menos, a quien no conozca las costumbres del mundo oriental antiguo y sus criterios de valoración, donde un buen tiro de caballos, por ejemplo, era considerado como tesoro inapreciable:

> *Al tiro del carro del Faraón*
> *te comparo, amada mía.*[179]

Algunas de los requiebros del Esposo dirigidos a la esposa son tan fuertemente expresivos que, incluso en el seductor mundo poético

---

[179] Ca 1:9.

de la belleza, suenan de modo altisonante y grandioso; como el de comparar la hermosura de la esposa a una imagen tan impresionante como es la de un escuadrón ordenado para la batalla;

> *Eres, amada mía, hermosa como Tirsa,*
> *bella como Jerusalén,*
> *terrible como escuadrón ordenado para la batalla.*
> *Aparta ya de mí tus ojos,*
> *que me matan de amor.*
> *Es tu cabellera rebañito de cabras*
> *que ondulan al subir por el monte de Galaad.*
> *Tus dientes, cual rebaño de ovejas de esquila*
> *que suben del lavadero,*
> *todas con crías gemelas,*
> *sin que entre ellas haya estéril.*
> *Son mitades de granada tus mejillas,*
> *a través de tu velo...*
> *Pero es única mi paloma, mi perfecta;*
> *es la única hija de su madre,*
> *la predilecta de quien la engendró.*[180]

Conviene recordar, sin embargo, dadas las características del amor, que su lenguaje expresivo es siempre insuficiente puesto que aquí, más aún que en ninguna otra parte, resulta imposible para las palabras reflejar los sentimientos del corazón. Y aun tales sentimientos permanecen en todo momento inalcanzables, como tesoro oculto para todos quienes sean ajenos a la relación de amor entre enamorados: *Y le daré del maná escondido y una piedrecita blanca; y escrito en la piedrecita un nombre nuevo, que nadie conoce sino el que lo recibe.*[181] Y lo mismo viene a decir la poesía mística:

---

[180] Ca 6: 4–9.
[181] Ap 2:17.

> *Mi Amado, las estrellas,*
> *el mar que besan proas de mil naves,*
> *los ojos de doncellas,*
> *el canto de las aves,*
> *aquello que te dije y que tú sabes.*[182]

Dado que el amor es imposible sin diálogo —sin comunicación entre los que se aman—, lo dicho hasta aquí pone en evidencia que Dios está dispuesto a comunicarse normalmente con su creatura..., e igualmente a escucharla, que es en lo que estriba la función de dialogar. Pues Dios, lejos de ser un personaje mudo, habiéndonos hablado de muchos modos en los tiempos antiguos, incluso ahora, llegada la plenitud de los tiempos, lo ha hecho de manera contundente y definitiva por medio de su Hijo (Sal 5:2; Jer 23:29; Jn 15:22; Heb 1: 1–2; etc.; por otra parte, Jesús es la *Palabra* del Padre).[183] Ni está únicamente para despachar nuestras peticiones, ordinariamente inoportunas o mal hechas (San 4:3).

Que Dios está dispuesto a conversar amorosamente con el hombre, y como algo normal además, es cosa que suele pasar inadvertida para la inmensa mayoría de los cristianos. Pero entonces, ¿cómo admitir que el fin para el que el hombre fue creado no es otro que el de amar a Dios y ser amado por Él, mediante una relación destinada a desarrollarse durante la etapa del peregrinaje y en la que, precisamente por ser amorosa, no puede faltar el diálogo? ¿Puede considerarse el plan divino como algo fallido? Y la respuesta a esta última pregunta, al menos de primera intención, parece que ha de ser afirmativa.

---

[182]*CFC*, 67.

[183]Por el contrario, la Biblia atribuye frecuentemente al diablo la acción de privar a otros del uso de la palabra (Mt 9:32; Mc 7:32; 9:17; Lc 11:14), mientras que cuando él habla es para mentir (Jn 8:44).

La razón de este aparente fracaso consiste en que, siendo la relación amorosa necesariamente cosa de dos —en este caso Dios y la creatura—, se ha hecho imposible desde el momento en que el hombre se ha vuelto de espaldas a su Creador y rechazado el ofrecimiento que se le hacía. A tales extremos de miseria y de ruina han conducido al ser humano el pecado y las concupiscencias, convirtiendo así en *rara* y extraordinaria un situación que debiera haber sido *normal* y ordinaria.[184]

Al contrario de lo que sucede cuando entrega su corazón y responde generosamente al ofrecimiento divino, en cuyo caso consigue acceso por la gracia a un estado de elevada santidad y de amplio desarrollo de la vida mística.

4. Algunas ideas sobre un gran enemigo de la relación de amor divino–humana: El Modernismo, o la más peligrosa herejía de todos los tiempos

La situación ha adquirido un tinte de especial crudeza en los tiempos actuales por obra del Modernismo, la herejía más peligrosa que ha tenido que afrontar la Iglesia a lo largo de su Historia y que, a la manera de un tumor maligno en plena fase de desarrollo, se ha extendido por casi todo el Organismo Eclesial.

Su gravedad y especial peligrosidad, tales como no habían sido conocidas hasta ahora en ninguna otra herejía, derivan de unas pe-

---

[184]De hecho, tal situación extraordinaria es ya *normalmente* imposible después de la caída —salvo una actuación especial de la gracia—, y a pesar del estado de naturaleza reparada en el que se encuentra actualmente el hombre. El pecado es un hecho que *está ahí*, con consecuencias de las que algunas son ya irreversibles, no obstante la Redención llevada a cabo por Jesucristo.

culiares características que lo hacen diferente de todas las doctrinas que hasta ahora han combatido a la Iglesia durante toda su Historia.

La más importante de esas características, que resume y compendia a todas las demás, es la del *mimetismo*, o capacidad de disfrazarse utilizando modos y formas legítimos y conocidos con los que trata de confundirse. Y es duro reconocer que en estos momentos —primeras décadas del siglo XXI— el Modernismo se encuentra en plena actividad y cuenta en su haber con éxitos rotundos, después de haber sido condenado por los Papas del siglo XIX y primera mitad del XX y cuando daba la impresión de que había sido desterrado. De hecho, su difusión territorial y arraigo en el ánimo de los fieles son ahora muy superiores a los conseguidos por el arrianismo en el siglo IV (momento del que llegó a decir San Jerónimo que *toda la Iglesia se había hecho arriana*).

El Modernismo no niega ningún dogma en concreto ni verdad alguna determinada que haya sido reconocida como de fe, *sino que de hecho rechaza todo lo que posea contenido sobrenatural*. Razón por la cual decía San Pío X que el Modernismo viene a ser como la suma o compendio de todas las herejías, a pesar de que —como veremos enseguida cuando hablemos de sus procedimientos— *jamás estará dispuesto a reconocerlo así*, e incluso pone especial cuidado en presentarse siempre como auténtico y fiel intérprete de la Revelación. Por lo que resulta casi imposible acusarlo de herejía en ningún caso.

Su extraordinaria habilidad para utilizar el disfraz la emplea utilizando *términos y expresiones idénticos a los utilizados por el Catolicismo*. Aunque en un sentido ambiguo y capaz de admitir otros significados, los cuales resultan siempre bien distintos a los empleados tradicionalmente y conocidos por los fieles. Tales significados ocultos son los verdaderamente pretendidos y no aparecen nunca de primera intención, permaneciendo como larvados hasta que llega el momento adecuado para ser descubiertos y utilizados, una vez que el terreno ha sido abonado y preparado convenientemente.

Las técnicas utilizadas, dentro del procedimiento general de la ambigüedad, se diversifican en otras más concretas entre las que podemos destacar: la del *doble o múltiple sentido*, capaz de manifestar, llegado el momento, el que estaba oculto pero que es el que realmente se pretende; la del *silencio*, con respecto a alguna verdad determinada que se pretende ocultar o hacer olvidar para negarla claramente cuando la ocasión sea propicia; la del *vaciado de contenido*, cuando se mantiene el nombre y la terminología a costa de despojar el dato revelado de sentido sobrenatural, a fin de dejarlo reducido a una verdad puramente natural. A ellas quizá habría que añadir la de la *coacción*, consistente en apelar a un pretendido sentido de estar con la Iglesia mediante la obediencia al llamado *espíritu del Concilio* (en referencia al Vaticano II), o especie de comodín que vale para todo y que es utilizado como arma para silenciar y reducir a espíritus rebeldes o pusilánimes.

Una breve exposición de algunos ejemplos ayudará a comprender la naturaleza y funcionamiento de estos procedimientos. Los cuales son dignos de notar, tanto por el ingenio que muestran y el modo inteligente como son tratados como por el especial peligro que representan.

La técnica del *silencio*, por ejemplo, es extraordinariamente sutil y pasa casi siempre desapercibida. Suele utilizarse en Documentos eclesiásticos importantes, así como también en tratados de índole dogmática y de gran extensión.

A este respecto, un sistema utilizado por la teología modernista para negar la divinidad de Jesucristo, consiste en repetir con insistencia que el Espíritu Santo *procede del Padre*; lo que es una afirmación absolutamente correcta, en cuanto que el Espíritu efectivamente procede del Padre. Sin embargo pasa en silencio que *simultáneamente también procede del Hijo*, como cosa que jamás se dice, aunque la ingenuidad natural de muchos lo da inconscientemente por expresado.[185] La razón de tan manifiesta omisión no es difícil de adivinar, puesto que se trata en último término de conducir, mediante pasos bien estudiados, a la *negación de la divinidad de Jesucristo*, que es quizá la meta más soñada por la teología progresista o modernista.[186] Y por la misma razón, circulan en la bibliografía católica actual gruesos tratados en los que se pormenoriza todo lo que Jesucristo *significa* para nosotros, pero en los que no se encuentra jamás *una sola referencia a su divinidad*.

Como caso el más conocido de utilización del equívoco o *doble sentido*, pueden servir de ejemplo las palabras empleadas en el ofertorio de la Misa según el *Novus Ordo*.[187] En las cuales se dice que *él será para nosotros pan de vida*, en referencia al pan, o que *él será para nosotros bebida de salvación*, para referirse al cáliz con el vino. Como fácilmente puede verse, la expresión *para nosotros* puede inducir a pensar —además de la interpretación correcta, que en este caso no puede ser otra que la de *para nuestra utilidad*— que se trata de un sentimiento puramente subjetivo por parte de los oferentes, en el sentido de *según tendemos a creerlo nosotros*, útil para nuestra salvación. De hecho los protestantes lo interpretan de este

---

[185] El método puede verse utilizado con frecuencia en las tres Encíclicas conocidas como *Trinitarias*, del Papa Juan Pablo II.

[186] Como puede verse, el Modernismo es el compendio de todas las herejías, tal como decía San Pío X. En este caso no es difícil adivinar su afinidad con el arrianismo.

[187] En realidad ya no se denomina actualmente ofertorio u *oblata*, como expresión de la idea de sacrificio (tal como se hacía en el Rito antiguo llamado ahora Extraordinario), sino que la expresión ha sido sustituida por la de *presentación de ofrendas*, en la que se difumina cualquier referencia a una ofrenda sacrificial.

último modo, y de ahí que no tengan inconveniente en utilizar estos formularios para la celebración de sus *Eucaristías*.

En cuanto al *vaciado de contenido*, el ejemplo más significativo y actual es el de Müller, cuya doctrina con respecto a la virginidad de la Virgen María se encuentra en sus obras escritas con anterioridad a su actual cargo.[188] Para Müller, la virginidad de María *no concierne tanto a específicas propiedades fisiológicas del proceso natural del nacimiento (tales como la ausencia de apertura, el desgarro del himen o la ausencia de dolores durante el parto) cuanto al influjo salvífico y redentor de la gracia de Cristo en la naturaleza humana.*

Estrictamente hablando, no se puede acusar de herejía al Arzobispo dado que estas palabras no niegan *expresamente* el dogma de la virginidad de la Virgen María. Incluso parece que el Arzobispo se apresuró a aclarar (sobre todo después de su nombramiento al cargo que actualmente ocupa) que cree y confiesa en la *virginidad* de la Madre de Dios.

Con todo, es importante notar que su doctrina siembra la duda y la sospecha, por decir lo menos, sobre el dogma de la virginidad de María; de tal manera que deja a tan elevada, multisecular y sublime creencia de la Iglesia en algo vacío de contenido: si la virginidad *en el parto* no tiene nada que ver con fenómenos naturales de carácter fisiológico, ¿en qué consiste entonces...? Una virginidad puramente espiritual —preciso es reconocerlo— es algo que cualquiera con sentido común tiende razonablemente a identificar con la nada. Tampoco puede olvidarse lo dicho más arriba acerca de que el Modernismo *nunca niega directamente un dogma*. En cuanto al

---

[188] El Arzobispo Gerhard Ludwig Müller, en el momento de la redacción de estas páginas, es el Prefecto de la Sagrada Congregación para la Doctrina de la Fe. Las opiniones contenidas en sus escritos sobre la Eucaristía y la Transubstanciación, también harto problemáticas pero de las que aquí no vamos a hablar, discurren igualmente en la línea de la teología progresista.

hecho de que, según propia y expresa confesión, el Arzobispo admite la *virginidad* (así, sin más explicaciones), también hay tener en cuenta que para la teología progresista es absolutamente normal el uso del doble sentido en las palabras. Lo que dicho de otro modo significa que habría que saber, dada su forma de pensar y si acaso no lo explica con claridad, lo que entiende exactamente el Arzobispo por *virginidad*.

Como hemos dicho más arriba, el gran peligro de la herejía modernista deriva precisamente de su habilidad para el mimetismo. La utilización del disfraz, mediante el empleo de términos a primera vista ortodoxos y reconocidos tradicionalmente por los fieles, junto a su cuidado de no negar nunca *expresamente* una verdad dogmática, facilitan grandemente su aceptación por los fieles menos avisados... y también, por lo que muestra la experiencia, por los más avisados. Todo lo cual se explica, como primera razón, porque el Modernismo se presenta siempre como el verdadero intérprete de la Tradición, del Cristianismo más auténtico y el más conforme a sus más puros orígenes. Los cuales parten siempre, según él, de una comunidad primitiva más soñadora que atenta a la única realidad que existe: el hombre como tal. A lo que hay que añadir la normal tendencia de la naturaleza humana a seguir el camino más fácil, evitando la senda estrecha que conduce a la Cruz y a la negación de uno mismo en favor del verdadero amor, tal como lo exige el auténtico seguimiento de Jesucristo. En definitiva, el Cristianismo *naturalista* que propugna el Modernismo, en total sintonía con los criterios del Mundo y más acorde con las apetencias de una naturaleza humana dominada por la concupiscencia, aparece como una doctrina agradable y hasta liberadora. Su difusión en la Iglesia actúa a la manera de las drogas utilizadas con carácter terapéutico, en cuanto que se asimila gradualmente a semejanza de un sedante tranquilizador que sumerge en la inconsciencia. De esta forma, quienes lo han recibido se encuentran, en un momento determinado y quizá sin haberse apercibido, en una situación distinta de cuyo cambio no poseen conciencia clara. Así se explica que millones de católicos hayan dejado de serlo sin enterarse..., y sin apenas darse cuenta de que la que ahora practican es la Religión de una Iglesia nueva, que apenas si tiene que ver con la fundada por Jesucristo y practicada por el Pueblo cristiano durante veinte siglos.

Tal como se desprende de lo dicho, lo que hace del Modernismo un sistema especialmente peligroso es el hecho demostrado de que, así como las sucesivas herejías aparecidas anteriormente en la Iglesia siempre habían negado *una determinada verdad de fe*, lo que aquí se rechaza es *el conjunto de lo sobrenatural*. Por lo demás, el Modernismo actúa larvadamente y hasta con apariencias de una fe más auténtica y depurada, que es lo que le proporciona la posibilidad de engañar a muchos..., hasta que encuentra el momento propicio para mostrar sus verdaderos propósitos. Los antiguos herejes eran gentes de profunda fe que, sin embargo, se negaban a admitir alguna o alguna de las verdades del Depósito revelado y reconocido como tal; de forma errónea y equivocada creían obrar según su conciencia y a favor de la pureza e integridad de la fe, consistiendo su mayor pecado en su actitud rebelde contra el Magisterio de la Iglesia. El Modernismo, en cambio, aunque trata de disimularlo utilizando el equívoco, el silencio programado y otros variados procedimientos de disfraz, en realidad *nunca rechaza abiertamente una realidad sobrenatural*.

Al eliminar a Dios como interlocutor principal, el Modernismo ha hecho imposible para el hombre lo que hubiera sido diálogo amoroso en la relación de amistad divino–humana. Con lo que lo ha dejado reducido a una existencia puramente natural, de la que ha desaparecido todo vestigio de transcendencia y de la que no se puede esperar sino dolor, miseria, injusticia, mentira y la opresión y tiranía de los poderosos. Tal como se ve obligado a comprobar cada día, una vez que se ha dejado convencer de que no cabe esperar otra cosa aparte de este mundo, y de que no tiene sentido, por lo tanto, caminar en busca de otra ciudad futura que nunca ha existido y que jamás existirá. Por fin, el *progresismo* —hay palabras que suenan a burla— ha convertido al hombre en un ser sin esperanza, para el que se han hecho imposibles e inalcanzables la verdadera Alegría y el perfecto Amor.

Hablando de la herejía de Arrio, decía San Jerónimo que la Iglesia quedó sorprendida al levantarse un día y descubrir que toda Ella se había hecho arriana. Hoy día el Modernismo presenta ciertas similitudes con el Arrianismo, aunque también es cierto que pueden apreciarse entre ambos profundas diferencias.

Tanto en uno como en otro caso, la herejía comenzó por arraigar en la Iglesia principalmente en los eclesiásticos, más bien que entre los laicos. Es lo cierto que no gozó el arrianismo de gran predicamento entre estos últimos (a excepción de algunos estamentos, como el del Ejército), y hasta se dice que fueron ellos quienes salvaron a la Iglesia cuando la inmensa mayoría de los clérigos, con la Jerarquía a la cabeza, se había dejado inficionar por las doctrinas del presbítero de Alejandría.

El Modernismo también fue obra inicial de clérigos y de teólogos de alcurnia, aunque pronto hizo presa en una parte importante de la Jerarquía. Sin embargo, ha sido la aparición, la difusión y el perfeccionamiento de los medios de comunicación, entre otras cosas, la causa de que el mundo actual sea algo muy diferente del que conoció el siglo IV. De ahí que la herejía se encuentre hoy tan difundida y tan profundamente arraigada en todo el Organismo Eclesial, abarcando tanto a clérigos como al abigarrado conjunto de fieles laicos que forman parte del Rebaño de Jesucristo. Por otra parte, los poderosos grupos progresistas de presión cuentan hoy con efectivos y decisivos instrumentos que utilizan de forma práctica e inteligente; como es, por ejemplo, el mismo Concilio Vaticano II, al que han sabido interpretar, manipular y tergiversar a favor de sus doctrinas, sin dudar en esgrimirlo en contra de quienes se atreven a oponerse a ellas. Y por si esto fuera poco para completar todo un panorama de auténtica desolación, la Iglesia tampoco cuenta hoy con algún San Atanasio dispuesto a declarar valientemente la guerra a la herejía y a luchar contra ella.

Otra importante característica que diferencia al Arrianismo del Modernismo, y que atribuye a este último una especial peligrosidad, consiste en que, así como los seguidores de las doctrinas de Arrio conocían las diferencias doctrinales que los apartaban de la fe de la Iglesia, la inmensa mayoría de los modernistas de hoy apenas si son conscientes de que han pasado a formar parte de una *nueva religión* que nada tiene que ver con la católica. Y agrava más la situación el hecho de que están convencidos de que poseen la clave del verdadero Cristianismo, por lo que tachan de herejes a quienes no hacen del Concilio Vaticano II y doctrinas que lo han interpretado el único fundamento de su fe.

Cabe distinguir en la herejía de la que venimos hablando, cuya actualidad en la Iglesia ha alcanzado ya cotas demasiado elevadas, otras dos características decisivas y que conviene, por lo tanto, anotar:

En primer lugar, el Modernismo se arroga el derecho a decidir en forma de juicio inapelable en todo lo que se refiere a la interpretación del Magisterio y su autenticidad. Dictamina acerca del Magisterio rechazable, no digno según él de ser tenido en cuenta, puesto que responde a condiciones y circunstancias históricas distintas de las actuales; y de ahí que sus enseñanzas deban ser consideradas —sentencia el Modernismo— enteramente obsoletas y, en todo caso, sin vigencia alguna. Así es como ha podido decirse por algún teólogo de nota, por ejemplo, que la Constitución Conciliar *Gaudium et Spes* es un verdadero *Contra–Syllabus*.

En segundo lugar, el Modernismo toma el Concilio Vaticano II como único lugar de referencia, sin considerar para nada el Magisterio anterior en cualquiera de sus formas. Así se explica, por poner otro ejemplo, que el que se denomina a sí mismo como *Foro de Curas de Vizcaya* (España) hiciera pública una comunicación–protesta, en su página–web del día 15 de Mayo del 2013, a propósito de la instalación en la Diócesis de la Adoración Perpetua del Santísimo Sacramento. Alegaba el susodicho Foro, entre otras razones, que se trata de *una práctica preconciliar de dudoso alcance ecuménico*.[189]

Donde todo parece indicar que el *Foro de Curas* vizcaíno ha olvidado tener en cuenta el posible enfoque relativo de su alegato. Puesto que la dicha práctica de la Adoración puede efectivamente considerarse como *preconciliar*..., si se mira solamente desde el Concilio Vaticano II; mientras que, en cambio, ha de ser considerada necesariamente como *postconciliar* si se contempla desde el Concilio Vaticano I..., o más todavía si se tiene en cuenta el de Trento, por no citar ahora a todos los otros numerosos Concilios que ha celebrado la Iglesia al cabo de los siglos, hasta llegar al de Jerusalén. Es imposible pensar que tan ilustre *Foro de Curas* haya querido reducir y minimizar todo el Magisterio de la Iglesia y toda su Teología (Concilios, Santos Padres y una Tradición de veinte siglos) a lo enseñado por un solo Concilio que, además de reconocerse a sí mismo como *puramente pastoral*, ha insistido repetidas veces en que no pretendía en modo alguno modificar ni anular lo enseñado anteriormente por la Iglesia.

---

[189]Las razones para considerar el Concilio Vaticano II como único lugar de referencia magisterial no son difíciles de comprender y son además bien conocidas; y de ahí que su explicación no corresponda a este lugar.

Se reconozca o no se reconozca —en realidad parece que no existe interés en admitirlo—, es un hecho patente que la Iglesia se encuentra *en estado de cisma*.[190] Lo cual ha ocurrido precisamente después de haber proclamado Ella misma, con no pequeño énfasis, sus deseos de apertura al mundo y a las nuevas filosofías.[191]

Son muchas las Iglesias, como las de Austria y Alemania por ejemplo, que actúan de forma totalmente independiente desde hace bastante tiempo, haciendo caso omiso del Romano Pontífice y prescindiendo de su autoridad como Cabeza de la Iglesia militante y el Vicario de Cristo en la Tierra. Aunque, puestos a reconocer la realidad, preciso es admitir también que son demasiadas las diócesis en todo el mundo que se comportan del mismo modo. Por otra parte, la anarquía y el desconcierto en los campos doctrinal, moral y litúrgico se han convertido en un peligroso cáncer que se ha extendido por todo el Organismo Eclesial. En cuanto a los fieles, se encuentran divididos en multitud de grupos antagónicos, de los que cabe nombrar como principales a los *tradicionalistas* y a los *progresistas* (también llamados estos últimos por algunos, *vaticanosegundistas*).

Los nuevos Movimientos de espiritualidad, surgidos o cobrado auge con motivo y a partir del Concilio Vaticano II, son objeto de graves objeciones doctrinales y litúrgicas. El más importante de todos ellos —el Movimiento Neocatecumenal—, que abarca a muchos miles de fieles en todo el mundo, sostiene creencias y practica actos de culto absolutamente incompatibles con la sana doctrina católica, además de ser cosa reconocida que su ideología se encuentra mucho más cerca del Judaísmo que del Catolicismo. En cuanto a las Órdenes religiosas, como por ejemplo los Jesuitas y numerosas Congregaciones religiosas de monjas, no es ningún secreto que se

---

[190] Estas páginas fueron redactadas en Mayo de 2013.
[191] Ver Discurso del Papa Juan XXIII en la apertura del Concilio Vaticano II.

encuentran en situación de franca rebelión contra la Iglesia, sobre todo en países como los Estados Unidos y sin que nadie trate de imponer su autoridad para llamarlos al orden.

Todo esto, y muchas más cuestiones de las cuales sería inoperante aquí pormenorizar detalles, no ha merecido otro tratamiento, por parte de la labor pastoral de las Jerarquías de la Iglesia, que el mismo que un humilde cura de cualquier aldea olvidada utilizaría para con sus rústicos feligreses: un lenguaje ordinario y popular, con el que afrontar los problemas sin complicaciones de unas gentes ordinarias y sencillas. Mientras tanto, la gran mayoría del Pueblo cristiano sigue sintiéndose huérfano de auténticos Pastores que, dando de lado a florituras y cuestiones insustanciales, afronten con valentía los *problemas reales* que aquejan a las ovejas que tienen encomendadas.

Así se ha dado lugar a que una gran parte del Pueblo cristiano, confuso y *como ovejas que no tienen pastor*,[192] ande por cualquier parte buscando a Dios, incluso muchas veces sin saberlo, y dando paso al cumplimiento al antiguo oráculo del profeta Isaías en el que hablaba de Jerusalén —la Jerusalén de entonces, que es tal vez la Iglesia de ahora, o la misma que se encuentra aguardando, en situación de espera de la Jerusalén celestial—:

> *Ninguno hay que la guíe*
> *de cuantos hijos dio a luz;*
> *ninguno hay que la tome de la mano*
> *de cuantos hijos crio.*
> *Estas dos cosas han salido a tu encuentro*
> *—¿quién se compadecerá de ti?—:*
> *devastación y ruina, hambre y espada*
> *—¿quién te consolará?—.*[193]

---

[192] Mt 9:36.
[193] Is 51: 18–19.

Pero Dios no abandona nunca a su Pueblo. Simplemente se hace esperar, para purificarlo de sus pecados seguramente, y para poner a prueba su fe. Pero *hacia la media noche se oyó un clamoreo: "¡Que viene el Esposo! ¡Salid a su encuentro!"*[194] El Espíritu mandó escribir para el Ángel de la Iglesia de Esmirna: *Esto dice el Primero y el Último, el que estuvo muerto y ha vuelto a la vida: "Conozco tu tribulación, tu pobreza —aunque eres rico— y la calumnia de parte de los que se dicen judíos y que no son más que una sinagoga de Satanás. No temas por lo que vas a padecer..."*[195]

---

[194] Mt 25:6.
[195] Ap 2: 8–10.

CARTA A LA IGLESIA DE PÉRGAMO

Al ángel de la Iglesia de Pérgamo, escríbele:

«Esto dice el que tiene la espada tajante de doble filo: "Sé dónde habitas: allí donde está el trono de Satanás; que mantienes mi nombre y no has negado mi fe, ni en los días en que Antipas, mi testigo fiel, sufrió la muerte entre vosotros, allí donde habita Satanás. Pero tengo algo contra ti: que admites ahí a los que sostienen la doctrina de Balaán, que enseñaba a Balac a seducir a los hijos de Israel para que comieran de los sacrificios idolátricos y fornicaran. También tienes tú seguidores de la doctrina de los nicolaítas. Por lo tanto, arrepiéntete. De lo contrario, iré enseguida adonde estás tú, y lucharé contra ellos con la espada de mi boca"».

El que tenga oídos, oiga lo que el Espíritu dice a las Iglesias. Al vencedor le daré el maná escondido, le daré también una piedrecita blanca, y escrito en la piedrecita un nombre nuevo, que nadie conoce sino el que lo recibe.

(Ap 2: 12–17)

1. Introducción a un Tema Difícil

Es fácil comprender lo arriesgado que supone el esfuerzo de reflexionar sobre el contenido de las Siete Cartas del Libro del Apocalipsis. El hecho, ya de por sí problemático, de escribir sobre temas eminentemente proféticos, obliga a introducirse por caminos tortuosos que acaban siempre desembocando en cuestiones delicadas que, por su misma dificultad, son propicias a la discusión.

Ya advertimos, con respecto a la veracidad que ha de atribuirse a los libros de la Sagrada Escritura, que damos por admitida su cualidad de inspirados. De la cual se deriva como indiscutible la verdad histórica del *Corpus* de la Revelación escrita, redactada para los hombres de todos los tiempos y de todos los lugares (como se sabe, las fuentes de la Revelación son la Sagrada Escritura y la Tradición). De donde no puede limitarse el contenido de estas *Cartas* a los lugares concretos para los que fueron escritas. Pues suponer la inspiración divina para la redacción de un mensaje dirigido meramente a la Iglesia de Sardes o a la de Esmirna, por ejemplo, parece ridículo. En cuanto a minimizar y reducir el contenido de la Sagrada Escritura, no es otra la preocupación constante del Modernismo. Por lo demás, y como ya se ha dicho, siempre ha de tenerse en cuenta el carácter profético del Libro del Apocalipsis.

También conviene recordar que el contenido de estos comentarios escriturísticos deja de tener sentido si se prescinde de la luz de la Fe. Una condición necesaria e imprescindible bajo la que deben ser leídos todos los Libros Sagrados, utilizados aquí como base y fundamento de toda argumentación.

Como nota histórica con respecto a esta Carta, cabe señalar que la antigua y desaparecida ciudad de Pérgamo (noroeste del Asia Menor, actual Turquía) fue fundada, según la leyenda, por Neoptólemo y Andrómaca, personajes de la guerra de Troya. Llegó a ser una ciudad importante y sus ruinas rodean a la actual ciudad de Bergama.

Como puede darse por supuesto en temas tan difíciles como los proféticos, los comentarios han de ceñirse necesariamente al ámbito de las hipótesis y de las sugerencias, que pueden resultar más o menos acertadas según los conocimientos y la perspicacia del autor. El buen sentido del lector sabrá obtener sus propias conclusiones y aprovecharse de lo que le parezca más razonable y concluyente.

2. Naturaleza y contenido de la Carta

Al menos a primera vista, la *Carta a la Iglesia de Pérgamo* parecería la más fácil de entender, aunque existen elementos en su contenido que aún permanecen desconocidos, como la identidad de los herejes *nicolaítas*.

Aparte de una breve alabanza inicial al Ángel de la Iglesia de Pérgamo por haber mantenido la fe y de una amenaza final por haber tolerado a herejes e incitadores a la iniquidad, podríamos considerar tres temas distintos en la Carta:

La misteriosa afirmación de que es en Pérgamo donde reside el *Trono de Satanás*, con todas las implicaciones que pueden suponerse pero que la Carta no especifica en concreto.

El hecho reprobable de que la Iglesia de Pérgamo *tolera* a herejes y agentes del Mal. Donde aparece por primera vez en la Historia el problema de la *tolerancia* en la Iglesia.

Las enigmáticas promesas finales referidas a las recompensas prometidas a los *vencedores*, cuya mera enunciación suscita curiosidad y se presta a abundantes reflexiones capaces de elaborar, a su vez, multitud de hipótesis y sugerencias que pueden resultar de extraordinario interés: el maná escondido, de una parte, y la piedrecita blanca con un nombre nuevo que sólo conocerá quien la reciba, de otra. Elevadas realidades que por su contenido absolutamente sobrenatural, y por alcanzar cotas inaccesibles por ahora a la mente y al corazón humanos (1 Cor 2:9), no pueden ser expresadas sino por medio de misteriosas metáforas.

3. El Trono de Satanás

Como casi todo lo que se dice en el libro del Apocalipsis, la expresión es sumamente misteriosa y su comentario no puede esperar otra cosa que conjeturas, más o menos aventuradas. Ya de entrada, fácilmente se comprende que se trata de una mera metáfora, aunque el problema radica precisamente en saber a lo que se refiere.

Por dos veces se dice que en Pérgamo estaba situado el trono de Satanás. ¿Acaso se refiere a que en los principios del cristianismo era allí donde residía el *Centro de Poder* de Satanás? Desde luego que sería imposible afirmar tal cosa con seguridad, aunque sí que parece deducirse, sin embargo, que la ciudad era un poderoso lugar de libre acción del Diablo. Tanto como para suponer que allí reinaba la iniquidad. Desde luego allí fue donde sufrió la muerte Antipas, el testigo fiel, y donde habitaban los seguidores de la doctrina de Balaán y los nicolaítas, tolerados todos ellos por el Ángel de Pérgamo. Cuyo nivel de tolerancia, así como el de maldad por parte de los herejes, debía ser bastante alto, dada la urgente exigencia de arrepentimiento y la amenaza de castigo que profiere el Espíritu contra unos y otros.

Es de suponer, por lo tanto, casi con toda seguridad, que la ciudad estaba enteramente corrompida. Tengamos en cuenta que estamos en los comienzos del Cristianismo, cuando todavía existía la posibilidad de hablar acerca de cuáles serían las ciudades consideradas como los mayores centros de perversión. En los tiempos actuales la maldad se ha extendido de tal forma por todo el mundo que sería imposible localizar el principal Centro de Poder de Satanás. A pesar de que, para los Últimos Tiempos, las profecías parecen situarlo en la mítica *Babilonia*, en la que muchos comentaristas y revelaciones no oficiales parecen hacerla coincidir con la ciudad de Roma.

La famosa profecía del *Pseudo–Malaquías* asegura que, acabado el reinado del último Papa (*Petrus Romanus*), será destruida la *Ciudad de las siete colinas*, momento en que el Supremo y Terrible Juez juzgará a los hombres. Lo que hace suponer que la Iglesia habrá alcanzado para entonces un nivel máximo de corrupción y habrá quedado consumada la apostasía anunciada por San Pablo para los Últimos Tiempos (2 Te 2:3). Y así parece sugerirlo también la misma expresión con la que la profecía se refiere a Jesucristo como Terrible Juez (*Iudex Tremendus*) que vendrá a juzgar a los hombres.

Como es bien sabido, las profecías privadas o no oficiales no suponen obligación alguna de fe por parte de los creyentes, incluidas las que han sido autorizadas, o incluso recomendadas, por la Iglesia; mientras que, por el contrario, es importante prescindir por completo de las que han sido expresamente rechazadas y que en la actualidad son abundantes, como suele ocurrir en todos los tiempos de crisis. La profecía del *Pseudo–Malaquías* no ha sido nunca reconocida ni rechazada por la Iglesia.

Con todo, esta profecía ha gozado de gran autoridad durante siglos. Los diferentes *motes* o títulos enigmáticos asignados en ella a cada uno de los Papas, desde Celestino II (1143–1144) hasta el último de todos señalado con el nombre de *Petrus Romanus*, pese a sus numerosos detractores y aunque a veces resulte bastante difícil, o casi imposible, averiguar las razones que justifiquen algunos de tan misteriosos títulos, otras muchas sin embargo pueden reconocerse claramente y con facilidad.

Ya queda dicho que nadie está obligado a prestar asentimiento de fe a las profecías privadas. Cuando no hayan sido condenadas como falsas y vayan acompañadas de ciertas pruebas, al menos aparentes, de credibilidad, nadie podrá ser acusado de crédulo por aceptarlas ni de mal creyente por rechazarlas. En todo caso, no parecen existir razones de peso como para rechazar abiertamente la de San Malaquías; e incluso más bien parecen inducir a lo contrario, de tal manera que hasta los acontecimientos actuales parecen confirmarla.[1]

4. El problema de la tolerancia y las dos Iglesias del Final de los Tiempos.

La Carta plantea el problema de la *tolerancia* ante el Mal, que se ha introducido y difundido en la Iglesia y que también da origen al de la *convivencia* con el Bien, para conducirnos de nuevo a la parábola de la buena semilla y la cizaña. Tal como ya hemos visto, después de la breve exhortación laudatoria al Ángel de Pérgamo en la que se alaba su fidelidad a pesar de que *habitas allí donde está el trono de Satanás*, el Espíritu le increpa porque admite a diversas clases de herejes y apóstatas mientras le induce al arrepentimiento,

---

[1] En mi ensayo inédito titulado *Petrus Romanus* expongo las razones de conveniencia que parecen probar que el nombre corresponde al Papa Francisco.

si no quiere que acuda personalmente *el que tiene la espada tajante de doble filo* y luche contra ellos *con la espada de mi boca*.

También hemos visto que le será dado al vencedor del maná escondido, además de una piedrecita blanca en la que está escrito un nombre nuevo que nadie conoce sino el que lo recibe. Lo cual va encabezado por una alusión —*El que tenga oídos, oiga lo que el Espíritu dice a las Iglesias*— que parece contradecir, una vez más, la atribución a Jesucristo como personaje principal que habla en la Carta. Es de suponer que el texto hace referencia a dos Personas divinas aunque en realidad se trata de la Voz del único y mismo Dios, y de ahí que sea indiferente escucharlo a través de cualquiera de ellas: *El que me ve a mí, ve al que me ha enviado... El que me ha visto a mí, ha visto al Padre... Las palabras que yo os digo no las hablo por mí mismo.*[2]

En último término, la *Carta a la Iglesia de Pérgamo* plantea problemas graves que afectan a la Iglesia y de los que vamos a hablar aquí, siquiera sea de forma breve y sumaria.

Que el Mal ha estado actuando en todo momento dentro de la Iglesia, desde su mismo comienzo, lo prueban todos los textos del Nuevo Testamento. Y concretamente, por lo que hace a nuestro caso, la misma Carta que estamos comentando.

La parábola de la buena semilla y la cizaña, que anda lejos de ser una mera enseñanza del Señor *obiter dicta*, no es sino la crónica abreviada de la existencia de la Iglesia a través de los tiempos. La historia en la que el Bien sostiene una eterna lucha contra el Mal y en la que los seguidores del uno y del otro se encuentran siempre mezclados. El *Regnum Dei* inicia su andadura con el comienzo del Ministerio Público de Jesucristo (Mc 1:15), para continuar luego en continuo crecimiento, de menos a más (Lc 13:19), hasta llegar a su

---

[2] Jn 12:45; 14: 8–10.

plenitud en el nuevo eón, cuando aparecerán *unos cielos nuevos y una tierra nueva en los que habita la justicia*.[3] En cuanto al dominio de Satanás sobre el mundo, una vez incrementada su actividad a partir del momento de la Redención, deberá alcanzará su auge al Final de los Tiempos durante el presente eón, en los momentos cercanos a la Parusía en los que al fin tendrá lugar su derrota definitiva, cuando *el Diablo, el seductor, sea arrojado al estanque de fuego y azufre, donde están también la bestia y el falso profeta, y serán atormentados día y noche por los siglos de los siglos*.[4]

Algo que se deduce con claridad de la Carta es que el *Trono de Satanás* está instalado en medio de la Iglesia. Esta misteriosa expresión ha pasado extrañamente casi ignorada a través de las vicisitudes de la Historia de la Iglesia, por más que Jesucristo llama a Satanás *el Príncipe de este mundo* (Jn 12:31; 16:11), que quizá sea la razón de que haya sido esta designación mucho más utilizada y conocida.[5] Sea como fuere, es evidente que los textos aluden al extraordinario Poder que ha de ejercer Satanás sobre el mundo y la Iglesia al menos hasta el momento de la Parusía, que es el que señalará también el de su derrota definitiva.

Es cierto también que Jesucristo dice en esos mismos textos que Satanás *ya ha sido juzgado* y también que *va a ser arrojado fuera*. Pero está claro que se trata solamente de una sentencia definitivamente pronunciada pero que no habrá de cumplirse hasta llegado su Tiempo, como atestigua con claridad la lectura atenta del texto,[6] así como todo el resto del Nuevo Testamento.

---

[3] 2 Pe 3:13.
[4] Ap 20:10.
[5] Cf también 1 Jn 5:19.
[6] El texto griego de Jn 12:31, contiene el verbo ἐκβάλλω en modo futuro.

Es evidente que el Dominio e influencia de Satanás sobre la Iglesia ha sido siempre subestimado. Siendo éste el único texto que habla del *Trono* de Satanás y a pesar de que el mismo Jesucristo lo reconoce como el *Príncipe de este mundo*. Satanás se atreve incluso a atribuirse el derecho a ser adorado (Lc 4:8), cosa que Jesucristo le niega expresamente.

En todo lo cual, sin embargo, hay dos cosas que están demasiado claras: la enorme influencia y poder de Satanás sobre la Iglesia, de una parte, y la casi total indiferencia con que el hecho ha sido reconocido por Ella a través de los siglos, de otra.

También es evidente, según se desprende de la lectura del Nuevo Testamento y sobre todo de los Evangelios, que el Poder de Satanás sobre la Iglesia y el mundo irá en aumento hasta el instante de la Parusía, momento en el que ya se habrá hecho prácticamente casi total (Lc 18:8) y al que habrá precedido la *Apostasía* profetizada por San Pablo (2 Te 2:3).[7]

El Poder de Satanás sobre la Iglesia a lo largo de los siglos, si bien ha sido importante, puede ser considerado a pesar de todo como algo *normal*. La Iglesia ha venido sorteando sus embates y salido airosa incluso en ocasiones bastante difíciles. Como las herejías de los primeros siglos, el vendaval del arrianismo, los nominalismos medievales, la terrible crisis de la Reforma Protestante, la Ilustración, el *Siglo de las luces* y el racionalismo, el nacimiento y la expansión del marxismo, y los peligrosos intentos de invasión del Modernismo que, si bien en un principio fueron contenidos y casi ahogados por los Papas preconciliares, encontraron carta blanca después del Concilio y proporcionaron un giro a la Iglesia como nunca había conocido en

---

[7]El término apostasía hace referencia expresa a los miembros de la Iglesia, puesto que *apostatar* significa renegar de la Fe.

la larga trayectoria de su existencia. Y hasta aquí llega la que hemos llamado *normalidad* en el Poder del Maligno.

Pues la llegada del Concilio Vaticano II, convocado por el Papa Juan XXIII en 1959 y clausurado por el Papa Pablo VI en 1965, supuso un giro radical en la Historia de la Iglesia Católica. La *apertura de las ventanas del Vaticano*, proclamada alegremente por Juan XXIII al inicio de su Pontificado, dio lugar a la entrada de vientos fuertes, y hasta huracanados, muy distintos de los que habían sido previstos por el Papa, quien no estaba al parecer muy al tanto de la clase de vientos que soplaban en aquellos momentos. Los cuales, impulsados a su vez por el famoso *aggiornamento* de la Iglesia emprendido igualmente por Juan XXIII, dieron lugar a la irrupción, ahora ya sin trabas, del Modernismo hasta entonces trabajosamente contenido por San Pío X, Pío IX y los Papas posteriores hasta la llegada del Concilio.

El Papa Juan XXIII había decidido la convocatoria del Concilio, según afirmación propia, *bajo la inspiración del Espíritu Santo*. Siguiendo en eso la costumbre, hoy muy de actualidad en la Iglesia, de atribuir alegremente al Espíritu Santo multitud de gracias que se suponen concedidas como dones del Cielo y que algunos Movimientos eclesiales —como los Carismáticos e incluso los Neocatecumenales— practican con exageración. Sea como fuere, la costumbre de atribuir inspiraciones al Espíritu con el fin de justificar actuaciones o principios doctrinales a falta de un fundamento serio —que generalmente falta— no parece muy afortunada ni tampoco suele ser avalada por los hechos. En el caso del Papa Juan XXIII, sin pretender suponer por nuestra parte la veracidad o la falsedad de su supuesta inspiración, es evidente que los hechos posteriores parecieron desmentirla de un modo rotundo.

El ámbito de las inspiraciones del Espíritu debiera considerarse como algo muy serio, personal, íntimo y extremadamente delicado. No dedicado a proclamaciones públicas salvo voluntad expresa del mismo Espíritu Santo, nada fácil de suponer y siempre sujeta a las verificaciones de seguridad aconsejadas por la Iglesia en casos semejantes. El simple hecho de publicar alegremente pretendidas inspiraciones suele ser una prueba inequívoca de su falsedad y de la fatuidad de quien se las atribuye.

La llamada *hermenéutica de la continuidad* —hoy generalmente olvidada— fue una expresión acuñada por el Papa Benedicto XVI, que a pesar de sus proclamaciones en contrario resultó ser una auténtica ruptura con la Tradición. Ruptura que dio lugar a una tremenda crisis (cuyos detalles hemos estudiado en otros lugares) que, por otra parte, ya se venía gestando desde los mismos comienzos del Concilio y que llegó a su auge bajo el Pontificado del Papa Francisco. Quien ha presidido el momento en el que la *apostasía* en la Iglesia se ha convertido ya en deserción y desbandada generales encabezadas por la misma Jerarquía, con la consiguiente universal confusión por parte de los fieles. La Iglesia ha quedado así sumida en una situación de desolación y de ruina como nunca había conocido a lo largo de su Historia.

Los fenómenos y sucesos ocurridos a lo largo de la Historia son tan difíciles de estudiar y de comprender como que corresponden al ámbito de la sociología y del comportamiento humano. Cosas tan evidentes como puede ser la luz del día son *negadas* por toda la Humanidad sin que apenas nadie se atreva a levantar la voz, o manifestar extrañeza por lo menos. Que es exactamente lo sucedido a propósito del terremoto eclesial que ha devastado a la Iglesia con motivo y a partir del Concilio.[8] La proclamación al son de marchas triunfales de la *Nueva Primavera Eclesial*, del *Nuevo Pentecostés* y de la *Nueva Edad de la Iglesia*, a pesar de lo que aparecía como el más evidente de los desastres a todos los niveles y en todos los sentidos, fue una triste realidad desmentida después aún más tristemente por los hechos. La *Primavera Eclesial* resultó ser el más gélido de los inviernos, y en cuanto al Espíritu Santo del *Nuevo Pentecostés* no

---

[8]Solamente después de más de cincuenta años han comenzado a aparecer pequeños grupos aislados que manifiestan su protesta ante la destrucción de la Fe, aunque tan tímidamente y con tan escasa fuerza en el núcleo eclesial que no han tardado en ser reducidos.

se mostró por ninguna parte, siendo más bien otra clase de espíritus los que aparecieron. En los momentos actuales, pasados más de cincuenta años, un discreto manto de silencio ha cubierto aquellas expresiones triunfales, debido tal vez a la misma contundencia de los hechos, *pero sin que nadie con autoridad hasta ahora las haya desmentido.*

De donde se deduce, además de la influencia de Satanás sobre la Iglesia y acerca de la cual ya hemos hablado, el enorme poder de la *mentira*, tal como es continuamente engendrada y producida por su propio Padre y el de todos los Mentirosos (Jn 8:44). De ahí que la mentira se haya constituido en el elemento principal del lenguaje moderno, como una realidad que se percibe sobre todo en el mundo de los *mass media*, del cine, de los negocios, de los políticos y hasta de la Jerarquía eclesiástica.

Sería improcedente por nuestra parte suponer que estamos ante el Final de la Historia y el momento de la *Parusía*, puesto que el tiempo preciso de tales acontecimientos, según revelación del mismo Jesucristo, queda reservado a los secretos de Dios (Hech 1:7). Pero tampoco sería prudente no tomar en consideración las señales o sucesos que, habiendo sido revelados también por Jesucristo, señalarán el Final de los Tiempos (Lc 21: 7 y ss.). Los cuales, aun siendo bastante claros y evidentes, no serán suficientes para que los hombres, endurecidos por la ceguera de su corazón, se aperciban de que ha llegado el momento de la Segunda Venida del Señor. Por lo que se hundirán en un estado de ruina y de total perdición que los sorprenderá absolutamente desprevenidos (1 Te 5:3).

Pero en todo caso las señales *existen*. Por lo que no podemos suponer que fueran anunciadas por el Señor para que no sirvieran de nada a los hombres. Se dirá que se dieron para que se muestre claramente y quede constancia de la dureza de su corazón, y hasta es probable que sea esa la verdadera razón. Pero de todos modos las señales *están ahí*, a disposición de quien las *entienda* y quiera aprovecharse de ellas. Y siempre existirá un pequeño resto que sabrá acogerlas en su corazón, como también está dicho y previsto seguramente pensando en el exiguo número de los elegidos: *Vigilad orando en todo tiempo, a fin de que podáis evitar todos estos males que van a suceder y estar en pie delante del Hijo del Hombre.*[9]

Y aun manteniendo como cosa cierta el secreto que Dios se ha reservado acerca del momento preciso (Hech 1:7), e insistiendo en que los hombres no sabrán o no querrán reconocer tales señales, lo que es seguro en todo caso es que serían más que suficientemente claras para alertarlos..., si ellos hubieran querido caer en la cuenta acerca de su significado. Por lo menos quizá podrían servir para hacer pensar a los avispados de mente y sencillos de corazón que *tal vez* estemos ante la proximidad de los Tiempos Finales; o que todo está sucediendo, al menos, de tal forma que *descartar sin más la inminencia de tal cosa sonaría a imprudencia.*

La apostasía general, como es fácil de comprender, solamente ha sido denunciada por el pensamiento tradicional dentro de la Iglesia. Sin embargo, es indudable que en la actualidad ha surgido una *Nueva Iglesia* enteramente impregnada de Modernismo. Que no solamente está tratando de sustituir a la verdadera Iglesia fundada por Jesucristo, sino que de hecho casi lo ha conseguido ya prácticamente. Son millones los católicos que se han integrado en ella proclamándola como la auténtica y fiel intérprete de las doctrinas del Concilio Vaticano II, a pesar de la evidencia de que los principios doctrinales por los que se rige y la Jerarquía que la gobierna son claramente

---

[9] Lc 21:36.

modernistas. Cosa esta última que nadie dentro de la Nueva Iglesia estaría dispuesto a admitir.[10]

Que la *Nueva Iglesia* haya sustituido de modo oficial a la Iglesia verdadera, hasta el punto de haber conseguido, al menos *aparentemente*, que ésta última desaparezca, es algo que ha sucedido de manera *silenciosa*. Del hecho prácticamente casi nadie parece haberse sorprendido, y apenas unos pocos se han manifestado para expresar algún tipo de objeciones o para esgrimir alguna forma de protesta. Desde luego no puede decirse que las haya habido entre la Jerarquía con la excepción de alguna voz aislada, a la que hay que añadir las de unos pocos laicos pero que pronto han sido silenciadas y hasta amordazadas. Tan asombroso silencio universal ante hecho tan importante y sorprendente sólo tiene una explicación posible: no se han levantado protestas ni objeciones *porque apenas si existe nadie para protestar*, pues efectivamente la apostasía es absolutamente universal: *Verumtamen Filius Hominis veniens, putas, inveniet fidem in terra?*[11]

Lo que ha ocasionado que el pequeño resto de lo que constituye la verdadera Iglesia —*las Puertas del Infierno no prevalecerán...*— se vea obligado a vivir, no ya en la clandestinidad, sino incluso *bajo le persecución por parte de la Nueva Iglesia*. Con lo que nos enfrentamos a otro hecho insólito en la Historia de la Iglesia jamás visto ni conocido hasta ahora, cual es la persecución de los cristianos *por parte de los mismos que se dicen cristianos*.

---

[10]Es un principio, mantenido siempre con firmeza por el Modernismo, el de no reconocerse jamás como una doctrina que la demuestre claramente como herética. De ahí su uso constante y exclusivo de la terminología católica, pero a la que siempre asigna un significado distinto y carente de carácter sobrenatural. El mimetismo es una cualidad esencial que el Modernismo ha utilizado con eficacia para introducirse dentro del Catolicismo y transformarlo desde sus mismas bases.

[11]Lc 18:8.

Aunque Dios haya otorgado al hombre la capacidad de asombrarse, los hechos históricos sobrepasan algunas veces toda ponderación y alcance de la imaginación humana. ¿Quién hubiera sido capaz de suponer, a pesar de la claridad de las profecías, que tales cosas pudieran llegar alguna vez a convertirse en realidad...? El constante adoctrinamiento en base modernista del Pueblo cristiano, llevado a cabo durante más de cincuenta años de postconciliarismo, ha terminado por dar sus frutos, como no podía ser menos.

La *Carta a la Iglesia de Pérgamo* puede ser interpretada como un alegato de represión o censura dirigido a *los malos Pastores de la Iglesia*. Y el pecado concreto que se les imputa, al menos a primera vista, es el de la *tolerancia* con respecto a los errores que, con tanta frecuencia, aparecen en el seno de la Iglesia.

La *Carta* puede ser entendida como dirigida por el Espíritu a los *malos Pastores de la Iglesia universal*, de manera que sería un grave error minimizar su contenido y dejarla circunscrita a la Iglesia de Pérgamo, integrada como está en el Libro inspirado del Apocalipsis y formando parte, por lo tanto, del *Corpus* de la Revelación.

Dado que el contenido de la Carta se refiere a la conducta de los Pastores, y al parecer expresamente a la tolerancia, parece lógico considerar que su período de vigencia acaba con el Concilio Vaticano II. Aunque este punto necesita explicación.

Consideradas las cosas bajo esta perspectiva, podemos dividir la Historia de la Iglesia en dos grandes partes: un primer período de *tolerancias*, que llega hasta el Concilio Vaticano II, para ser seguido de otro más radical de claro *aperturismo* a toda clase de doctrinas extrañas. En este segundo período ya no existen trabas de ninguna clase para la difusión de los errores ni se ponen impedimentos a la predicación de doctrinas extrañas y hasta contrarias a la Fe. Es el momento en el que la Iglesia da por terminada la época de la condenación de herejías y errores y se rinde abiertamente al Modernismo, hasta entonces contenido y frenado por los Papas preconciliares. Y con la colaboración principal de la misma Jerarquía.

Los tiempos anteriores al Vaticano II —el que hemos llamado período de tolerancia— también conocieron numerosos errores y hasta demasiadas demoras a veces para corregirlos, como la misma Carta al Ángel de Pérgamo demuestra. Herejías y doctrinas extrañas que permanecieron consentidas durante bastante tiempo, pero que fueron frenadas definitivamente, antes o después, aunque demasiado tarde en ocasiones. Pero de todas formas los errores *acabaron siempre siendo condenados*, que es lo que distingue a este período del momento actual que está viviendo la Iglesia.

El problema de la *tolerancia* al error envuelve indirectamente al de los *malos Pastores*, quienes, por otra parte, siempre han existido en la Iglesia. De ahí que valga la pena considerarlo en las reflexiones a llevar a cabo a propósito de la Carta a la Iglesia de Pérgamo.

5. El misterio de los Malos Pastores en la Iglesia

En la Iglesia han existido siempre malos Pastores. El mismo Jesucristo lo advirtió ya desde el principio, proporcionando criterios para distinguir entre buenos y malos Pastores (Jn 10).

Todo parece concluir en que la misma condición de la Iglesia peregrina necesita de tal mezcolanza, que lo mismo se produce con respecto a los Pastores como a los simples fieles, como así lo demuestra la parábola de la buena semilla y la cizaña (Mt 13: 24-30). Es muy significativa la prohibición del dueño del campo a los trabajadores que le pedían les permitiera arrancar la cizaña: *No, no vaya a ser que, al arrancar la cizaña, arranquéis también con ella el trigo. Dejad que crezcan juntos hasta la siega. Y al tiempo de la siega le diré a los segadores: "Arrancad primero la cizaña y atadla en gavillas para quemarla; el trigo, en cambio, almacenadlo en mi granero".*[12] De donde queda patente la conveniencia de un tiempo de transición y de prueba en el que tendrán que convivir buenos y malos.

La existencia de cizaña en el seno de la Iglesia a lo largo de toda su existencia, donde a veces ni siquiera resulta fácil distinguir entre buenos y malos, parece estar *permitida* por la Divina Sabiduría con objeto de que los elegidos sean capaces de superar las pruebas que los conducirán a la Salvación. Pues la Fe necesita ser probada, mientras que los elegidos deberán compartir los sufrimientos y la muerte de Jesucristo como único medio de conducirse por la *vía estrecha* (Mt 7:14) que los conducirá hasta el Cielo.

De ahí la necesidad de la cizaña, cuya existencia está supeditada a dos factores determinantes que la hacen posible. En primer lugar está el hecho mismo de la libertad humana, que es capaz de elegir entre el bien y el mal. En segundo lugar y como elemento decisivo aunque vinculado al anterior interviene también la naturaleza del amor —último fin para el cual el hombre fue creado—, a la que se supedita que a un amor libremente ofrecido por Dios corresponda la posibilidad, por parte del hombre, de aceptarlo o de rechazarlo también libremente.

Un hecho interesante, generalmente no señalado por los historiadores, tiene que ver con la actitud del Pueblo cristiano con respecto a los malos Pastores. Actitud que es diferente en las dos etapas de la vida de la Iglesia antes señaladas: de anterioridad y de posterioridad al Concilio Vaticano II.

Resulta innecesario decir que también en esa primera etapa los malos Pastores contaron con bastantes seguidores. Pero en ningún

---

[12] Mt 13: 28–30.

caso puede decirse que los simples fieles se dejaran arrastrar como tal *conjunto de Pueblo cristiano*. Como lo demuestra el episodio de la herejía arriana.

La herejía arriana fue condenada en el Primer Concilio Ecuménico de Nicea (año 325), no sin antes haber sembrado el error y destruido la verdadera Fe entre los estamentos del clero, de los nobles y de los militares, envolviendo incluso a reyes y emperadores. Pero nunca al conjunto del Pueblo cristiano, que se mantuvo fiel a la creencia en la divinidad de Jesucristo y a la totalidad de la Fe.

Quizá en este mismo contexto se entiendan mejor ciertas palabras de Jesucristo sobre el comportamiento de las ovejas con respecto a los malos Pastores: *Pero a un extraño no le seguirán, sino que huirán de él, porque no conocen la voz de los extraños.*[13]

Sin embargo la situación cambia por completo a partir del Concilio Vaticano II. Todo parecería indicar que había llegado el momento de la *Gran Apostasía*. Aparece al mismo tiempo una muchedumbre de maestros, teólogos y profetas que se erigen a sí mismos como los auténticos Pastores, aunque lo único que se desprende de su conducta es la voluntad de conducir a los fieles del Rebaño de Cristo a la perdición. En cuanto a las ovejas, convertidas ahora en mansos corderos que han renunciado a la verdad y a su propia capacidad de pensar, han mostrado su clara disposición a seguir a tales Pastores, cuyo número se ha ido incrementando y cuya influencia, ayudada por el poder de la Masonería a través de su universal dominio de los *mass–media*, ha culminado durante el Pontificado del Papa Francisco. Todo parecería indicar que nos encontramos en los albores de los momentos Finales de la Historia.

Llegados a este punto, conviene dedicar la atención al problema de los malos Pastores de la Iglesia en general, haciendo abstracción por ahora de las diversas etapas de la Historia.

---

[13] Jn 10:5.

Se trata de un grave problema que con justicia puede calificarse como *misterioso*, dada la dificultad que supone pretender averiguar las razones que movieron a la Sabiduría divina a tolerar la aparición de este fenómeno en el seno de la Iglesia. De lo que no cabe duda es que el *Misterio de Iniquidad* está obrando aquí con plenos poderes: ¿Quizá los que le habrían sido otorgados para ser ejercidos en los Últimos Tiempos...?

Simplificando la cuestión hasta el extremo, los malos Pastores se pueden dividir en dos importantes grupos: los tibios o perezosos, de una parte, y los que han optado abiertamente por la iniquidad, de otra.

A primera vista, todo tiende a indicar que los integrantes del primer grupo están menos afectados por la influencia del Mal que los del segundo. Aunque el Espíritu no vacila en tratarlos de forma despiadada y violenta: *Conozco tus obras, que no eres frío ni caliente. ¡Ojalá fueras frío o caliente! Y así, porque eres tibio, y no caliente ni frío, voy a vomitarte de mi boca.*[14] Sin duda que el Espíritu ha tenido en cuenta la labor de devastación que estos Pastores han llevado a cabo en el Rebaño a ellos encomendado, mediante su indiferencia ante las necesidades de sus ovejas y su inacción ante los peligros de que son víctimas.

La imprecación y la amenaza del Espíritu que acabamos de citar, dirigida a los Pastores tibios y tolerantes, es sumamente grave según se desprende de la dureza de su expresión. Aunque justificada, si se tiene en cuenta el grave daño que tales Pastores han infligido a sus ovejas. Su número es incontable, y abarca desde los simples sacerdotes hasta los grados más elevados de la Jerarquía, si bien el núcleo más importante, puesto que en la práctica es el más influyente, parece encontrarse entre los Obispos.

---

[14] Ap 3:15.

No resultará difícil enumerar algunas de las notas comunes que caracterizan al grupo de Pastores con la categoría de Obispos. Que forman un conjunto de individuos que viven tranquilos y sin preocupaciones, indiferentes ante la grave probabilidad de tener ya trazado el camino de la condenación (muy probablemente porque no creen en ella). Trataremos de delinear siquiera algunas de sus notas más específicas, dado que constituyen un centro operativo de influencia de la máxima importancia, como ya hemos dicho. El boceto puede resultar interesante por la utilidad práctica que puede aportar la simple enumeración de las características que describe, puesto que facilita el conocimiento del modo de proceder de estos Pseudo Pastores.

En primer lugar, estos Obispos parecen creer que su oficio consiste en tomar posesión de su cargo y hacerse cargo de los correspondientes honores, bien sea de parte de los aduladores de siempre, o bien de los normales y procedentes del mundo social. Su escalada suele ser precedida, por lo general, de una intensa campaña de movilización de influencias y de turbios manejos destinados a escalar posiciones. Esta pestilente especie de astutos y aprovechados, candidatos al importante oficio de sucesores de los Apóstoles, parece haber decidido seguir al pie de la letra la consigna de San Pablo: *Quien desea el episcopado, buena obra desea*,[15] pero para terminar ahí su fidelidad al Apóstol. A fin de comenzar, a partir de ahora, una vida de tranquilidad salpicada, todo lo más, por la asistencia a actos corporativos oficiales y por alguna que otra Misa aislada e ineludible en las fiestas de los pueblos.

Desconocen cualquier referencia a la asistencia asidua a la Catedral para predicar, confesar o celebrar los cultos de los días más

---

[15] 1 Tim 3:1.

solemnes, una vez que se da por establecido que las Catedrales quedan reservadas para museos y lugar de visita para turistas.

Olvidando su deber y oficio de *Maestros de la fe*, jamás practican su obligación de predicar, a excepción de unas cuantas vulgaridades pronunciadas con ocasión de alguna solemnidad o fiestas patronales en algunas parroquias. Siempre con brevedad y con exquisito cuidado de *no decir nada que se salga de lo políticamente correcto*. Aunque en realidad no suelen decir nada correcto ni tampoco incorrecto, puesto que todo su discurso se reduce al arte de proferir palabras que nada dicen a quienes las oyen. Todo lo más algunas modestas e insulsas exhortaciones pastorales, generalmente incluidas en el Boletín diocesano, sobre temas indiferentes que a nadie interesan. En las últimas décadas del siglo pasado se hizo popular la expresión *lenguaje episcopal*, como punto de referencia para significar modos de hablar a base de verborrea, pero sin decir absolutamente nada.[16]

Como antecedente de lo dicho, los susodichos Pastores no se consideran obligados al estudio ni acuciados por la necesidad de profundizar en el conocimiento de la Teología. Menos aún piensan en conocer los verdaderos problemas y las necesidades de los fieles que les han sido encomendados, puesto que tampoco se muestran interesados en hacerse cargo del entorno ambiental social y político en el que viven sus ovejas, que por lo general suele ser hostil. Sin duda que mucho ayudaría la práctica de la oración como un elemento absolutamente imprescindible; aunque hoy ha sido relegada al olvido

---

[16]Después del Concilio Vaticano II esta situación de inepcia por parte de los Obispos se agravó hasta el extremo. A lo que mucho contribuyó la creación de las Conferencias Episcopales, que privaron a los Obispos de su autonomía como Sucesores de los Apóstoles y jefes de su Iglesia Diocesana. La conversión de los Obispos en simples burócratas, llevada a cabo por las Conferencias Episcopales, fue un atentado directo a la Constitución divina de la Iglesia.

por estos Pastores y archivada en el baúl de los recuerdos como cosa obsoleta y hasta inútil.

No existe la atención paternal y el cuidado a las numerosas necesidades de los sacerdotes. Los cuales sólo pueden ver al Obispo previa petición de audiencia y superación de los complejos trámites burocráticos impuestos por vicarios y secretarios particulares, además de esperar el tiempo necesario exigido por las numerosas ausencias de la diócesis por parte del Obispo.

El capítulo dedicado a los viajes es fundamental, con un énfasis especial en los realizados a la sede de la Conferencia Episcopal y a Roma. Es interesante notar que el objeto de los numerosos viajes que la mayoría de los Obispos realizan a la capital de la Cristiandad es un enigma todavía por resolver. Y en cuanto a la estancia en la propia sede, se da la circunstancia de que existen Obispos que aparecen en ella de vez en cuando, aunque las ausencias se repiten con más frecuencia a medida que aumenta la dignidad del cargo (Arzobispos, Cardenales, etc.).

Un cuadro fielmente expositivo, resumen y compendio de la degradación alcanzada por el Episcopado católico, contiene la imagen de un buen grupo de Obispos, venidos de todas partes para celebrar las Jornadas Mundiales de Juventud, vestidos con sus trajes episcopales y bailando la samba brasileña en las playas de Copacabana. Nunca la profanación del ministerio y el ridículo se dieron tan cordialmente la mano, consumado todo ello ante los aplausos del mundo y la tristeza de los cristianos honrados.

En cuanto al segundo grupo de malos Pastores, o aquellos que se han entregado abiertamente en manos de la iniquidad, casi sería preferible omitir el tema, o tratarlo al menos con la mayor brevedad posible. Siempre se corre el peligro de denunciar cosas que pueden provocar el escándalo de muchos y la incredulidad de no pocos.

La verdad es que el adormecido Pueblo cristiano lleva ya demasiado tiempo *mirando hacia otro lado*, negándose a ver la realidad y actuando como si nada ocurriera. Muchos fieles incluso dan un paso más adelante, actuando bajo el convencimiento de que la situación actual es la mejor que ha conocido la Iglesia y obrando en consecuencia. Pero tanto unos como otros han consentido en dejarse cegar por la mentira y preferido volverse de espaldas a la verdad, que es lo mismo que decir de espaldas a Dios. Conforme a sus nuevas creencias forman parte ahora todos ellos de una *Nueva Iglesia*, como si la fundada por Jesucristo ya no existiera o al menos ya no tuviera actualidad. Y, como era de esperar, también han descubierto una nueva Moral en la que el factor determinante es la autonomía del propio yo.

A partir del Concilio Vaticano II, el número de malos Pastores ha aumentado considerablemente en la Iglesia y generalizado hasta convertirse en un hecho normal, de manera que ahora resulta casi imposible encontrar un buen Obispo que cuide de sus ovejas. Todo lo más, aquí y allá alguno tímido y medio agazapado, temeroso de alzar la voz y a la espera de recibir un golpe que lo anule o lo separe de su cargo. Aunque ahora ya no se trata de Pastores indiferentes y descuidados ante el cumplimiento de su misión, sino de *auténticos lobos dispuestos a destrozar el Rebaño de Jesucristo*. Es evidente que la *apostasía general* profetizada para los últimos tiempos jamás se habría producido sin la traición de infinidad de ministros, y más especialmente de los pertenecientes a las Jerarquías más elevadas, partiendo desde los Obispos.

En el momento en que se redactan estas líneas, la Iglesia ofrece un espectáculo como no había sido visto ni imaginado en toda su Historia. Son muchos los Obispos dedicados a perseguir o a poner todas las trabas posibles a los obstinados en permanecer fieles a la Tradición y Fe según las enseñanzas del Magisterio perenne. *La persecución de los cristianos por los propios cristianos*, es un hecho inédito en la Historia de la Iglesia e inexplicable por razones meramente humanas.

El diario sacrificio de la Misa según la llamada forma *extraordinaria* del Rito Romano, aunque sigue siendo legal (al menos hasta los momentos en los que se redacta este escrito), de hecho es prácticamente cosa prohibida a pesar de ser la mejor expresión del Santo Sacrificio. Las pocas Misas *tradicionales* permitidas tienen que salvar multitud de obstáculos para su celebración, como la necesidad de ceñirse a horas y lugares que siempre resultan ser los menos adecuados para los fieles. Por lo que se han convertido en un culto furtivo que hace pensar en la creencia de que tal vez hubiera llegado el momento del cumplimiento de la profecía de Daniel sobre el Anticristo: *Se elevó hasta el jefe del ejército, suprimió el sacrificio cotidiano y derribó el lugar de su santuario. Se le dio un ejército contra el sacrificio cotidiano a causa de la transgresión, arrojó por tierra la verdad y actuó obteniendo éxito.*[17]

La situación de la Iglesia se ha agravado en los últimos tiempos por la actuación de muchos de sus miembros constituidos en Jerarquía. De ahí que haya quienes piensen en la imposibilidad de descartar la idea de una probable posesión diabólica que ni siquiera excluiría a algunos miembros elevados de la Jerarquía.

La existencia y abundancia de estos Pastores en la Iglesia actual es una clara demostración de la influencia que sufre de parte de Satanás, puesto que no existen razones humanas suficientes para justificarla. Y de ahí la necesidad de acudir a la doctrina del *Misterio de Iniquidad* obrando en la Iglesia.

---

[17]Da 8: 11–12.

Ya se ha dicho que la misma *Carta a la Iglesia de Pérgamo* prueba que siempre ha existido en la Iglesia una tolerancia mal entendida.

Demasiado tiempo transcurrió hasta la condenación de la herejía arriana. Debido en gran parte a las interminables discusiones cristológicas, que no fueron dirimidas hasta Nicea,[18] y a la excesiva intrusión de reyes y emperadores en los asuntos eclesiásticos. De todos modos los errores de Arrio se extendieron por toda la Iglesia y ya habían hecho estragos para el tiempo de su condenación, e incluso hoy todavía aparecen en el catolicismo vestigios de arrianismo.

Dando un gran paso en el tiempo, más difícil resulta justificar la tardanza en condenar a Lutero. El Papa Paulo III se demoró demasiado en convocar el Concilio de Trento, sin dar demasiada importancia al principio a la rebelión de Lutero (se atribuye al Papa la desafortunada frase de que se trataba de una mera *disputa de frailes*), y aún así porque fue presionado por el Emperador Carlos V (hecho histórico ordinariamente silenciado por los historiadores).[19] Las consecuencias de esta demora han sido devastadoras hasta el día de hoy.

El caso de la *Compañía de Jesús* es muy complejo y extraordinariamente misterioso. La Compañía había sido un instrumento extraordinariamente valioso en la labor de la Contrarreforma y en

---

[18] El Concilio de Nicea zanjó definitivamente la cuestión de la divinidad de Jesucristo, objeto principal de la herejía de Arrio. Aunque tanto antes como después también fueron surgiendo herejías tales como el gnosticismo, el mandeísmo, el maniqueísmo, el docetismo, el monarquianismo, etc., que irían siendo condenadas sucesivamente.

[19] De todos modos habría que apuntar en favor del Papa las dificultades que tuvo que superar para iniciar el Concilio, como las disputas entre el Emperador y el rey de Francia, la negativa del Duque de Mantua para que el Concilio se celebrara en su territorio, las amenazas de los protestantes, etc. Algunos, sin embargo, añaden en favor de la situación que no vaciló el Papa en excomulgar al rey Enrique VIII de Inglaterra.

todo el conjunto de la lucha contra el Protestantismo. Además es justo constatar en su haber un buen número de santos y una ingente obra de evangelización en la India, China, Japón y otras partes del mundo, entre las que habría que contar la obra de las famosas (aunque discutidas) *reducciones* de Bolivia y Paraguay, etc.

Sin embargo, la labor en conjunto de la Compañía a lo largo de la Historia de la Iglesia, desde el momento de su fundación en el siglo XVI hasta ahora, ha sido extraordinariamente cuestionada. Ninguna Orden religiosa en la Iglesia ha sido objeto de mayores controversias que la Compañía de Jesús. Las razones de su supresión por el Papa Clemente XIV en 1773 no están en absoluto claras, habiéndose discutido demasiado por los motivos que impulsaron a los reyes de España, Francia y Portugal a presionar al Papa a fin de que tomara una decisión que luego sería revocada en 1814 por el Papa Pío VII. Tanto los defensores como los detractores de la Compañía han sido muchos, con razones poderosas por una y otra parte. Que es lo que induce a algunos a decir que quizá no sea posible hallar la explicación última de todo este embrollo hasta el día del Juicio Final.

Sin embargo existen hechos demasiado notorios que los historiadores favorables a la Compañía no pueden negar. Como son, por ejemplo, la prontitud con la que sus miembros se dedicaron, con inusitado ardor, a toda clase de intrigas políticas en toda Europa, su discutible actuación en las *reducciones* hispanoamericanas, su papel fundamental en la propagación de la *Teología de la Liberación* en Hispanoamérica, su sospechosa aproximación a la Masonería a partir del siglo pasado, su esfuerzo para introducir en el catolicismo ritos y cultos orientales enteramente extraños al cristianismo, y el hecho demasiado evidente de la labor de demolición de la Iglesia Católica que la Compañía está llevando a cabo en la actualidad en todo el mundo.

Como todas las cuestiones *punzantes* de la Historia, la extraña deriva de la Compañía hacia posiciones, no ya extrañas, sino incluso contrarias a la Iglesia, ha alcanzado su punto culminante en la época moderna. Los hechos se han presentado de manera tan clara como para hacer que los historiadores afines a la Compañía encuentren cada vez mayor dificultad en negarlos.

Sería imposible señalar el momento preciso en que la Compañía decidió pasar a ser uno de los mayores enemigos de la Iglesia, para convertir el hecho en otro de los grandes misterios de la Historia. Es seguro, sin embargo, que con el Padre Pedro Arrupe, Prepósito General de la Compañía entre 1965 y 1983, la actuación de los jesuitas con respecto a este punto alcanzó cotas bastante elevadas. Su papel fue decisivo en la plena acogida de la *Teología de la Liberación*, contribuyendo así en gran medida a la difusión de la ideología marxista en toda Hispanoamérica. Igualmente influyó el P. Arrupe en la apertura de la Compañía a las religiones orientales y en la tarea de extenderlas dentro del Catolicismo. En cuanto a los posibles contactos de los jesuitas con la Masonería, fácil es suponer que resulta imposible probarlos, por más que existan fundadas sospechas de que ya en tiempos del P. Arrupe llegaron a ser algo más que contactos, aunque es lo más probable que comenzaran mucho antes. El último fruto proporcionado por la *Compañía de Jesús* a la Iglesia y al mundo hasta el momento ha sido la erección de uno de sus miembros: el Papa Francisco, el más impredecible y desconcertante de los sucesores de Pedro de toda la Historia y al que algunos identifican como el *Pedro Romano* de la profecía de San Malaquías, además de ser, según ellos, el elemento decisivo en la crisis general que la Iglesia padece hoy.

Como hemos dicho más arriba, la existencia de la *Compañía de Jesús* y su papel dentro de la Historia de la Iglesia es todavía un enigma cuya solución solamente Dios conoce. Como es bien sabido, los designios de Dios nos son desconocidos, y únicamente sabemos con certeza que dirige la Historia y cuida de su Iglesia según su Sabiduría y con miras a la salvación de los elegidos. ¿Ha sido, y sigue siendo, la Compañía un instrumento de Salvación, o tal vez de Condenación...? La respuesta no nos ha sido dada a conocer, aunque probablemente abarque ambas cosas a la vez, según se trate de los elegidos o de quienes voluntariamente renegaron de su salvación.

La razón de que la Iglesia haya tolerado durante tanto tiempo a la *Compañía de Jesús* forma parte de la intriga general de un problema que muchos no quieren reconocer y que ni siquiera lo consideran como tal. En cuanto a los propósitos de San Ignacio al fundarla, nadie ha puesto en duda nunca la integridad y honradez de sus intenciones, aunque por nuestra parte estamos convencidos del error que cometió en la redacción de las Constituciones. Su propósito de crear una especie de Cuerpo de ataque —una *Compañía*— para combatir enérgicamente a los enemigos de la Iglesia, con especial atención al Protestantismo, incluyendo el empleo y la utilización de la Influencia y del Poder para el cumplimiento de su proyecto, *fue una grave equivocación* y la causa principal, a nuestro entender, de la crisis que sufre la Compañía de Jesús.

Esa disposición abría la puerta para utilizar los *medios de este mundo* para la Evangelización. Lo cual llevaba consigo la creación de una poderosa Organización que, a su vez, no podría funcionar sin su introducción en el mundo de las finanzas y del dinero. Todo lo cual, por supuesto, imaginado *para hacer el bien con más eficacia y extender la evangelización al mayor número posible de almas.* Pero las acciones llevadas a cabo por los hombres poseen un valor intrínseco en sí mismas, bueno o malo, el cual es enteramente independiente de la intención con que han sido realizadas. Y una vez que se ha decidido ponerlas en práctica actúan por sí mismas y despliegan todas las consecuencias derivadas de su propia naturaleza, ya sean previstas o imprevistas.

Cabe decir en favor del Santo que las circunstancias socio–políticas del momento histórico en el que vivió hacían muy difícil, por no decir imposible, la tarea de predecir las futuras consecuencias de sus actos. San Ignacio, como todos los Santos, fue hijo de su época, sin contar con que el momento por el que atravesaba la Iglesia era muy delicado y necesitado de una reacción enérgica. Por otra parte, tampoco la Iglesia ha estado nunca obligada, al aprobar unas Constituciones, a prever las consecuencias sociales o políticas que puedan derivarse de ellas en un futuro más o menos lejano.

Es indudable de todos modos, aunque generalmente no se quiera reconocer, que el Poder y las riquezas, los cuales siempre fueron acumulados por la Compañía en cantidad más que considerable, generan necesariamente la corrupción. Por lo que justamente fueron condenados expresa y terminantemente por Jesucristo: *No podéis servir a Dios y a las riquezas.*[20] Sin contar las recomendaciones hechas a sus Apóstoles acerca de los medios a emplear para la evangelización: *No llevéis oro, ni plata, ni dinero en vuestras bolsas, ni alforja para el camino, ni dos túnicas, porque el que trabaja merece su sustento.*[21]

Es de notar que ha sido costumbre arraigada en la Iglesia desde antiguo la de hacer caso omiso de las Escrituras, hasta llegar a la actualidad en la que se ha llegado incluso a negar expresamente su validez. Frente a todo lo cual seguirán resonando las palabras de Jesucristo: *El cielo y la tierra pasarán, pero mis palabras no pasarán*,[22] frente a los agotadores esfuerzos de los modernos *exegetas*

---

[20] Mt 6:24.
[21] Mt 10:10.
[22] Mc 13:31.

que se esfuerzan inútilmente por eliminarlas. Los modernos *expertos* en la Sagrada Escritura olvidan que su interpretación, además de ir precedida de la debida preparación y del estudio serio, *no sirve para nada* si no va acompañada de la necesaria vida interior y de la práctica continuada de la verdadera oración. Sin la asistencia del Espíritu Santo, autor de la Escritura, la tarea de entenderla acaba dando como resultado una sarta de elucubraciones puramente humanas producto exclusivo de la mente del intérprete de turno. Y en cuanto a los hechos, como hemos dicho más arriba, son indiferentes a las intenciones de quienes los han ocasionado, puesto que se encadenan unos a otros según las leyes de la Lógica y acaban desplegando todas sus consecuencias.

Pero es absolutamente seguro que la acumulación de Poder y de Riquezas ha sido siempre la principal causa de la ruina de las Órdenes Religiosas.

Sería injusto, sin embargo, incluir al *Opus Dei* en el mismo capítulo que corresponde a la *Compañía de Jesús*. Pues media el largo espacio de tiempo que comprende un período de *tolerancia* por parte de la Iglesia que abarca desde sus comienzos hasta el Concilio Vaticano II. Pero el *Opus Dei*, que nació bajo tan buenos auspicios como para ilusionar al mismo Papa Pío XII, cuenta también en su contra con el hecho de que su fundador, Escrivá de Balaguer, cometió al parecer el mismo error que San Ignacio de Loyola. Puesto que igualmente incluyó en sus Constituciones el propósito de alcanzar el Poder y disponer de los medios del mundo, comenzando por el dinero, aunque con la intención de siempre de *extender el Evangelio*. Que es lo que explica la triste situación de degradación y decadencia en la que actualmente se encuentra la *Obra*, cuyo alejamiento del ardor apostólico y fidelidad a la Iglesia de los primeros tiempos la ha conducido hasta su actual compromiso con el Mundo, sin darse cuenta quizá de que ha firmado la sentencia de su desaparición.

La *Legión de Cristo*, fundada en Méjico en el año 1941, alcanzó su máximo esplendor bajo el Pontificado de Juan Pablo II, gran amigo y favorecedor de su fundador. Después de que se hiciera público el escándalo de la vida irregular de éste último, la Organización sufrió una época de fuerte crisis de la que fueron víctimas muchos de sus miembros inocentes. Cuando según la opinión de muchos tendría que haber desaparecido para ser fundada de nuevo, sin embargo se ha mantenido hasta hoy en medio de numerosas vicisitudes que seguramente nunca le van a permitir cosechar abundantes frutos. Pese a los desgraciados sucesos que sufrió la Organización y que se hicieron de total dominio público, la Iglesia no se atrevió a suprimirla, temerosa quizá de los problemas que hubiera ocasionado el posible destino de la increíble cantidad de bienes existentes que ya por entonces habían sido acumulados por la Organización. La Historia se repite y son los hombres los que vuelven a incidir siempre en los mismos errores.

El *Camino Neocatecumenal* aparece en la década de los sesenta del siglo pasado. Confirmado al fin por el Papa Benedicto XVI, pertenece por lo tanto a la etapa final, posterior al Concilio Vaticano II, en la que ya no se puede hablar de meras *tolerancias* por parte de la Iglesia, sino de un claro *aperturismo* a todas las corrientes de ideas humanistas del mundo, con un puesto de preferencia para el Modernismo. Es probablemente en la actualidad la Organización más poderosa y extendida de todas las existentes en la Iglesia, aunque sus cultos son más afines al Judaísmo que al Catolicismo y sus creencias más fundamentales más bien ajenas al Cristianismo. El hecho de que la Iglesia le haya otorgado su aprobación y bendición, es un misterio acerca del cual muchos católicos todavía no han encontrado respuesta.

Con el Concilio Vaticano II acaba el período de vigencia de la *Carta a la Iglesia de Pérgamo*. Hasta ese momento la Iglesia había *tolerado* con frecuencia, durante más o menos tiempo, determinados errores o herejías aunque para acabar siempre condenándolos. Los fieles siempre habían encontrado en el Magisterio un lugar seguro al que acudir como baluarte de la ortodoxia.

El Papa Juan XXIII *abrió las ventanas del Vaticano*, según una frase desconcertante que hace pensar en que ningún Papa hubiera atacado hasta ahora —aunque de esa forma indirecta— las actuaciones de sus predecesores. Inauguró el Concilio Vaticano II animado, según afirmación propia, por la inspiración del Espíritu Santo. Una afirmación que luego se hizo difícil de admitir, dados los devastadores resultados que la Asamblea Conciliar fue produciendo a través de los años.

A partir de ese momento comienza el período quizá más oscuro de la Historia de la Iglesia que alcanza su culminación con el Papa Francisco. Se aprueban y fomentan los Movimientos que dan cabida y difusión a toda clase de doctrinas anticristianas, al mismo tiempo que se obstaculiza y hasta se persigue a cualquier intento que trate de guardar fidelidad a la Tradición y a la Doctrina Perenne de la Iglesia.

6. La Promesa hecha al Vencedor y el *Maná Escondido*

La recompensa que promete la *Carta al Ángel de Pérgamo* contiene dos partes distintas, probablemente relacionadas, en las que se asegura que *al vencedor le daré del maná escondido. Le daré también una piedrecita blanca, y escrito en ella un nombre nuevo que nadie conoce sino el que lo recibe*. La primera de ellas —*el maná escondido*— posee todos los indicios de referirse a la Eucaristía, y en cuanto a la condición de *escondido* que le asigna, parece subrayar su carácter misterioso y de absolutamente transcendente a todo lo puramente natural.

Siendo el Sacramento Eucarístico el don más sublime que Jesucristo ha otorgado a los hombres, es evidente que lo hizo con la clara intención de que se *aprovechen* de las infinitas riquezas que contiene quienes sean capaces de creer en Él. Lo cual supone la obligación de conocer el Sacramento y de cumplir las condiciones requeridas para recibirlo. La infinidad de gracias y de dones que contiene, así como sus posibilidades de aprovechamiento por cada hombre, sólo de Dios son conocidas y vienen determinadas a su vez por la gracia y por la generosidad de respuesta por parte del hombre.

Pero hablar de la necesidad de conocer el Sacramento, como condición necesaria para su aprovechamiento, al mismo tiempo que se le atribuye la cualidad de *escondido*, parece en cierto modo contradictorio. Aunque todo se aclara, sin embargo, cuando se considera que el carácter misterioso se refiere a las infinitas riquezas que contiene y que, justamente por esa razón, son inasequibles para el hombre en cuanto a la totalidad de su contenido, de una parte, y en cuanto a lo que pudiera ser un conocimiento comprensivo de esa realidad, de otra.

La posibilidad de aprovecharse de tan infinitas riquezas por parte del hombre depende de un doble misterio que en realidad es uno solo. Ante todo hay que contar con los designios de Dios para cada hombre, según la afirmación paulina de que a cada uno le es otorgada la gracia *secundum mensuram donationis Christi*.[23] A lo que hay que añadir la necesidad de cooperación de la libre voluntad humana con la gracia.

---

[23] Ef 4:7.

De ahí que al Sacramento Eucarístico le corresponda por necesidad la condición de cosa *escondida*. Por lo que la tarea de especular sobre él, en un intento de avanzar más allá de lo dicho claramente por la Revelación, es siempre una empresa arriesgada. Por lo general, al cristiano le basta con conocer lo indispensable del contenido del Sacramento y las condiciones necesarias para su aprovechamiento. En cuanto a quienes deseen profundizar en el Misterio, deben comenzar sobre la base de lo dicho en los buenos Catecismos, en las enseñanzas del Magisterio y Definiciones Conciliares, en los escritos de los Padres de la Iglesia, de los Santos y Doctores, de los escritores espirituales y hasta de los Místicos, cuyas enseñanzas constituyen un Cuerpo Doctrinal firme y seguro. Por más que, puestos a decirlo todo, son doctrinas que *acaban por repetirse y por tocar un límite del que nunca se pasa*. Lo cual justifica los intentos de especular tratando de profundizar más, con tal que los probables hallazgos sean auténticos hallazgos, que es algo que se podrá conocer con seguridad utilizando la piedra de toque de que *jamás pongan en cuestión la Verdad Revelada, o las enseñanzas del Magisterio respecto a ella*.

Queda justificada, por lo tanto, la conveniencia de plantear la cuestión: ¿Estamos realmente ante un misterio en el que más allá de lo indispensable resulta inútil profundizar más...? Y la respuesta habrá de ser por supuesto negativa. En realidad todo misterio es susceptible de apertura a nuevos intentos de ser abordado, a fin de dar paso a nuevas áreas de investigación y contando siempre con las conocidas e insuperables limitaciones propias de la razón humana.

Limitaciones que efectivamente son insuperables, mientras nos mantengamos dentro del campo de la razón humana que es el meramente natural. Pero la bondad de Dios quiso venir en ayuda del hombre. Y de ahí la existencia del campo de lo sobrenatural, que es el propio de la Revelación o de la Palabra divina comunicada a los hombres. Sobre el cual la razón humana, guiada por la luz de la Fe y avalada y vigilada por los límites que le señala el Magisterio según lo que enseguida diremos, tiene la posibilidad de profundizar hasta el límite de sus posibilidades. Con lo cual hemos venido a parar a especificar la función propia de la ciencia llamada Teología.

Hablar del sentido en el que pueden *evolucionar* los dogmas, así como de la tarea de *profundizar* en su contenido, exige sumo cuidado. Siendo un tema profundamente delicado, hay que tener presentes las palabras de Pío IX contenidas en su Bula *Ineffabilis Deus*, en la definición del Dogma de la Inmaculada Concepción: *Pues la Iglesia de Cristo, diligente custodia y defensora de los dogmas a ella confiados, jamás cambia en ellos nada, ni disminuye, ni añade; antes, tratando fiel y sabiamente con todos sus recursos las verdades que la antigüedad ha esbozado y la fe de los Padres ha sembrado, de tal manera trabaja por limarlas y pulirlas, que los antiguos dogmas de la celestial doctrina reciban claridad, luz y precisión; sin que pierdan, sin embargo, su plenitud, su integridad, su índole propia, y se desarrollen tan sólo según su naturaleza; es decir el mismo dogma, en el mismo sentido y en la misma significación.*[24]

Las palabras del Papa según las cuales la Iglesia trabaja fiel y sabiamente sobre *los antiguos dogmas de la celestial doctrina* a fin de que reciban *claridad, luz y precisión*, siempre y cuando la tarea se lleve a cabo bajo la vigilancia de la doctrina de San Vicente de Lerins, legitiman la labor de la Teología. En ese sentido, el desenvolvimiento dogmático supone un esfuerzo de condensación, de purificación y de clarificación que ha dado lugar a resultados tan brillantes como el *consustancial* de Nicea o la *transubstanciación* de Trento.

Como fácilmente puede comprenderse por más que sea cosa inevitable a la vez que necesaria, *la reducción dogmática no llega a igualar a la profundidad de la Escritura: el* **consustancial** *jamás tendrá la hondura de las palabras de Jesús: "Quien me ve a mí, ve al Padre" (Jn 14:9) ¡Qué abismo insondable representan estas palabras! ¡Qué fuente de interminables preguntas! Y sin embargo, ¡qué progreso en precisión supone el* **consustancial**! *¡Qué fuente de deducciones teológicas!*[25]

---

[24]DS 2802. El Papa se remite aquí al conocido texto de San Vicente de Lerins: *in eodem scilicet dogmate, eodem sensu eademque sententia* (en *Commonitorium primum*, c. 23).

[25]Tissier de Mallerais, *La foi au péril de la raison*, en *Le Sel de la Terre*, n. 69, pág. 18.

Y en efecto, ¡qué fuente de deducciones teológicas...! Y en este sentido, si acaso fuera arriesgado decir que se puede saber *más*, siempre será seguro afirmar que se puede conocer *mejor*. Es lo que justifica el intento de profundizar en las insondables riquezas del Misterio Eucarístico, ahondando en las múltiples y mejores formas de aprovecharlo, o en el más extenso conocimiento de lo que significa el amor de Quien se hizo alimento para el hombre. Todo ello sin olvidar la inmensas posibilidades de responder en justicia y reciprocidad a tal amor, o de conocer lo que supone la Humanidad de Cristo para hacer posible un amor humano perfecto, a la vez que divinizado, para la criatura humana..., la cual sólo sabe hacerlo según la naturaleza en la que fue creada.

Aunque también conviene hacer mención de los requisitos necesarios para hacer buena Teología. Para desenvolverse dentro de un ámbito de acción sobrenatural, propio del Espíritu Santo, que opera a la luz de la Fe y en beneficio de quienes investigan sus Misterios. En último término, tales requisitos se concretan en la necesidad de practicar una seria imitación de Jesucristo conducente a la participación en sus Sufrimientos y en su Muerte. Sin olvidar la práctica de una seria y continuada vida de oración.

El objeto *inmediato* del Sacramento apunta a un verdadero *intercambio* de vidas, según se desprende claramente de los textos: *El que come mi carne y bebe mi sangre permanece en mí y yo en él*.[26]

Una vez más nos tropezamos con las limitaciones del lenguaje. Enseguida salta a la vista que el vocablo *intercambio* es insuficiente e inadecuado, que es otra muestra de la necesidad de preguntar dónde encontrar palabras y conceptos capaces de reflejar con precisión contenidos sobrenaturales. El texto de la Neovulgata, que aprovecha la fuerza expresiva de la lengua latina, parece evocar una mayor profundidad: *Qui manducat meam carnem et bibit meum sanguinem, in me manet,*

---

[26] Jn 6:56.

et ego in illo, en el que puede apreciarse la mayor intensidad expresiva del verbo *manere* sobre el castellano *permanecer*. El verbo griego μένω, correspondiente al latino *manere*, es traducido por los buenos diccionarios como *permanecer, quedarse, mantenerse, morar, vivir, existir, subsistir* o *aposentarse, residir*, lo que viene a concretarse en todo un abanico de posibilidades que expresa, tanto la insuficiencia del lenguaje, como el rico y misterioso contenido del tema de referencia. En cuanto a *La Bible de Jérusalem* traduce aquí mediante el verbo *demeurer*, cuyo significado es más comprensivo que el español *permanecer*: *Qui mange ma chair et boit mon sang demeure en moi et moi en lui*. E igualmente su traducción inglesa en la *The New Jerusalem Bible* de Doubleday, que lo hace como sigue: *Whoever eats my flesh and drinks my blood lives in me and I live in that person*.

De todas formas, aparte de las precisiones del lenguaje, es importante aquí evitar en todo caso la expresión *identificación de vidas*. Por razones fáciles de entender.

Los textos continúan insistiendo en lo mismo: *Igual que el Padre que me envió vive y yo vivo por el Padre, así, aquel que me come vivirá por mí.*[27] *El que permanece en mí y yo en él, ése da mucho fruto.*[28]

Dicho lo cual, al menos para una visión simplista del problema, el asunto quedaría definitivamente zanjado. Y sin embargo nada más lejos de la realidad, desde el momento en que las preguntas comienzan a surgir ininterrumpidamente.

¿Qué puede significar exactamente lo que hemos denominado como *intercambio de vidas*...? Cualquiera comprende enseguida que la expresión es mucho más fácil de pronunciar que de explicar su significado. Es evidente que nos encontramos de lleno dentro del ámbito del Misterio.

El llamado intercambio o fusión de vidas del que se habla no puede ignorar que la completa identidad de cada persona ha de quedar incólume y absolutamente intacta. El hipotético absurdo de la *iden-*

---

[27] Jn 6:57.
[28] Jn 15:5.

tificación de las dos personas que se aman, convirtiéndose en una sola, significaría la desaparición de toda posibilidad de existencia del amor. El problema queda claramente planteado en la sentencia pronunciada por San Pablo, dirigida a los Gálatas: *Vivo, pero ya no vivo yo, sino que es Cristo quien vive en mí.*[29] Por supuesto que siempre se puede acudir a la explicación de que el significado se reduce a una imitación de la vida de Cristo. Lo cual no parece ser una clarificación que responda suficientemente a la fuerza de las palabras de Apóstol, reforzadas además por su insistencia en que la vida de Cristo debe aparecer en la propia carne del discípulo: *Llevando siempre en nuestro cuerpo el morir de Jesús, para que también la vida de Jesús se manifieste en nuestro cuerpo. Pues nosotros, aunque vivimos, nos vemos continuamente entregados a la muerte por causa de Jesús, para que también la vida de Jesús se manifieste en nuestra carne mortal.*[30] Aun reconociendo que no resulta fácil explicar el *vivo yo, pero ya no soy yo* paulino, es indudable que la frase tiene un sentido cuyo hondo significado no puede dejar de ser conocido, siquiera sea hasta donde le es permitido al hombre investigar en las profundidades de la Palabra revelada.

Las palabras de Jesucristo según las cuales *quien come mi carne y bebe mi sangre "vive en mí y yo en él"* se pueden explicar de variadas maneras..., aunque ninguna de ellas dejará enteramente satisfecho al entendimiento humano.[31] Evidentemente que la solución se encuentra más allá de lo que la razón humana por sí sola puede

---

[29] *Vivo autem iam non ego, vivit vero in me Christus* (Ga 2:20).

[30] 2 Cor 4: 10–11.

[31] Ha de tenerse en cuenta que aquí no se trata de que la razón humana encuentre posibles contradicciones. Puesto que el creyente sabe que la Revelación —la Palabra de Dios— solamente puede decir la verdad, el problema radica en averiguar cómo se resuelve la aparente antinomia. O hasta dónde llega realmente el auténtico contenido del Misterio.

lograr, después de reconocer su impotencia para llegar al fondo de un problema cuyo contenido se encuentra al otro lado del umbral que separa al hombre del mundo de lo sobrenatural.

Se puede hablar, por ejemplo, de identidad de pensamientos y de sentimientos, de dos corazones que laten al unísono, o de compartir las alegrías y los sufrimientos dentro de la mutua donación de amor que recíprocamente se hacen el uno al otro de los que se aman. Todo lo cual, aun siendo absolutamente cierto, no lograría explicar el profundo significado de las palabras en las que Cristo dijo que quien come su carne *vive en mí y yo vivo en él*.

De donde se desprende la necesidad de seguir ahondando en la investigación si se quiere averiguar algo más acerca de las profundidades de un Misterio que, por su carácter sobrenatural y condición de sublime, sobrepasa en absoluto todas las fuerzas del hombre.

Habíamos hablado del objeto *inmediato* del Sacramento Eucarístico. Pero su objeto *más primordial*, o el que constituye todo su fundamento, es el *Amor*.

Pero el amor, por su propia naturaleza y en cuanto se identifica con Dios, es infinito. Y la Eucaristía es la más clara demostración del amor *ilimitado* con que Dios ha querido amar al hombre: *Habiendo Jesús amado a los suyos que estaban en el mundo, los amó hasta el fin*.[32]

No resulta fácil explicar el significado de la expresión *in finem dilexit eos*. Si Jesucristo amó a los suyos *hasta el fin*, convendría saber el significado exacto de tal grado de amor. El griego τέλος significa efectivamente *fin* o final, en el sentido de terminación, cese o conclusión. ¿Habremos de entender aquí una alusión al final del período de la vida terrena de Jesús, o quizá es una referencia al

---

[32] Jn 13:1.

grado máximo de intensidad de amor al que podía llegar su voluntad humana?

Pero para entender el amor de Jesucristo al hombre sin posibilidad de errores, deben quedar establecidos con claridad los siguientes puntos:

Hay que tener en cuenta que estamos ante un solo Cristo que ama a su criatura. Se trata, sencillamente, de su única Persona divina.

Pero Jesucristo posee dos voluntades con las que la ama: su voluntad y amor divinos y su voluntad y amor humanos.

Por lo que existen en Él dos operaciones de amar: la propia de su naturaleza divina y la propia de su naturaleza humana.

El resultado final es un único efecto: el amor que el hombre recibe y que percibe de Cristo, que es divino y humano. Aunque todo ello en un mismo instante. Un amor, por lo tanto, que procede de dos operaciones distintas, pero cuyo origen es un único sujeto: la Persona de Jesús.

Por lo que puede decirse que es un verdadero amor *divino-humano*. Así es como el alma lo percibe y por eso ama a Jesucristo como a un verdadero Hombre, aunque haciéndolo al mismo tiempo objeto de su amor —en un mismo acto— como a su verdadero Dios.

Puesto que pertenece a la esencia del amor la *reciprocidad*, el amor *hasta el fin* de Jesucristo a los suyos exige una respuesta del mismo orden, la cual no puede tener lugar aquí sino en forma de *totalidad*, tal como se establece en los tres sinópticos: *Amarás al Señor tu Dios con todo tu corazón, con toda tu alma y con toda tu mente.*[33] El amor con el que Jesucristo espera ser correspondido por los suyos —en estricta justicia, y según las exigencias de la reciprocidad en el amor— no puede ser otro sino el considerado como verdadero amor, a saber: absoluto, total, sin condiciones ni demoras y transcendente

---

[33] Mt 22:37; Mc 12:30; Lc 10:27.

a cualquier otra cosa. Así es como se hacen inteligibles unas palabras del Señor, aparentemente duras, pero que parecen enteramente lógicas cuando se analizan a la luz de la naturaleza del amor: *Si alguno viene a mí y no odia a su padre y a su madre, a su mujer y a sus hijos, a sus hermanos y hermanas, e incluso a su propia vida, no puede ser mi discípulo.*[34]

Palabras que tradicionalmente se han entendido, según una interpretación correcta aunque insuficiente, no ya en el sentido de acudir a sentimientos de odio, sino en el de la necesidad de amar a Jesucristo *en grado mayor* que al padre y a la madre, etc. La realidad, sin embargo, es que palabras tan duras no encajan si no es en el contexto de un amor exigente hasta un extremo *absolutamente total e incondicionado*. Cualidades del amor que nunca deben entenderse como algo *sobreañadido* a un sentimiento por lo demás merecedor de tal cosa por las razones que fueren, sino como algo que pertenece por esencia *a la misma naturaleza del amor*.

En este mismo sentido, la necesaria reciprocidad en la totalidad de la entrega, convertida en realidad entre las personas que se aman, ha de contar con el límite absoluto de lo que constituye la más íntima y específica cualidad de la persona, cual es *la facultad de entregar*. De ahí que la persona que ama lo entrega *todo*..., menos la facultad de entregar. Lo que se comprende fácilmente cuando se considera que, de otro modo, perdería la condición de persona junto con la misma posibilidad de entregar. Con lo que desaparecería la más esencial de las condiciones para que pueda existir el amor. Con todo, y puesto que en el acto de amor la donación se realiza *in actu permanente*, que es lo mismo que decir de modo continuo y no interrumpido, la persona que ama está dando en realidad todo su

---

[34] Lc 14:26.

ser —también su facultad de entregar, aunque sin perderla en un presente actualizado— haciendo así posible la absoluta totalidad.

Cualquiera podría pensar que esta exigencia de lo *absoluto* en todo lo que se refiere a la naturaleza y a las condiciones del amor responde a una arbitrariedad divina. Nada más falso, sin embargo, en cuanto que la realidad del Amor, junto a la cohorte de exigencias que lleva consigo y las cualidades que lo acompañan, *responde a la misma naturaleza de las cosas*. Dios es libre para crear o para no crear. Pero si decide hacerlo, las cosas creadas siempre serán un reflejo de su propia Naturaleza Divina, y llevará a cabo su obra conforme a las exigencias que el destello de su propia Naturaleza imprime en las mismas cosas creadas. Y cuando lo Infinito —el Ser que se identifica con el Amor Infinito, porque Él mismo es el Amor— decide libremente hacer participar de su propia Naturaleza al ser finito, en forma de criatura racional dotada de la consiguiente capacidad de amar, en realidad lo está dotando de una *necesaria tendencia hacia lo infinito* que le impide saciarse jamás con el amor limitado que las otras cosas creadas pueden ofrecerle.

Lo imperfecto tiende siempre hacia lo perfecto y lo incompleto hacia la totalidad. En este sentido, el hombre es un ser insaciable que necesariamente, lo reconozca o no, busca ansiosamente lo que le falta para sentirse completo. Que es aquello que él mismo ha dado en llamar, si bien de una manera simplista, Felicidad. Aunque tal felicidad, si puede ser imaginada como lo que realmente sería capaz de colmarlo, no es sino Dios mismo, como ya San Agustín reconoció en sus *Confesiones*, según aquello de *Nos hiciste, Señor, para ti, y por eso nuestro corazón permanecerá inquieto hasta que no descanse en ti*. De ahí que el hombre no pueda liberarse de su condición de ser *incompleto* e *insaciado* mientras dura su condición de peregrino, hasta llegar a la Patria a la que está destinado. Lo cual explica la maldición que inevitablemente recae sobre él cuando olvida que *no tenemos aquí ciudad permanente, y por eso vamos en busca de la futura*,[35] empeñado en hallar un descanso definitivo en una tierra que, además de no ser capaz de proporcionar jamás nada que lo sacie enteramente, se convierte también para él, por más que él mismo se empeñe en impedirlo, en un verdadero *Valle de Lágrimas* pero esta vez infructuoso. Cuando el hombre, en contra de los designios de Dios, intenta buscar la felicidad por su cuenta y adelantarla a su manera, *dando coces contra el aguijón*,[36] acaba cayendo en el profundo pozo de las totales miserias.

Pero el hombre no está condenado, mientras dura su condición de peregrino, a vivir solamente *a la espera* de las Realidades futuras. Pues fue el mismo amor, impaciente por su propia naturaleza, lo que impulsó al Amor Infinito a no esperar hasta el final para recibir del hombre una respuesta de amor verdadero. Y de ahí que tales Realidades futuras sean ya para la criatura humana verdaderas *Realidades Presentes*, según ha sido dicho: *El amor de Dios se ha derramado en nuestros corazones por el Espíritu Santo, que nos ha sido dado.* Donde queda bien claro, por lo tanto, que ya pueden reafirmarse los hombres en el hecho de que *nos ha sido dado*, por lo que queda patente también que la condición de *arras y primicias* de la que ordinariamente se habla, hace referencia a algo que es bastante más de lo que sería lo que ordinariamente se entiende por meras arras y primicias; en cuanto que aquello que entregan, por más que sea solamente una parte, o *promesa*, de la Realidad inefable anunciada y que mientras tanto se mantiene a la espera, es capaz de sumir el corazón humano en un sentimiento de gozo imposible de traducir al lenguaje común, producido por algo que, al mismo

---

[35] Heb 13:14.
[36] Hech 26:14.

tiempo que se deja presentir como el amor sin límites, lo sumerge en un océano de ansiedad capaz de causarle la muerte en felicidad de no ser por los auxilios de la gracia.

Tal situación de ansiedad es ya por sí misma Felicidad, puesto que la espera por *lo que todavía falta* supone necesariamente la posesión de *lo que ya se tiene*, que es mucho más de lo que cabría imaginar y suponer. Y para conseguir constancia, como prueba irrefutable, de que lo que ya se tiene es *mucho más que demasiado*, solamente habría que preguntarle a los verdaderos místicos y a lo que sucede en los grados elevados de la oración (sería superfluo e innecesario aquí añadir el adjetivo *mística*). El amor *angustioso* (también el gozo sin medida produce sentimientos carentes de vocablos para ser expresados) y sin límites experimentado por el alma hacia Jesús el Señor, produce a su vez una nueva ansiedad anhelante de un amor mayor. A la que se une, por razón de la reciprocidad, la ansiedad también producida en el Amante divino. Las cuales, en cuanto que carecen de límites (ni temporales ni de medida) ya en este estadio de vida terrena, se convierten así en un verdadero trasunto del amor eterno: *El que come mi carne y bebe mi sangre, vive en mí y yo en él*. Una promesa hecha realidad *ya*, y que recuerda a su vez, como un eco lejano, a la expresión humana amorosa *tú eres mi vida*. La misma que, si bien en el amor humano se queda reducida a algo más que a la expresión de un ardiente deseo, en el amor divino–humano se convierte en la realidad actual de algo que no ha tenido paciencia —ni por parte del amante divino ni tampoco del amante humano— para esperar a la consumación de la Vida Eterna.

Ciertas expresiones propias del amor humano, como *tú eres mi vida*, *vida mía* u otras parecidas, aun cuando respondan a sentimientos sinceros, su significado es esencialmente distinto a las que son semejantes en el amor divino–humano. En el amor meramente humano, por más que sea verdadero y aun elevado por la gracia, su estructura no puede ir más allá de un cierto *paralelismo* o *identificación* de los sentimientos y pensamientos del que ama con la persona amada: ambos piensan igual, sienten igual y viven una semejanza de vidas. En el amor divino–humano, por el contrario, los sentimientos y pensamientos del alma, e incluso los elementos que constituyen su propia vida, *pasan a ser posesión de Jesucristo*, así como los que pertenecen a Jesucristo, *pasan a ser posesión del alma*.

De ahí que, siempre que se tenga en cuenta la analogía, y en referencia a lo que sucede en el Seno de la Trinidad, tiene aplicación aquí lo que decía Jesucristo acerca de que *todo lo que tiene el Padre es mío*,[37] y también, dirigiéndose al Padre, que *todo lo mío es tuyo, y lo tuyo mío*.[38]

En el caso del amor divino–humano, la criatura entrega a Dios sus sentimientos, pensamientos, deseos, ilusiones y, en definitiva, todo lo que es y todo lo que tiene. Dios responde a su vez de modo semejante, según la regla de la reciprocidad, haciéndola participar de la plenitud de su propia Vida. Y así es como la Vida de Jesucristo pasa a ser *posesión* de la criatura humana, aunque en modo de *participación*, mientras que la vida de ésta pasa a ser *posesión* de Jesucristo. A su vez, y según la naturaleza del amor perfecto en la que *todo lo mío es tuyo y todo lo tuyo es mío*, todo lo que es de la criatura y que ahora es posesión de Jesucristo, también pertenece a ella; mientras que la Vida de Jesucristo, de la que ahora participa el alma según su condición creatural haciéndola vida propia, es también posesión de Jesucristo. De esta forma, cada uno de los amantes, divino y humano, sigue siendo *él mismo* al mismo tiempo que vive *la vida del otro*.

---

[37] Jn 16:15.
[38] Jn 17:10.

Carta a la Iglesia de Pérgamo 163

Siempre que se tengan en cuenta las exigencias de la analogía, se puede establecer una cierta referencia entre lo que ocurre en el Seno de la Augusta Trinidad y el amor divino–humano. Al fin y al cabo, como tantas veces hemos dicho, el amor humano, cuya forma más perfecta es el divino–humano, es una participación del amor divino. Y a este tenor son de notar las palabras de Jesucristo en las que afirmaba que *todo lo que tiene el Padre es mío*.[39] Así como también las que dirige al Padre en la Oración Sacerdotal de la Última Cena: *Todo lo mío es tuyo, y lo tuyo mío*.[40] En lenguaje poético humano, podrían tenerse en cuenta las siguientes estrofas imaginadas esta vez en boca de Jesucristo:

> *Yo tu vida viviera*
> *si tú me la entregaras por entero,*
> *y la mía te diera*
> *si, en trueque verdadero,*
> *quisieras cambiarlas, cual yo quiero.*[41]

> *Mi vida ya es tu vida*
> *y la tuya es para siempre ya la mía;*
> *mi vida es la comida*
> *que yo a ti te servía*
> *cuando tu vida diste en aquel día.*[42]

La regla de la *reciprocidad* no puede dejar de tener en cuenta la individualidad irrenunciable de cada una de las personas, puesto que ninguna de las que se aman puede dejar de ser *ella misma*. Es

---

[39] Jn 16:15.
[40] Jn 17:10.
[41] *CFC*, 68.
[42] *CFC*, 69.

imposible dar de lado al hecho de que una es la condición de Dios y otra muy distinta la condición de la criatura.

En este sentido, la expresión paulina en la que afirma que *ya no soy yo quien vive*, no puede entenderse sino en el sentido de que su vida ha sido *colmada* u *ocupada* por la vida de Jesucristo (una vez más, la insuficiencia del lenguaje), que es la que ha pasado a *dar forma*, dinamismo y sentido a la suya propia: la cual no por eso ha dejado de ser propia, según se expresa claramente en el *vivo ego*. A partir de ese momento, sus actos *humanos*, que siguen siendo humanos y enteramente suyos, se han *divinizado* al quedar configurados a la Vida de Jesucristo, injertados a ella y participando de ella. De manera que la vida de Jesucristo pasa a ser la vida del Apóstol, mientras que la de éste pasa a ser enteramente de Jesucristo.

Debe tenerse siempre en cuenta, como se acaba de decir, que una es la condición de Dios y otra la de la criatura. Y siendo Jesucristo la misma Vida (Jn 14:6) y la Fuente de toda vida (Jn 1:4), no puede decirse que la vida del Apóstol Pablo *llene* o *colme* la Vida de Jesucristo. Sino todo lo más que toda la vida de Pablo había pasado a ser posesión de Jesucristo. Mientras que el Apóstol, a su vez, se ha hecho poseedor de la Vida de Jesucristo ciertamente en totalidad por su parte, aunque sólo hasta donde la criatura puede llegar a participar de la Plenitud de la Vida divina, y siempre según la medida de los designios de Dios.

La regla de la *reciprocidad* en el amor queda aquí salvada en el hecho de que cada uno (Jesucristo y su Apóstol) se entregan mutuamente *hasta el fin*. El que cada uno lo haga según su condición y capacidad no quita para nada al hecho de que ambos han llevado a cabo la entrega *hasta el límite*. Que tal límite sea mayor o menor *no elimina en absoluto su cualidad de límite*.

7. El *Maná escondido* y la Misa

Dada la transcendencia del tema y el punto de vista desde el que lo vamos a considerar, parece conveniente introducirlo con los conocidos versos de San Juan de la Cruz en su *Llama de amor viva*:

> *¡Oh cauterio suave!,*
> *¡oh regalada llaga!,*
> *¡oh mano blanda!, ¡oh toque delicado,*
> *que a vida eterna sabe,*
> *y toda deuda paga!*
> *Matando, muerte en vida la has trocado.*

O como dice la poesía mística dentro del mismo orden de cosas:

> *Si vivir es amar y ser amado,*
> *sólo anhelo vivir enamorado;*
> *si la muerte es de amor ardiente fuego*
> *que abrasa el corazón, muera yo luego.*[43]

Aunque se diga que va a ser considerada la cuestión desde un cierto punto de vista, en modo alguno se trata de una decisión arbitraria. En realidad es el mejor puesto de observación que podía elegirse, y hasta el único lugar capaz en el que situarse para estudiarla. Para lo cual conviene recordar una sumaria introducción al más apasionante e importante Misterio por el cual los hombres fuimos hechos salvos, y que servirá a su vez para comprender mejor lo que se va a decir después.

---

[43] *CFC*, 90.

La Misa es la actualización, *aquí* y *ahora*, de la muerte de Cristo que un día tuvo lugar en el Calvario. No que en ella se *repita* la muerte de Cristo, sino que simplemente se *hace presente*.

Y una vez más sucede lo que se dice acerca de todos los Misterios de la Fe: son fáciles de enunciar, difíciles de explicar e imposibles de agotar hasta el fondo. Que es precisamente lo que los justifica como tales Misterios. Sin embargo, como forma de adelantar un cierto intento de especificación, podríamos decir que Dios, Señor del Tiempo y del Espacio, deja en suspenso estas dos dimensiones y *hace presente* sobre el altar la Muerte de Jesús cada vez que se celebra la Misa. Advirtiendo que no se trata de una nueva muerte física sino de una muerte mística o sacramental, aunque *absolutamente real*.

La Misa es el lugar donde se confecciona el Sacramento Eucarístico. El uso de las dos especies de pan y de vino separadamente —Cuerpo y Sangre— tiene por objeto manifestar y hacer presente el aspecto expiatorio del Sacrificio, el cual no es otra cosa que la verdadera Muerte de Cristo por la salvación del Hombre.

Por otra parte, en el momento mismo en que Jesucristo instituyó el Sacrificio Eucarístico en la Noche de la Última Cena, se dirigió a sus discípulos para instruirlos con un nuevo y misterioso mandato: *Haced esto en memoria mía.*[44]

De donde se desprenden dos intenciones en la voluntad de Jesucristo al formular el mandato, si bien ambas enlazadas la una a la otra.

La primera y obvia, se refiere a la extraña exigencia de que el Sacrificio Eucarístico se *repita*, de manos de sus discípulos, hasta el fin de los tiempos.

En cuanto a la segunda, no requiere mucho tiempo para averiguar su razón de ser, pues es evidente la intención de Jesucristo de que todo resulte en *provecho y aprovechamiento* de los mismos discípulos.

Todo lo cual suscita una serie de preguntas a las que trataremos de responder de alguna manera, a la luz de la Fe y la guía del Magisterio.

Aunque el eje sobre el que se centra el Misterio de la Misa es la *muerte*, su punto principal, culminante y último, es el *amor*.

Dicho esto, a nadie sorprenderá la segunda afirmación, que es la referente al amor. Al contrario de lo que sucederá con la primera, una vez que todo el mundo se ha acostumbrado a considerar la *muerte* como castigo por el pecado y, como sobradamente muestra la experiencia, como la más angustiosa prueba que el hombre ha de

---

[44] Lc 22:19; 1 Cor 11: 24–25.

soportar en su peregrinaje terreno. Como detalle adicional, nadie va a negar que el miedo y el horror a la muerte se han convertido en algo consustancial al ser humano.

Pero los designios y pensamientos de Dios han estado siempre lejos de parecerse a los de los hombres y a los de cualquier criatura. Que es justamente donde hay que encontrar la raíz de la equivocación de Satanás. El Padre de las mentiras, tal como suele ocurrir con todos los mentirosos, acaba siempre creyendo las suyas propias (que es uno de los principales castigos de todos los embusteros). De ahí que llegara a convencerse de que la muerte había sido el gran *fracaso* de Dios: castigo justamente infligido al hombre, pero fracaso de Dios al fin y al cabo.

Pero sucede que *de Dios nadie se ríe*,[45] como decía el Apóstol. Y menos aún Satanás, que nunca pudo suponer que Dios iba a convertir la muerte en instrumento de victoria y en señal de gloria. Tal como lo proclamaba también triunfalmente el mismo Apóstol:

> *La muerte ha sido absorbida en la victoria.*
> *¿Dónde está, oh muerte, tu victoria?*
> *¿Dónde está, oh muerte, tu aguijón?*[46]

El Cantar de los Cantares, libro divinamente inspirado del que no debe olvidarse que se dedica a cantar las glorias y las delicias del amor divino–humano, equipara los dos conceptos del amor y de la muerte: *El amor es fuerte como la muerte.*[47] Nada más y nada menos: el amor y la muerte. Y no vale pretender reducir el caso a un simple recurso de ejemplo didáctico, puesto que es el mismo Jesucristo quien establece entre ambas realidades una íntima rela-

---

[45] Ga 6:7.
[46] 1 Cor 15: 54–55.
[47] Ca 8:6.

ción: *Nadie demuestra más amor que aquél que da la vida por sus amigos.*[48]

Con lo que la Bondad y el Poder de Dios, para el que *nada es imposible*,[49] han logrado lo que jamás nadie hubiera podido imaginar: convertir la muerte en *la mayor prueba y la mejor demostración del amor*.

Tampoco es consecuente afirmar que la muerte nada tiene que ver con el amor, en cuanto que es todo lo más una *prueba* o demostración pero de ningún modo el amor mismo. Sin embargo, las pruebas, las señales o demostraciones, las arras o las primicias, llevan consigo un contenido anticipado de aquello precisamente a lo que hacen referencia. Un requiebro o un beso son una demostración de amor, pero es indudable que también son en sí mismos un acto de amor ya que de otro modo nada significarían. La palabra griega ἀπαρχέ, que corresponde a la de primicias, significa *los primeros frutos*; luego efectivamente son frutos. Y hasta es Dios mismo el que considera *preciosa la muerte de sus santos* (Sal 116:15).[50]

Que la muerte, voluntariamente aceptada y ofrecida por amor es la mayor prueba de amor, no es sino la consecuencia de que el amor supone la entrega a la persona amada de todo lo que se posee, empezando por aquello que más se estima. Y nada más aprecia el hombre que su propia vida. En cuanto a Dios, no vaciló en entregar a su propio Hijo: *Tanto amó Dios al mundo que le entregó a su propio Hijo...*[51] Y además hasta la muerte, puesto que Jesucristo *se hizo obediente hasta la muerte, y muerte de cruz.*[52]

---

[48] Jn 15:13.

[49] Lc 1:37; cf Mt 19:26; Mc 10:27; Lc 18:27.

[50] La conversión de lo que era fruto del odio y de la traición en un acto de amor, hecha posible en virtud de la Omnipotencia divina, es otra prueba de que Dios es el único Señor de la Historia.

[51] Jn 3:16.

[52] Flp 2:8.

Pero una vez eliminada de la Misa la realidad de la muerte, el Sacrificio Eucarístico se desvanece: *Sine sanguinis effusione non fit remissio*.[53] Y con él los infinitos frutos que contenía y que estaban destinados al hombre. La Misa deja de ser el mayor acto de amor y de acción de gracias (eucaristía) que el hombre tributa a Dios en Jesucristo, a fin de corresponder a su amor y morir juntamente con Él, para convertirse en un acto de solidaridad con sus semejantes y *un acto de culto que se tributa a sí mismo*. La realidad de la muerte, tal como Dios la había aprovechado para dar paso a la verdadera Vida, ha sido sustituida por una nueva e imaginada vida que en realidad no es otra cosa que la verdadera muerte. Dios ha sido desplazado por el hombre para abrirse paso a sí mismo, después de haber llegado a la conclusión de que ya para nada necesita a Dios. Así lo pensó Satán cuando todavía era el Ángel de Luz, sin lograr jamás que su sueño se hiciera realidad. Ahora también lo ha pensado el hombre, pero añadiendo la estupidez aún mayor de *creer que lo ha conseguido*.

La implantación de la Misa del *Novus Ordo* llevada a cabo por el Papa Pablo VI y ratificada luego por todos sus sucesores, *supone el mayor torpedo disparado contra la misma línea de flotación de la Barca de Pedro a lo largo de toda su Historia*.

Algo que ha pasado desapercibido, al parecer, a toda pléyade de teólogos, historiadores, pensadores, Jerarquía y fieles dentro de la Iglesia, es lo que significa el hecho de que las cosas ya hubieran sido bastante significativas de haber quedado así. Sin embargo, *de ninguna manera quedaron así*, como si todavía no hubieran sido suficientes. Lo cual se explica seguramente porque, así como el Amor y el Bien de algún modo siempre pretenden llegar *usque in finem*, así también el Mal intenta siempre colmar *usque ad summun* sus

---

[53] Heb 9:22.

posibilidades. De ahí que la promulgación de la Misa del *Novus Ordo* haya ido acompañada en toda la Iglesia de una misteriosa pero feroz campaña contra la Misa tradicional.

Puesto que no consta de ninguna orden expresa que la justifique, ¿cómo se explica la extraña unanimidad con la que prácticamente todos los Obispos del Orbe católico han coincidido en desatar una verdadera *persecución* contra la Misa tradicional? La cual, sin embargo, permanece válida y jurídicamente vigente, según el Motu Proprio *Summorum Pontificum*, de Benedicto XVI; sin contar con que la Bula de San Pío V *Quo Primum Tempore*, que se declaraba a sí misma como perpetua e irreformable, la imponía para siempre. Con todo, y a pesar de lo cual, jamás había presenciado la Iglesia una tan completa uniformidad en la Jerarquía, no ya en hacer caso omiso de la legalidad vigente, sino incluso en combatirla. Y a nadie se le ha ocurrido pensar en una explicación que aclare tales hechos. ¿Tal vez porque sería demasiado difícil o imposible la tarea de encontrarla? O lo que también parece probable, ¿quizá por la posibilidad de tropezar en la investigación con algo demasiado inquietante? Pues jamás como ahora se había hablado tanto en la Iglesia de la necesidad de la obediencia, y jamás como ahora tal virtud se ha visto burlada de modo tan tajante y unánime... por la misma Jerarquía.[54]

---

[54]Aquí no se intenta poner en duda la legalidad y validez de la Misa según el *Novus Ordo*, reconocida por la legítima Jerarquía como la *Forma Ordinaria* del Rito único Romano de la Misa, para distinguirla de la tradicional o *Forma Extraordinaria*. Ambas Formas, como hemos dicho, permanecen *enteramente vigentes* en la Legislación de la Iglesia y como tales han de ser admitidas. Lo que no obsta para reconocer que el carácter *sacrificial* de la Misa queda difuminado y oscurecido en el *Novus Ordo*, en beneficio de un énfasis de su aspecto *comunitario*. Lo que resulta difícil no calificar como una grave pérdida para el Catolicismo y la existencia cristiana de los fieles.

El valor de la Misa consiste en su condición de Sacrificio Eucarístico, que llega hasta la muerte por amor: *in finem dilexit eos*.[55] Así es como la muerte se convierte en fuente de Vida en Cristo para quienes creen en Él. Y puesto que tales creyentes participan de toda la existencia de Cristo, igualmente participan de su muerte haciéndola suya propia. Y de ahí que también esa muerte se convierta en origen de vida para los demás, tal como lo aseguraba San Pablo a los fieles de Corinto: *Porque nosotros, aunque vivimos, nos vemos continuamente entregados a la muerte por causa de Jesús, para que también la vida de Jesús se manifieste en nuestra carne mortal. De manera que en nosotros actúa la muerte, y en vosotros la vida.*[56] Y por lo tanto, lo mismo que en el Apóstol, así en cualquier discípulo de Jesucristo en favor de sus hermanos: igualmente en él opera la muerte para que en ellos actúe la vida.

Tal posibilidad de convertir la propia muerte en fuente de vida para los demás es indudable que procede de Cristo. Y puesto que la Misa es el único camino por el que la Muerte de Cristo se convierte en ocasión de Vida y origen de gracias para los cristianos, y siendo la participación en ella el cordón umbilical por el cual esa comunicación se hace posible, de ahí su absoluta necesidad. He ahí cómo la muerte, a través de la Misa, se convierte en gloria para el cristiano, como que es una perfecta consumación de amor —*Pretiosa in conspectu Domini...*—, y en motivo de vida para sus hermanos: *En nosotros opera la muerte, y en vosotros la vida...*

---

[55] Jn 13:1.
[56] 2 Cor 4: 11–12.

8. Otro premio al Vencedor: Una piedrecita con un nombre escrito, sólo conocido por quien lo recibe

Además del *maná escondido*, al Ángel de la Iglesia de Pérgamo se le promete otro premio para el vencedor: *una piedrecita blanca y sobre ella un nombre escrito, que sólo conoce quien lo recibe.*

Aunque en realidad no se trata de un premio distinto, sino de otra forma de presentar el único premio que reciben los vencedores y que no es otra cosa sino el amor de Dios. Pues nada mejor puede Dios otorgar a quienes han demostrado que lo aman, quizá incluso sufriendo por Él hasta la muerte: *He luchado un buen combate, he guardado la fe. Ahora me está reservada la corona de justicia...*[57] Pero la corona de justicia que San Pablo esperaba recibir, o aquello único que él había ansiado durante toda su vida, es precisamente el amor de Cristo: *Me siento apremiado por dos extremos: el deseo que tengo de morir para estar con Cristo, lo cual es muchísimo mejor...*[58]

El premio que reciben los vencedores es el Amor infinito, que es Dios mismo puesto que ambos son la misma cosa. Pero la Infinitud de Dios, en cuanto que es recibida por la criatura, significa una exuberante infinitud o una infinitud de exuberancia, que podría ser una forma de hablar para referirse a lo que es absolutamente *indecible*. Pues la única forma de realizarse en la criatura la infinitud del Amor es mediante su *participación* en él, en la extensión de un tiempo que deja de serlo desde que carece de duración y no posee límites, que es lo mismo que decir en la *infinitud de la eternidad*. De este modo responde la criatura a la infinitud del Amor de Dios, reaccionando con su propio amor mediante una *totalidad* que, en cuanto que se realiza de modo ininterrumpido a través de lo que carece de exten-

---

[57] 2 Tim 4: 7–8.
[58] Flp 1:23.

sión y de límites, cual es la *eternidad*, dota a tal amor de la criatura de una configuración de *infinitud*. Con lo que aparece de nuevo la *reciprocidad*, que es una de las características esenciales del amor.

He ahí la infinitud del amado respondiendo a la infinitud del Amante, frente a la infinitud de un Amor amante que se entrega a la infinitud (*lato sensu*) de un amor amado. Puesto que el hecho de que cada uno mantenga su propia identidad —condición indispensable e ineludible para la existencia del amor— no afecta al carácter de *infinitud* del que goza el amor de ambos amantes. Claro está que uno de ellos lo posee por su propia naturaleza y en sentido propio, mientras que el otro lo posee de manera graciosa, participada y de forma relativa.

Y decimos en forma *relativa* ante la imposibilidad de expresarlo de otro modo. Dios posee la infinitud en estado puro, mientras que la criatura la posee una vez que le ha sido concedida por gracia y de manera participada, según una forma de realizarse que no tiene lugar sino en la extensión carente de límites de la eternidad. El grado de amor de la criatura, en cuanto que es *participación* en la infinitud divina, no es capaz de alcanzar una intensidad igualmente infinita (propia y exclusiva de Dios), aunque sí en su realización ininterrumpida en la extensión sin límites de la eternidad. Por otra parte, el grado de intensidad de amor de cada uno de los bienaventurados depende del grado de gracia que le haya sido otorgado *según la medida de la donación de Cristo*.[59] Que por eso decía Jesucristo que *en la casa de mi Padre hay muchas moradas*.[60]

De todos modos, especular acerca del amor de los bienaventurados que ya han llegado a la Patria del Cielo, no solamente es hablar de lo que no sabemos, sino de lo que ni siquiera podemos imaginar,

---

[59] Ef 4:7.
[60] Jn 14:2.

según la conocida afirmación de San Pablo: *Ni ojo vio, ni oído oyó, ni pasó por el corazón del hombre*...[61]

Pero el amor de quienes han llegado al término es sustancialmente el mismo de los que todavía se encuentran en camino. Aunque este último sea un amor al que podríamos calificar como *in fieri*, puesto que aún no ha llegado a la consumación de su perfección. Sin embargo, aun siendo imperfecto todavía (en la acepción de no–perfecto o no consumado), participa en cierto grado de las cualidades del perfecto amor, dado que también es amor de todos modos, como acabamos de decir.

Por eso, el premio prometido a los vencedores, consistente en *una piedrecita blanca, con un nombre escrito que sólo conoce quien la recibe*, es el mismo otorgado también a los viatores, siquiera sea esta vez en forma de primicias. Las cuales, aun siendo tales, también exceden en mucho a lo que el ojo u oído vieron u oyeron y a lo que pudo imaginar el corazón humano. La participación en su propio Amor que Dios ha tenido a bien conceder a sus criaturas, ya en este mundo aun en forma de arras, es el adelanto de una plenitud bienaventurada que ya es sentida como absolutamente inefable, aunque tal realidad sea alcanzada por muy pocos en ese grado de intensidad. El estudio de esta cuestión nos conduciría de lleno al campo de la Teología mística.

Por lo tanto, y puesto que ha quedado como cosa establecida que estamos ahora ante el amor imperfecto o todavía no consumado, con un premio prometido otorgado a los vencedores pero que es ya realidad siquiera sea en forma de arras o primicias, queda abierto el campo de investigación acerca de los datos que nos ofrece la Revelación. La cual, como tantas veces hemos dicho, no puede darlos sino en forma de metáforas y mediante el uso de todos los recursos

---

[61] 1 Cor 2:9.

del lenguaje humano. Acerca de lo cual no será poco lo que pueda llegar a conocer la razón humana, aunque sí mucho más cuando camina iluminada por la Fe (que es, en definitiva, la única forma de adentrarse en la fuente escrita de la Revelación que es la Sagrada Escritura).

Pero, volviendo a nuestro tema, ¿qué puede significar la metáfora de la piedrecita blanca que lleva un nombre escrito y que sólo es conocido por quien la recibe?

La mera formulación de la pregunta es capaz de llenar de inquietantes y de prometedoras sugerencias a una criatura que, ya de por sí, se siente inclinada hacia un universo insospechado, misterioso y enteramente desconocido para ella. Aunque es ése precisamente el elemento que colma de emoción su corazón, siempre hambriento de un amor que conoce como la única cosa que la puede hacer feliz. Aún sin saber todavía en lo que consiste, posee sin embargo un presentimiento de que se trata de *aquello* que siempre anduvo buscando con ansiedad. Los místicos lo conocen en parte en cuanto que comenzaron ya a experimentarlo, aun al precio de que sus deseos y añoranzas se ven incrementados a medida que más lo poseen, y a medida también que se sienten mejor poseídos por él.

El amor, tal como lo viven los que todavía andan como peregrinos en este mundo, posee elementos comunes al amor puramente humano y al divino–humano. Aunque también aquí sería necesaria la aplicación de alguna especie de analogía, dada la excelencia del segundo sobre el primero. Y siempre teniendo en cuenta, sin embargo, que incluso dando por admitido tal grado de superioridad, difícilmente será posible al amor divino–humano prescindir de las formas y expresiones del puramente humano. Así se explica la existencia del Libro de *El Cantar de los Cantares*, aun admitiendo que entre uno y otro amor existen *diferencias* pero en modo alguno *incompatibili-*

dades (sería innecesario advertir que hablamos del verdadero amor humano). Más todavía, puesto que al amor divino–humano le sería imposible expresarse sin recurrir a las formulaciones del puramente humano, tal como no tiene inconveniente en hacer *El Cantar* y a las que siempre acaban recurriendo también, de alguna forma, los mismos místicos.

...y escrito en la piedrecita un nombre nuevo, que nadie conoce sino el que lo recibe. Si se tiene en cuenta que en la Biblia el nombre se identifica con la persona que lo ostenta (Hech 4:12; Flp 2:10), lo que aquí se promete es un ser nuevo. Se trata del *hombre nuevo* del que hablaba el Apóstol: *revestidos del hombre nuevo, creado conforme a Dios en justicia y la santidad de la verdad.*[62]

De donde se deduce, según las palabras de San Pablo, que estamos ante una nueva *creación* según la cual, y aun conservando siempre el ser humano su propia identidad, queda convertido en un hombre nuevo dotado de cualidades que lo hacen *conforme a Dios en justicia y la santidad de la verdad.* La descripción, a primera vista sencilla, contiene sin embargo un contenido lo suficientemente profundo como para invitar a un análisis que ya se promete como extraordinariamente difícil: Un nuevo ser creado *conforme a Dios*, para lo que se especifica que habrá de serlo *en justicia y la santidad de la verdad.* Donde una vez más nos encontramos ante los misteriosos datos aportados por la Revelación: sencillos de entender, fáciles de intuir en su significado..., pero en los que se adivina un contenido en cuyas aguas, siempre profundas, solamente la gracia y la luz del Espíritu permiten navegar. En realidad solamente lo que se dice navegar y explorar, a fin de descubrir, quizá, nuevos horizontes y otros

---

[62]Ef 4:24; cf Ef 2:15. El Antiguo Testamento no pasó más allá de prometer un *espíritu nuevo* para el hombre: *Et dabo vobis cor novum et spiritum novum ponam in medio vestri...* (Ez 36:26).

cielos..., pero con la absoluta seguridad de no se va a llegar jamás a la otra orilla. Por eso la Revelación significa para el hombre, al mismo tiempo que un precioso tesoro en cuanto a *lo que ya ofrece*, un auténtico *desafío* en cuanto a lo que aún promete. Pero teniendo en cuenta lo que lleva consigo todo auténtico desafío, que no es otra cosa sino un verdadero riesgo para quien se atreve a asumirlo: el navegante puede ciertamente adentrarse en el proceloso océano de su contenido; con tal de que mantenga constantemente a la vista la luz del faro que difunde el Magisterio, si es que no quiere zozobrar y perecer en la empresa.

El nuevo ser, por lo tanto, será un hombre nuevo *creado conforme a Dios, en justicia y la santidad de la verdad.* Y todas las especulaciones llevadas a cabo por la Doctrina no han sido sino reflexiones en torno a ese *principio general* enunciado por el Apóstol. Pero que han dado de lado a un detalle importante que arroja por tierra todo lo que se pueda decir fundamentado en los principios de siempre. Puesto que aquí no se trata meramente de un nombre nuevo, sino de un nombre nuevo *que nadie conoce sino el que lo recibe*.

Es posible que el dato revelado señale aquí hacia una de las *peculiaridades* que integran el conjunto del insondable Misterio del amor. El nombre sólo será conocido por aquél que lo recibe. Donde una vez más aparecen la exclusividad, la intimidad y el *yo-tú* propios del amor. Pues el amor colectivo no es más que una proyección o resultado del verdadero y auténtico, cuya base se constituye bajo la relación *yo-tú*. El hecho de que la Iglesia —en sus tres estadios: triunfante, purgante y militante— se organice como Cuerpo de Cristo, con miembros trabados entre sí, no obsta a la individualidad de cada uno de ellos: *para que todos los miembros se preocupen por igual unos de otros* (1 Cor 15:25), además de que *Dios dispuso a cada uno de los miembros como quiso. Si todos fueran un solo miembro, ¿dónde estaría el cuerpo?* (vv. 18–19). Lo que tampoco quiere decir que Dios ame a todos los miembros por igual y de un modo general o colectivo, como dejan en evidencia las mismas palabras del Apóstol.

Todo lo que es propio del amor creado (puramente humano o divino–humano) es un trasunto (participación) del Amor infinito tal como existe en el Seno de la Santa Trinidad. Son elementos esenciales del amor la dualidad de personas que se aman (*yo–tú*) y la relación que las une (el *diálogo amoroso* o amor), donde cada uno de ellos es realmente distinto a los otros y donde, de faltar alguno, desaparecería la realidad Amor (con mayúscula o con minúscula). Siendo efectivamente distintos entre sí, en el Amor Sustancial o infinito cada uno de ellos se identifica a su vez con la Simplicidad de la Esencia Divina, cosa que no puede ocurrir en el amor creado.

En el Amor infinito o Sustancial, la relación que une al Espíritu Santo (*espiración pasiva*) con respecto al Padre y al Hijo, de quienes procede por *espiración activa*, es una relación real (por ser *opuestas* las espiraciones activa y pasiva, cosa que no ocurre en la *spiratio* con respecto a las relaciones de paternidad y filiación entre el Padre y el Hijo) y por lo tanto una Persona, distinta de las del Padre y del Hijo pero identificadas las tres en la misma Esencia. De esta forma, siendo el Espíritu Santo el *nexus duorum*, o el *osculum suavissimum* entre el Padre y el Hijo como decían los Santos Padres, viene a concretarse en el *diálogo amoroso* mantenido desde la eternidad entre las Personas del Padre y del Hijo. Su completa *realidad* como Persona es lo que atribuye entera realidad al diálogo amoroso (también en el amor creado, salvadas las distancias que impone la analogía). Nunca habla de Sí mismo (Jn 16:13), puesto que carecería de sentido que lo que es *Diálogo amoroso* se pusiera a dialogar respecto a Sí mismo.

Su realidad deja constancia también de la imposibilidad de establecer una relación amorosa de quien ama con la persona amada si no es a través del diálogo amoroso que los une: *Cuando venga Aquél, el Espíritu de la verdad, os guiará hacia toda la verdad, pues no hablará por sí mismo, sino que dirá todo lo que oiga y os anunciará lo que va a venir.*[63]

Pero el Espíritu Santo es infinitamente *versátil*, por decirlo de algún modo, o absolutamente impredecible, si se quiere: *El Espíritu sopla donde quiere, y oyes su voz, pero no sabes de dónde viene*

---

[63] Jn 16:13.

ni adónde va.[64] Y de ahí que el diálogo amoroso divino–humano sea enteramente imposible de anticipar, adivinar, anunciar, pronosticar, presagiar, vaticinar o incluso de ser comunicado a los otros. Cada relación amorosa divino–humana, en la que tiene lugar el diálogo amoroso *tú–yo*, es absolutamente íntima, bipersonal, exclusiva, distinta y enteramente cerrada hacia afuera: *con un nombre escrito que sólo conoce quien lo recibe*. El amor creado no es sino una participación del Amor Sustancial o Infinito, y de ahí que se manifieste a través de *infinitas* posibilidades, formas o maneras, tan imposibles de predecir como la misma intensidad con la que se van a manifestar. En este sentido, el diálogo amoroso divino–humano está destinado a no agotarse jamás y ni siquiera en el tiempo sin tiempo de la eternidad. Que por eso decía San Pablo que la caridad *no cesa jamás.*[65]

De ahí que incluso el diálogo amoroso divino–humano, tal como aparece en *El Cantar de los Cantares*, no es sino una lejana y pobre traducción al lenguaje humano de una auténtica realidad que supera a la mera comprensión de la criatura:

El Esposo:

> *¡Qué hermosa eres, amada mía,*
> *qué hermosa eres!*
> *Son palomas tus ojos a través de tu velo.*
> *Son tus cabellos rebañito de cabras,*
> *que ondulantes van por los montes de Galad.*
> *Son tus dientes cual rebaño de ovejas de esquila,*
> *que suben del lavadero,*
> *todas con sus crías mellizas.*[66]

---

[64] Jn 3:8.
[65] 1 Cor 13:8.
[66] Ca 4: 1–2.

La esposa a su vez responderá a los requiebros del Amado. Pero tanto los unos como los otros no son sino una manifestación del *combate de amor* a mantener entre ambos. Por razón de la mayor excelencia de la Persona amada (en este caso el Esposo), los mayores y mejores requiebros amorosos corresponderían a la esposa; aunque si se atiende a la mayor intensidad de amor y superioridad en cuanto al conocimiento de la otra persona amada, los más elevados y superiores piropos y lisonjas corresponderían al Esposo. Sin necesidad de añadir que esta bipartición es meramente relativa y sin efectos prácticos, una vez que se tenga en cuenta la situación de *igualdad de condiciones* que el amor tiende a establecer entre ambos, a pesar de las diferencias. Ahora la esposa responde al Esposo:

> *Yo soy para mi amado*
> *y a mí tienden todos sus anhelos.*
> *Ven, amado mío, vámonos al campo;*
> *haremos noche en las aldeas.*
> *Madrugaremos para ir a las viñas,*
> *veremos si brota ya la vid,*
> *si se entreabren las flores,*
> *si florecen los granados,*
> *y allí te daré mis amores.*[67]

Pero que no es, al fin y al cabo, sino lenguaje humano, incapaz de reflejar la realidad de lo que es el lenguaje amoroso divino–humano.

---

[67] Ca 7: 11–13.

El cual, por estar situado en un plano distinto al natural, ya no es meramente humano sino *divino–humano*.[68]

Lo que de ninguna manera quiere decir que ese lenguaje sea cosa despreciable. Es lo que hay disponible, y así es como puede compararse a lo que sería un *viático* o alimentos para el camino. De esa forma considerado, su valor es absolutamente inapreciable. No dice, porque no podría hacerlo, lo que el hombre desearía saber o sentir. Pero pone en el alma humana el gozoso presentimiento de algo que existe *más allá*, en algún lugar desconocido pero cuya realidad y grandeza excede a todo lo que cualquiera es capaz de poseer, de pensar o de imaginar. Como el que mira al cielo en una noche estrellada, que adivina en el abismo de la oscuridad del firmamento, en el perdido más allá de los luceros a los que alcanza la vista, un inmenso universo de proporciones desconocidas: con millones de galaxias, de estrellas, de planetas y de objetos enteramente desconocidos, cuyos límites se extienden hasta perderse en una especie de infinito del que no se sabe ni dónde empieza, ni dónde continúa, ni dónde acaba si por acaso acaba.

Los *fragmentos* de verdad, de belleza, de justicia, y aun los detalles y rasgos, más o menos difuminados y borrosos, que delinea el dato revelado acerca del amor, son sin embargo suficientes para un alma como la humana que vive de lo finito pero que anhela con ansiedad lo infinito. Al cual nunca hubiera podido aproximarse, ni en el que jamás hubiera puesto sus sueños, añoranzas y esperanzas, si las

---

[68] Lo mismo sucede con los datos contenidos en el Nuevo Testamento. Los cuales, como hemos dicho más arriba son sencillos de entender, fáciles de intuir, pero imposibles de llegar hasta lo más profundo de su significado. Pero, ¿quién puede pretender, por ejemplo, haber llegado al fondo de lo que significan expresiones como las de *El Padre y Yo somos uno* (Jn 10:30), o *Quien me ve a mí, ve al Padre* (Jn 14:9)?

palabras reveladas no la hubieran enseñado a presentir lo increado a través de lo creado.

En este sentido, el lenguaje revelado llega hasta dónde puede llegar, que es el lugar suficiente por ahora para el alma que camina todavía peregrina. Teniendo en cuenta, sin embargo, por lo que se refiere al lenguaje amoroso divino tal como tiene lugar en la relación divino–humana, que suele ser inexpresable incluso para el alma que escucha la voz de su Amado. Y la razón no es difícil de comprender. De un lado está la que hemos llamado *versatilidad* del Espíritu Santo, que sopla donde quiere y no se sabe de dónde viene ni adónde va. De otro, se encuentra el factor de la participación: el amor creado es una participación del Amor increado, que también podría decirse como lo finito participando del Infinito. Pero lo infinito, por definición, no posee límites de ninguna clase: ni de intensidad, ni de tiempo, ni de oportunidad, ni de ninguna otra circunstancia; por lo que los modos, maneras, tiempos y ocasiones de manifestarse Dios al alma son absolutamente imprevisibles. El alma entiende, o al menos presiente, el contenido del lenguaje divino, aunque carece de conceptos humanos para explicarlo a sí misma y mucho menos de vocablos para manifestarlo al exterior. Por otra parte, el ímpetu y la fuerza del Espíritu a través de su inefable lenguaje de amor, serían capaces de acabar con las fuerzas del ser humano..., de no ir acompañados de la ayuda necesaria divina para soportarlos:

> *Si de nuevo me vieres,*
> *allá en el valle, donde canta el mirlo,*
> *no digas que me quieres,*
> *no muera yo al oírlo*
> *si acaso tú volvieras a decirlo.*[69]

---

[69] *CFC*, 52.

La esposa del *Cantar* hablaba de que se sentía desfallecer:

Confortadme con pasas,
recreadme con manzanas,
que desfallezco de amor.[70]

Y en el mismo sentido escribía sus rimas San Juan de la Cruz, aunque siendo aún más expresivo:

Pastores los que fuerdes
allá por las majadas al otero,
si por ventura vierdes
Aquél que yo más quiero,
decidle que adolezco, peno y muero.

¿Por qué, pues has llagado
aqueste corazón no le sanaste
Y pues me le has robado,
por qué así le dejaste,
y no tomas el robo que robaste?[71]

Hemos afirmado repetidas veces que una de las leyes esenciales del amor es la *reciprocidad*. Lo que induce a pensar que en el amor divino–humano no es solamente el corazón humano el que queda lacerado y herido, sino también el divino:

Allí, junto al Amado
mientras soplaba el cierzo en el ejido,
a fuer de enamorado
me susurró al oído
que también por mi amor estaba herido.[72]

---

[70] Ca 2:5.
[71] San Juan de la Cruz, *Cántico Espiritual*.
[72] *CFC*, 55.

Lo cual es así porque el amor profesado por Jesucristo al alma enamorada es tan humano como divino, que es lo mismo que decir *divino–humano*. Que al hacerse realidad en el corazón humano de Jesús pone en evidencia, una vez más, la necesidad y la conveniencia de la Encarnación, en cuanto que Dios quería mantener con el hombre relaciones de perfecto amor.

En este sentido, es posible que algunos versos de *El Cantar de los Cantares*, acostumbrados como estamos a leerlos siempre bajo el prisma poético de la metáfora, posean sin embargo un significado mucho más cercano al literal que el que se les acostumbra conceder:

> *Eres, amada mía, hermosa como Tirsa,*
> *bella como Jerusalén,*
> *terrible cual escuadrón ordenado en batalla.*
> *Aparta ya de mí tus ojos,*
> *que me matan de amor.*
> *Es tu cabellera rebañito de cabras*
> *que ondulan al subir por el monte de Galad.*[73]

Cuando un enamorado califica a la persona amada con el epíteto de *terrible*, en un sentido que jamás pretende ser peyorativo, incluso en el amor puramente humano el hecho es bastante expresivo. Aunque es más aún en el divino–humano, donde los nombres y calificativos alcanzan significados reales que transcienden en mucho la mera metáfora. Por otra parte, el adjetivo *terrible*, si bien posee en el lenguaje humano un sentido normal que señala hacia algo que induce temor o quizá miedo, cambia por completo su significado cuando se refiere al ámbito de lo amoroso. Donde entonces puede aludir a lo que es capaz de suscitar asombro, admiración, entusiasmo, rendición ante lo bello, gozo intenso, exultación y a la vez exaltación

---

[73]Ca 6: 4–5.

de lo numinoso como contemplado..., y capaz de *herir de muerte* de amor a la persona enamorada.

Esto último está contemplado aquí cuando el Esposo le dice a la esposa que aparte de Él sus ojos *porque lo matan de amor*, donde, como hemos dicho arriba, también aquí cabe el peligro de que se haya limitado el alcance de la mera metáfora. Se trata también del amor divino-humano, del que ya hemos dicho que sus expresiones y dichos alcanzan un nivel de realidad que transcienden a todos los tropos y figuras del lenguaje humano. Muy diferente es lo que sucede en el amor puramente humano, en el que las expresiones que usa apenas si superan el nivel de meras formas de hablar o de gestos ordinarios, por muy sinceros y amorosos que puedan ser.

Y como una constante en el amor, la ley de la *reciprocidad*, vuelve a aparecer una y otra vez:

> *Pasando por los prados*
> *tus ojos con los míos se encontraron;*
> *mirándose callados,*
> *y heridos se quedaron*
> *en la llaga de amor que se causaron.*[74]

Otra de las notas más peculiares del amor, no siempre suficientemente resaltadas pero que también están contenidas en la ley de la reciprocidad, es la de la *necesidad* que cada uno de los amantes experimenta con respecto al otro. Y la razón de que esta característica acostumbre a pasar desapercibida se halla precisamente en lo que suele suceder en el amor meramente humano. En el que la *necesidad* del amante con respecto a la persona amada, con su consiguiente reciprocidad, suele ser mucho más tenue y radicada ordinariamente,

---

[74] *CFC*, 110.

además, en sentimientos y palabras que tienden a ser proclives, o bien a desvanecerse con facilidad, o a bien a desaparecer paulatinamente con el tiempo.

Lo que es muy distinto de lo que sucede en el amor divino–humano. En el que la *necesidad* que cada uno de los amantes experimenta con respecto al otro se convierte en algo tan intenso y urgente como para producir el sentimiento de *no poder vivir* sin la persona amada. Y una vez más, habremos de descartar, también aquí, lo que sería una mera metáfora para dar paso a la más profunda de las realidades. Puesto que de hecho, cada uno de los dos amantes ha entregado su propia vida y *ha hecho suya* la del otro. Cristo el Señor llevó a cabo una vez tal donación en el patíbulo de la Cruz, y ahora hace suya la vida del ser humano amado, al mismo tiempo que le entrega la propia:

> *Yo tu vida viviera*
> *si tú me la entregaras por entero,*
> *y la mía te diera*
> *si, en trueque verdadero,*
> *quisieras cambiarlas, cual yo quiero.*[75]
>
> *Mi vida ya es tu vida*
> *y la tuya es por siempre ya la mía;*
> *mi vida es la comida*
> *que yo a ti te servía*
> *cuando tu amor me diste en aquel día.*[76]

Las palabras dulces del amor han dado paso, en el amor divino–humano, a los hechos reales del amor. Porque el verdadero y perfecto

---

[75] *CFC*, 68
[76] *CFC*, 69

amor solamente se prueba y se consuma mediante la verdadera y perfecta donación de la propia vida: *Nadie demuestra más amor que aquél que da la vida por sus amigos.*[77]

Como es fácil suponer, todos estos misterios y profundidades del amor divino–humano no se encuentran en un compás de espera para hacerse realidad en la Patria del Cielo. Si acaso, se encuentran aguardando su consumación. Pero tienen su comienzo y hasta alcanzan un alto grado de desarrollo ya durante la etapa del peregrinaje terrestre. El amor, como tantas veces hemos dicho, es por naturaleza impaciente, y ni Dios ni el alma iban a estar dispuestos a llevar a cabo un más o menos largo período de espera y de meras expectativas. Es verdad que este amor conoce las esperanzas y vive de ellas; pero alimentadas y animadas por la realidad de un amor *ya presente* que, si aún no puede considerarse consumado y completo, posee sin embargo tal grado de suficiencia como para hacer que el alma siga su peregrinaje, aunque gustando al mismo tiempo los gozos anticipados del encuentro definitivo con el Esposo al final del Camino.

Y con esto hemos llegado hasta los umbrales de la más elevada vida mística. Reservada, por desgracia, a tan escasas y escogidas almas. No por voluntad de Dios, que es generoso de por Sí y siempre *premia a los que lo buscan* (Heb 11:6), sino por la estrechez del corazón humano, que rara vez sabe abrirse y responder por completo a la llamada del Amor.

---

[77] Jn 15:13.

CARTA A LA IGLESIA DE TIATIRA

Al ángel de la Iglesia de Tiatira escríbele:

«Esto dice el Hijo de Dios, el que tiene los ojos como una llama de fuego y los pies como el metal precioso: "Conozco tus obras, tu caridad, tu fe, tu servicio, tu paciencia y tus últimas obras, mayores que las primeras. Pero tengo contra ti que toleras a esa mujer, Jezabel, que se dice profetisa y que enseña y seduce a mis siervos a fornicar y comer lo sacrificado a los ídolos. Le he dado tiempo para que se arrepintiera, pero no quiere arrepentirse de su fornicación. Mira, a ella voy a arrojarla en el lecho, y a los que adulteran con ella, en una gran tribulación, a no ser que se arrepientan de sus obras. Entregaré a la muerte a sus hijos y sabrán todas las iglesias que yo soy el que escudriña los corazones y las entrañas y os daré a cada uno según vuestras obras. Pero a los demás que estáis en Tiatira, todos los que no seguís esa doctrina y no habéis conocido las profundidades de Satanás, como ellos dicen, yo os anuncio que no pondré sobre vosotros otra carga; pero conservad con firmeza lo que tenéis, hasta que yo venga. Al que venza y al que guarde hasta el fin mis obras le daré potestad sobre las naciones, y las apacentará con cetro de hierro y las romperá como vasijas de barro, como yo también recibí esa potestad de mi Padre; y le daré la estrella de la mañana"».

El que tenga oídos, oiga lo que el Espíritu dice a las Iglesias.

(Ap 2: 18–29)

1. Introducción y naturaleza de la Carta

La *Carta a la Iglesia de Tiatira* es la más larga de las siete contenidas en el Libro del Apocalipsis, dirigidas todas ellas a las diversas Iglesias del Asia Menor. Su interpretación, tal como sucede con las restantes Cartas y con todo el contenido en este Libro profético, no es precisamente fácil.[1]

No es necesario repetir aquí lo ya dicho anteriormente acerca de la condición de Libro inspirado del Apocalipsis, de la que se desprende su alcance universal, el carácter profético de su lenguaje y texto, y la necesidad de la luz de la Fe para abordarlo en cualquier intento de interpretación, etc.

De nuevo nos encontramos en la Carta ante el problema de la *tolerancia* ante el Mal, introducido y difundido en la Iglesia, y que a su vez da origen al de su *convivencia* con el Bien (de nuevo la parábola de la buena semilla y la cizaña). Después de unos escuetos halagos al Ángel de la Iglesia de Tiatira, en los que se alaba su fe, su caridad, su servicio y sus últimas obras *mayores que las primeras*, se pasa directamente a lo que parece ser el objeto principal y motivo de la Carta: las duras recriminaciones por tolerar a la profetisa Jezabel, que enseña y seduce a fornicar y a comer de lo sacrificado a los ídolos.

---

[1] La ciudad de Tiatira estaba situada a unos 64 Km. al sureste de Pérgamo. Fue fundada por Seleuco Nicator (301–281 a. C.) y formó parte del imperio de Alejandro Magno. En un principio fue establecida como una base militar que desapareció con el auge del imperio Romano. Posteriormente, Tiatira se convirtió en una rica ciudad comercial, debido primordialmente a su situación geográfica. Llegó a ser un oasis de la cultura griega en un desierto oriental. Tiatira era la ciudad natal de Lidia, la vendedora de púrpura mencionada en el Libro de los Hechos (16:14).

Seguidas de duras amenazas a los que, por seguir esa doctrina, han llegado hasta conocer *las profundidades de Satanás*, razón por la que todos ellos serán arrojados a la muerte después de haber sufrido *una gran tribulación*. Se ignora si Jezabel es una mujer real o se trata, por el contrario, de un mero formulismo; asunto que, en cualquier caso, carece de transcendencia y en nada afecta al contenido de la Carta.

Por último se anuncia a los que han permanecido fieles que no se impondrá sobre ellos otra carga, al mismo tiempo que se les anima a que conserven lo que tienen *hasta que yo venga*. Con la consoladora promesa de que al que venza se le dará potestad sobre las naciones, *así como yo también recibí esa potestad de mi Padre*, junto a otra que es a la vez tan misteriosa como sugerente y emotiva: *Y le daré la estrella de la mañana*.

Las palabras finales de la Carta —*El que tenga oídos, oiga lo que el Espíritu dice a las Iglesias*— parecen contradecir la atribución a Jesucristo como personaje que habla al principio y durante toda la Exhortación —*Esto dice el Hijo de Dios...*—, un problema cuya posible solución ya fueron tratados en este libro.[2] Aunque son dos Personas divinas las que hablan, se trata en realidad de la Voz del único y mismo Dios, como ya dijimos en su lugar, y de ahí que sea indiferente escucharlo a través de cualquiera de ellas: *El que me ve a mí, ve al que me ha enviado... El que me ha visto a mí, ha visto al Padre... Las palabras que yo os digo no las hablo por mí mismo.*[3]

Pero la *Carta a la Iglesia de Tiatira* plantea una complejidad de graves e importantes problemas acerca de los cuales vamos a tratar de reflexionar aquí.

---

[2] Cf *Carta a la Iglesia de Esmirna, El Primero y el Último*, pág. 11.
[3] Jn 12:45; 14: 8–10.

2. Aviso a Tiatira sobre Graves Peligros

Ante todo, conviene fijar la atención sobre la gravísima advertencia que se hace al Ángel de la Iglesia de Tiatira: la existencia en esa Iglesia de alguien *que se dice profetisa*. Una expresión que, como cualquiera puede comprender, es ya una clara alusión a la condición de falsedad de los pretendidos profetas.[4] Otra prueba concluyente de que la existencia de los *falsos profetas* es un grave peligro que ha acechado a la Iglesia desde sus primeros tiempos.

El falso profetismo en la Iglesia siempre ha sido un peligro nada desdeñable. La única forma de reconocerlo es el examen de sus doctrinas y prácticas, las cuales son siempre *ajenas, extrañas y contrarias* a las enseñanzas de la verdadera Fe. No es suficiente para desenmascararlo desconfiar de la brillantez de sus exposiciones, bien capaces de embaucar a los ingenuos y a los de fe vacilante, y ni siquiera de la realización de pretendidos prodigios o aparentes milagros: *signa magna et prodigia*,[5] en palabras del mismo Jesucristo. Su poder de seducción es inimaginable; y en cuanto a los que aparecerán en los Últimos Tiempos, también en palabras de Jesucristo, engañarán a una inmensa mayoría: *ut in errorem inducantur, si fieri potest, etiam electi*.[6] Aunque no debe cometerse el peligroso error de creer que su enorme poder de seducción quedará limitado al de los falsarios de los Tiempos Finales.

Tal poder de seducción, por parte de los falsos profetas y que tanto daño ha hecho y sigue haciendo a la Iglesia, no deja de ser un misterio. Serían fáciles de

---

[4]Su condición de mujer, por lo que hace a este caso, no parece que haya de afectar al fondo del problema. Como no sea, en todo caso, para agravarlo. En el mundo pagano antiguo pululaban las sacerdotisas, las profetisas, las musas y las intérpretes de los oráculos (como parece que sucedía en el de Delfos), mientras que el Cristianismo fue siempre renuente (en realidad absolutamente refractario) a reconocer a las mujeres como aptas para los ministerios sagrados; mal que le pese a la progresía modernista que gobierna en la Iglesia actual, cuyos pretendidos y falsos intentos de *dignificación* de la mujer no son sino otra burda maniobra encaminada a la destrucción del ministerio sacerdotal.

[5]Mt 24:24.

[6]Mt 24:24.

descubrir para cualquiera dotado de un corazón limpio y una fe firme. Por contra, es bien conocida la debilidad de la voluntad humana y la inclinación al mal originada de la concupiscencia. De todas maneras, la voluntaria elección del mal frente al bien, así como la libre opción en contra de Dios, nunca dejarán de formar parte del inexplicable *mysterium iniquitatis* que yace en el profundo abismo del Mal, así como en las insondables e inexplicables profundidades de la libertad humana.

El falso profeta de Tiatira induce a los fieles a la fornicación y a la idolatría: *enseña y seduce a mis siervos a fornicar y a comer de lo sacrificado a los ídolos*.[7] Y no hay razón alguna para dejar de pensar que esa fornicación incluye a todos los vicios que lleva consigo la lujuria.[8] Si a eso se añade la práctica de la idolatría, a la que también son empujados los fieles por el falso profeta, sobran razones para alertar al Ángel de la Iglesia de Tiatira.

La fornicación en todas sus formas (incluidas las más aberrantes, como la homosexualidad) y la idolatría son un mismo pecado. Aparentemente al menos, en la fornicación el hombre *se adora a sí mismo*, erigiéndose como instrumento de autosatisfacción y como objeto único y último de felicidad, que a su vez excluye y desprecia a todo y a todos los demás (autoendiosamiento). Pero que es un autoendiosamiento meramente pretendido, en cuanto a quien verdaderamente adora el lujurioso es a Satanás, su único y verdadero Señor que es quien lo somete a esclavitud: *Quien comete pecado, es esclavo del pecado*.[9] Y siendo Satanás el Padre de la Mentira y de todos los mentirosos, nada tiene de extraño que haya hecho pasar tal esclavitud a los ojos de sus siervos como si fuera una auténtica *liberación*, y de ahí la aparición de monstruosas insanias en la Humanidad actual, como la del *Orgullo Gay*.

---

[7]Ap 2:20.

[8]El verbo griego πορνεύω, con el que se designa aquí a la fornicación, significa un desbordamiento de la lujuria y sexualidad en general.

[9]Jn 8:34.

Un panorama más que preocupante como para exigir la actuación inmediata y enérgica de un Pastor que se tenga por tal.[10] Y todavía agrava más la situación de la Iglesia de Tiatira cuando se considera que los fieles seducidos y engañados, según confesión propia, *habían conocido las profundidades de Satanás* (Ap 2:24). Una cabalística expresión —las profundidades de Satanás— cuyo misterioso significado nos es todavía desconocido, pero que es lo suficientemente expresivo para aludir a una entrega incondicional en forma de esclavitud y sumisión, por parte de los seducidos, al señorío y poder del Demonio.

3. Promesas a los que se han mantenido fieles

A no ser que el texto se lea —como tan a menudo suele hacerse— rápida y superficialmente, sin intentar calar en lo profundo de su significado, pretender indagar en el verdadero contenido de las promesas hechas a los vencedores de Tiatira es tarea *harto difícil*, por decir lo menos. Aunque, conviene decirlo una vez más, también debe tenerse en cuenta el carácter universal del texto inspirado, imposible de ser restringido a los límites de una región geográfica, tal como ya hemos explicado en su lugar y puesto que el Espíritu Santo habla para los hombres de todos los tiempos y lugares.

Por razón de la claridad, intentaremos desglosar y clasificar las promesas hechas a los elegidos:

En primer lugar, se les dice que no se pondrá sobre ellos otra carga. Con tal que conserven con firmeza lo que ya tienen, *hasta que yo venga*.

Además de eso, recibirán potestad sobre las naciones, a las que regirán con vara de hierro.

---

[10] Una necesidad endémica que se hizo normal en la Iglesia, ya desde los primeros tiempos, y que ha empeorado hasta el extremo en los tiempo actuales.

Y por último, y quizá como la mayor de todas las promesas, *les será dada la estrella de la mañana.*

Como puede verse, nos encontramos de lleno dentro del ámbito del lenguaje profético. A lo que la curiosidad humana, siempre ávida de conocer, podría preguntar: ¿Por qué Dios utiliza un lenguaje misterioso y arcano para hablar de lo que tiene preparado a los que le aman...? Y la respuesta, hasta donde cabe dar aquí una respuesta, podría ser algo parecido a lo siguiente: *Porque no es posible para el entendimiento humano acercarse a esa realidad de otra manera.* Puesto que se trata de un mundo sobrenatural que excede a todo lo alcanzable e imaginable a las posibilidades intelectivas del hombre, no existe lenguaje humano alguno capaz de expresarlo ni de describirlo. Por lo que Dios se ve limitado, cuando quiere comunicarse con su criatura, por la capacidad cognoscitiva de la naturaleza que Él mismo ha creado. Pero, ¿acaso podría alguien suponer que el bello y poético lenguaje de *El Cantar de los Cantares* expresa suficientemente el abismo de lo que significan y contienen las relaciones amorosas divino–humanas? Desde luego que no, y de ahí la necesidad de la poesía, de los tropos y de todos los recursos del lenguaje. Y de ahí el error de creer que la Poesía es un mero *lujo* del lenguaje, más o menos reservado a las musas que habitan el Parnaso y a los mortales a quienes ellas se dignan hacer objeto de sus inspiraciones: *Ni ojo vio, ni oído oyó, ni pasó por el corazón del hombre, las cosas que preparó Dios para los que le aman.*[11]

La más importante de las tres promesas es, sin duda alguna, la tercera. La segunda está contenida en realidad en la tercera, y en cuanto a la primera, más que un nuevo galardón a conceder, parece referirse a que no le serán impuestas a los fieles nuevas obligaciones; cuyo contenido exacto resulta difícil averiguar, aparte conjeturas.

---

[11] 1 Cor 2:9.

Por lo que parece lo más conveniente centrarse en el estudio de la última.

4. La Estrella de la Mañana

El significado de tan bella metáfora no resulta difícil de averiguar si nos atenemos al texto del Apocalipsis: *Yo, Jesús, he enviado mi ángel para daros testimonio de estas cosas que se refieren a las iglesias. Yo soy la raíz y el linaje de David, la estrella radiante de la mañana.*[12]

Si bien se considera, la promesa viene a coincidir, bajo diferentes expresiones, con las que se hacen a las Iglesias de Éfeso y de Pérgamo, donde se habla del árbol de la vida o de la piedrecita blanca con un nombre nuevo que sólo conoce quien lo recibe. Las de las restantes Iglesias no son más que explanaciones o apostillas de lo mismo.

Dios es *Supremo Remunerador*. Y se otorga a Sí mismo como recompensa a los que le aman, de tal manera que tampoco podría entregar más. El resultado no es otro sino que el premio a recibir por el vencedor es, nada más y nada menos que *Jesucristo mismo*, en plena propiedad y posesión.

Esta promesa es de una extraordinaria importancia, puesto que es uno de los pocos lugares de la Revelación en los que se propone directamente a Jesucristo mismo como recompensa a los elegidos.

Los conceptos más comúnmente manejados sobre este tema, como los de *Reino de los Cielos*, la *Vida Eterna*, la *Salvación* o la *Posesión de Dios* son incompletos, en el sentido de que no expresan de forma explícita el sentido o preciso significado de la corona

---

[12] Ap 22:16: *stella splendida matutina*.

de gloria prometida a los que se salvan. En cuanto a los de *Reino de Dios* o el de *Reino de los Cielos*, tampoco explican de manera precisa el contenido que encierra el concepto de ese Reino.

Por lo que se refiere a concepto de *Vida Eterna*, ha de tenerse en cuenta que el entendimiento humano tiende inconscientemente a poner el énfasis más en lo de eterno (con referencia a lo que nunca se acaba) que en lo de vida. Pero el concepto de eterno como *duración indefinida*, además de resultar insuficiente para las aspiraciones del corazón humano, anda lejos de expresar con precisión la realidad. Pues la eternidad no es precisamente duración (indefinida o no), sino *ausencia de duración*. Y en cuanto al concepto de vida, apenas si es entendido por el hombre según las referencias que de él hace la Revelación. Para la cual la Vida es justamente *plenitud de existencia*, como se ve en el texto: *Yo he venido para que tengan vida, y la tengan sobreabundante*.[13] Aunque el adjetivo sobreabundante (*abundantius*, en la Neovulgata y en griego περισσὸς), viene a significar algo que excede en mucho lo usual. Y aún más si se tiene en cuenta que, según San Pablo, la vida para el cristiano es Cristo (Col 3:4). Como así lo afirma expresamente el mismo Jesucristo: *Yo soy el Camino, la Verdad y la Vida*.[14]

Aún menos expresiva y completa es la idea de *Salvación*, la cual se suele contraponer a la de *Condenación*, con lo que se convierte en un mero concepto positivo contrario a otro negativo.

Por otra parte, algo en lo que no se suele reparar cuando se insiste en explicar cualquier tipo de Espiritualidad, es que las ideas de *estado paradisíaco*, o las de *felicidad o salvación eternas*, son insuficientes por cuanto que son incapaces de llenar las más profundas aspiraciones del corazón humano. El cual, creado al fin y al cabo para amar y para ser amado, no puede satisfacerse sino con la idea de

---

[13] Jn 10:10.
[14] Jn 14:6.

un *factor personal* como elemento *otro* de la relación amorosa, que es la que define el último fin del hombre. En este sentido cabe destacar la importancia de todo el Sermón de Despedida de la Última Cena como el lugar por antonomasia donde se expresa claramente que el destino final, para cada uno de los elegidos, no es otro que el de estar para siempre con Jesús. Lo cual significa, en definitiva, la mutua, recíproca y eterna posesión de Jesús y su discípulo —el uno en el otro y el otro en el uno—. Pues será entonces, y sólo entonces, cuando al fin se cumpla definitivamente el deseo expresado por la esposa con respecto al Esposo (que en realidad es recíproco en el contexto) que *El Cantar de los Cantares* describe de forma tan sublime:

> *Mi amado es para mí y yo soy para él.*
> *Pastorea entre azucenas.*[15]
>
> *Yo soy para mi amado y mi amado es para mí,*
> *el que se recrea entre azucenas.*[16]

En este sentido, la idea según la cual la corona de los elegidos no consiste en otra cosa que en la posesión definitiva de la *Estrella de la Mañana*, que no es sino Jesucristo mismo, viene a llenar un hueco importante en la historia de la Espiritualidad Cristiana. La cual no parece haber *insistido* suficientemente en la *Persona de Jesucristo*, ni en la necesidad de considerar en un primer plano su propia *Humanidad* para impulsar en el hombre un amor por cuyos ímpetus ha suspirado siempre su corazón, consciente o inconscientemente. Amor que, por otra parte, solamente podría ser suscitado por otra persona (puesto que el amor no es una relación entre naturalezas, sino entre personas). Tal como se desprende del famoso dicho de

---

[15] Ca 2:16.
[16] Ca 6:3.

San Agustín: *Nos hiciste, Señor, para ti, y por eso nuestro corazón estará siempre inquieto mientras no descanse en ti.*

Se diga lo que se quiera, es lo cierto que la idea de la *Humanidad de Jesucristo* ha sido siempre relegada a un segundo plano dentro de la Espiritualidad cristiana. Y aunque tal actitud no pueda ser atribuida a una intención demasiado consciente, todo parece señalar como su causa la tendencia de la Doctrina a poner el acento en la Divinidad del Señor con el fin de salvaguardarla. Cosa que, a poco que se piense, carece de sentido, en cuanto que Jesucristo ciertamente no es imaginable sin su Divinidad, *pero tampoco es el verdadero Jesucristo sin su Humanidad.*

Pero el error de insistir durante siglos en la Divinidad del Señor (quizá por un larvado temor al arrianismo) dejando un tanto en la sombra su Humanidad, en la fútil creencia de salvar de toda duda su condición divina, ha favorecido las peligrosas campañas actuales (y más que nada las lideradas por el Modernismo) que tanto se han esforzado en negar la Divinidad de Jesucristo (y por consiguiente también su condición de Salvador). De este modo se ha dado lugar a un nuevo resurgir del arrianismo, el cual ha visto facilitado su camino a causa de las menguadas teologías empeñadas en presentar un *Cristo incompleto*. Las cuales, a su vez, también han sido influenciadas por un inexplicable miedo al cuerpo y a la materia, producto de un larvado maniqueísmo siempre en estado de hibernación, pero dispuesto a reaparecer en cualquier momento en la Espiritualidad Cristiana.[17]

---

[17]Aunque sea duro de reconocer, los residuos de maniqueísmo son claramente visibles a poco que se estudie con detenimiento la espiritualidad de los grandes místicos. La Mística clásica, por ejemplo, sustituye con frecuencia el concepto *hombre* por el de *alma*. Sin contar con sus preferencias a insistir en los medios de purificación para llegar a la *unión con Dios*, pero dando un tanto de lado al principio de la necesidad de seguir un *Camino* que no es otro sino Jesucristo; sin olvidar las palabras que también añade el Señor: *Nadie viene al Padre sino por mí* (Jn 14:6).

Nunca se insistirá bastante en que el hombre no puede llegar a conocer y amar a Dios si no es *por medio de Jesucristo*. Teniendo en cuenta, además, que el amor a Jesucristo comienza *a través de la Humanidad del Señor*, por la que el ser humano llega, en un solo y único acto de amor, a su *Persona* y juntamente con ella a su *Divinidad*. La criatura humana no es capaz de sentirse enamorada de Jesucristo si no comienza a conocerlo y tratarlo como Hombre. Aunque jamás llegará a conocerlo, ni aún menos a amarlo, si al mismo tiempo no lo conoce y trata también como a su Dios. Pues, aun respetando el orden de las prioridades cognoscitivas lógicas (no temporales), nadie que ama imagina a la persona amada como *un ser incompleto*, sino precisa y justamente *como es* y nada más que como es. Y Jesucristo es, según afirmamos en el Credo, verdadero Dios y verdadero Hombre en la unidad de su Persona Divina. Pero un Cristo incompleto (sin su Humanidad o sin su Divinidad) se hace imposible de ser conocido y amado, al mismo tiempo que facilita el camino a todas las herejías.

Cuando el coro de doncellas de *El Cantar de los Cantares* trata de saber de boca de la esposa acerca de cómo y quién es el Esposo, la mera pregunta implica una idea imprecisa, propia del firmamento aún oscuro del Antiguo Testamento, según la cual todo parecería reducirse a un simple *distinguirse* del amado con respecto a los demás mancebos. Lo que nos indica que nos hallamos todavía en los albores de la Revelación, muy lejos aún del amanecer del día en que aparece el Verbo hecho Carne:

> *¿Y en qué se distingue tu amado,*
> *oh la más hermosa de las mujeres?*
> *¿En qué se distingue tu amado,*
> *tú, que así nos conjuras?*[18]

---

[18] Ca 5:9.

Y la respuesta de la esposa se ve reducida al minúsculo recurso de la enumeración de una serie de metáforas (Ca 5: 10–16). Las cuales, pese a su extrema belleza, nos dejan sumidos en la nostalgia de un *Algo*, o quizá de un *Alguien*, cuyo nombre falta y del que, sin embargo, siente una oscura añoranza nuestro corazón. ¿Y qué otra cosa podía hacer la esposa en este estadio primitivo de la Revelación...? Dios, o el Esposo, todavía no se había manifestado en Jesucristo, pues la exigua luz del alba —que apenas si ya había dejado atrás la noche— aún andaba lejos de convertirse en aurora.

Pese a lo cual no deja de *vislumbrarse*, aunque sólo como el lejano destello de un relámpago que por un instante brilla y desaparece en el horizonte, la condición y el carácter de *Aquél* que habría de venir, en otros textos de *El Cantar*:

> *Me ha llevado a la sala del festín*
> *y la bandera que ha alzado contra mí*
> *es bandera de amor.*[19]

¿Y quién podría entablar con la esposa (al fin y al cabo un ser humano) un *combate de amor* sino un Dios dotado también de una naturaleza humana, dado que en estricta justicia y exigencias de autenticidad, el combate habría de librarse en condiciones de una situación equilibrada?

Algo parecido también podría decirse del versículo que sigue a continuación (2:5):

> *Confortadme con pasas,*
> *recreadme con manzanas,*
> *que desfallezco de amor.*

---

[19] Ca 2:4.

Aunque se trate de un argumento bastante impreciso, expresa sin embargo algo característico de la condición del corazón humano que ama. Pues la idea de morir de amor por la persona amada, reveladora a su vez de una relación íntima amorosa en grado sumo, indica en el ser humano la necesidad de una relación de íntimo afecto hacia otra naturaleza humana. Por otra parte, es indudable que aquí existe una referencia al lenguaje amoroso utilizado por los amantes humanos, del cual parte siempre *El Cantar* para elevarse a las relaciones de amor divino–humanas. Desde luego no es frecuente que en los textos veterotestamentarios, cuando se habla en ellos de la muerte sufrida por martirio, que se aluda a otras motivaciones que no sean la fidelidad a las *Leyes Mosaicas*, a las *Leyes de Dios* o a las *Leyes de nuestros padres*.[20] Por lo demás, hasta el mismo Dios tuvo necesidad de asumir una Naturaleza Humana cuando quiso demostrar su amor hacia el hombre dando la vida por él Y no parece ajena al problema la doctrina de Jesucristo en la que se dice que la mayor demostración de amor es la de dar la vida por los que se ama (Jn 15:13).

Seguramente alguien podría decir que estas afirmaciones suponen hilar demasiado fino, y probablemente sea verdad. Sin embargo, ¿acaso parece imposible que Dios, a través de las tinieblas que envolvían el mundo veterotestamentario, dejara entrever algún rayo de luz por tenue que fuera —aun a sabiendas de que no se iba a saber interpretar—, pero encerrando en su contenido el misterioso presentimiento de Algo maravilloso que estaba por venir? ¿Y en un libro como *El Cantar de los Cantares*, cuyo lenguaje profético y poético no tiene otro objeto que el de cantar las excelencias de las relaciones íntimas de amor divino–humanas...? Por otra parte, no es cosa rara el uso de un lenguaje profético cuya interpretación esté destinada a

---

[20]Cf, por ejemplo, 2 Mac 7:2; 7:10.

ser descubierta sólo en el momento de su cumplimiento. Y es sabido que los exegetas se esfuerzan en buscar vestigios alusivos a la plenitud de la Revelación en textos veterotestamentarios mucho más oscuros y aun bastante cuestionables.[21]

San Juan, el Discípulo Amado y el más próximo a Jesús dentro del círculo de sus íntimos, renuncia con buen sentido a describirlo. Prefiriendo dar un testimonio directo de lo que ha *visto y oído* que es una verdadera confesión de la realidad de la Humanidad de Jesucristo. Testimonio que transmite para todos los tiempos y para todos los que han de ser discípulos del Maestro, asegurando que lo hace *a fin de que estéis en comunión con nosotros... y nuestra alegría sea completa*:

El texto está al comienzo de su Primera Carta, y afirma que *lo que existía desde el principio, lo que hemos oído, lo que hemos visto con nuestros ojos, lo que hemos contemplado y han palpado nuestras manos a propósito del Verbo de la vida —pues la vida se ha manifestado y damos testimonio y os anunciamos la vida eterna, que estaba junto al Padre y que se nos ha manifestado—, lo que hemos visto y oído, os lo anunciamos para que también vosotros estéis en comunión con nosotros. Y nuestra comunión es con el Padre y con su Hijo Jesucristo. Os escribimos esto para que nuestra alegría sea completa.*[22]

---

[21]El discutido texto de *Hagamos al hombre a nuestra imagen y semejanza* de Ge 1:26, por ejemplo, en el que algunos pretenden ver un velado anuncio del Misterio Trinitario, podría ser muy bien un mero uso del plural mayestático.

[22]1 Jn 1: 1–4.

5. La Estrella de la Mañana o el Lucero Brillante de los Sueños

La *Estrella Matutina*, también llamada *El Lucero Brillante de la Mañana*, ha sido contemplada por los hombres en el firmamento del cielo durante muchos millares de años. Con asombro y aún más con admiración. Evocadora de sueños y nostalgias en el corazón humano, de proveniencia y origen desconocidos, ha creado durante siglos en los hombres sentimientos de emoción cuya profundidad y contenido la Humanidad aún no ha logrado explicar.

Aparece con los primeros vislumbres de la luz que anuncia tenuemente la llegada del alba, para desaparecer una vez que la aurora comienza a lanzar sus rosados rayos que colorean el horizonte. Sólo por un breve tiempo, como ocurre siempre con los sentimientos más admirables y profundos que alguna que otra vez embargan el corazón humano, pero que suelen ser tan fugaces. Pues bien es verdad que sólo en forma pasajera pueden colmarlo. Pues la *perennidad* —y ni siquiera la excesiva duración— de lo sublime, de lo bello y lo hermoso, no existe en esta vida: únicamente se nos permite contemplarlo de manera fugaz, como relámpago que refulge por un instante en el horizonte. Los bellos sones de una melodía pasan, la visión de una hermosa pintura se desvanece al poco de dejar de contemplarla, y el sabor de una armoniosa poesía pronto es relegado al desván de los recuerdos. Todo lo cual ocurre seguramente para que nos sirva como mero anuncio de lo eterno; o tal vez para recordarnos que *no tenemos aquí ciudad permanente...*,[23] y hasta para que nunca dejemos de mirar hacia arriba: *Buscad las cosas de arriba, saboread las cosas de arriba, y no las de la tierra.*[24]

---

[23] Heb 13:14.
[24] Col 3: 1–2.

Claro está que todas estas cosas están dichas para los que están en camino o para los que andan en busca de la *Ciudad futura* (Heb 13:14), y no para los que se establecen definitivamente en esta Tierra pensando en que no existe otra a la que peregrinar. Estos últimos son los que se quedaron tranquilamente en la plaza, mano sobre mano, sin nada por hacer, nada por andar y nada por buscar. A los que el Padre de la viña, llegado inopinadamente preguntará al fin: *¿Qué hacéis aquí todo el día ociosos?*,[25] aunque ahora, por esta vez, no sabrán encontrar una respuesta. Por lo que nada de lo que se va a decir aquí tiene que ver con ellos.

Pero para todos los demás, o para los inquietos que caminan y buscan saciar su corazón, la *Estrella Matutina*, durante el breve tiempo que alegra con su brillo el amanecer de cada día, es el anuncio de Alguien que está por venir. La belleza de su resplandor blanco azulado, junto a su constancia en elevarse por entre las brumas del alborear de cada día, quizá pretendan inducirnos a mantenernos en la ilusión impaciente de la espera. Alimentando así la ansiedad que nos anima a mantenernos firmes ante su llegada, o justamente *hasta que Él venga*.[26]

Y es también al mismo tiempo su nombre —*El Lucero de la Mañana*— una metáfora. Una bella metáfora, como son siempre las verdaderas metáforas. Las mismas que encubren, bajo la belleza de las palabras, el misterio sublime que los vocablos tratan de descubrirnos..., pero que al mismo tiempo lo ocultan, como avergonzados de su impotencia. Instrumento que es la metáfora de la Poesía al fin y al cabo, una vez descubierta su incapacidad para decirnos lo que oculta, trata de todos modos de decirnos algo con todas sus fuerzas, como el moribundo que intenta desesperadamente pronunciar unas últimas palabras. Y utiliza la belleza tan limitada de las palabras

---

[25] Mt 20:6.
[26] 1 Cor 11:26.

humanas —¡qué remedio!— para intentar decir la Belleza infinita que encierra en su seno.

Pero esa Belleza infinita no está todavía en nuestras manos. Pues ya hemos dicho que nuestra misión por ahora es la de caminar para salir a su encuentro, permaneciendo al mismo tiempo vigilantes y a la espera: *Felices los siervos a quienes el Señor, cuando llegue, encuentre vigilantes.*[27] En la seguridad de que no seremos defraudados, pues sabemos que Él ha de venir: *Yo soy el Alfa y la Omega, dice el Señor Dios, el que es, el que era, el que ha de venir, el Todopoderoso.*[28] Y así, según lo dicho, esperar y correr, pues siempre cabe aguardar expectantes..., y salir al mismo tiempo al encuentro del que llega movidos por nuestra impaciencia.[29]

6. La Estrella Matutina... y la Noche

> *Oráculo sobre Dumá:*
> *Alguien grita desde Seír:*
> *"Centinela, ¿qué hay de la noche?*
> *Centinela, ¿qué hay de la noche?"*
> *Responde el centinela:*
> *"Viene la mañana,*
> *y viene también la noche.*
> *Si queréis preguntar, preguntad.*
> *Volved, venid."*[30]

---

[27] Lc 12:37.

[28] Ap 1:8.

[29] La exhortación a la vigilancia es una constante del Nuevo Testamento: *Permaneced vigilantes, puesto que no sabéis qué día vendrá el Señor* (Mt 24:42; cf Mt 25:13; Mc 13:35; 13:37); *Vigilad y orad en todo tiempo, para que podáis escapar de las cosas que han de venir y permanecer en pie ante el Hijo del Hombre* (Lc 21:36); *Vigilad y retened en la memoria todo lo que durante tres años, noche y día, no he cesado de enseñaros con lágrimas en los ojos a cada uno de vosotros* (Hech 20:31). Cf también 1 Cor 16:13, etc.

[30] Is 21: 11–12.

Pero el camino que conduce al encuentro del Esposo no es un sendero fácil, por lo que pocos necesitarán ser convencidos de que la tierra que recorremos es un *Valle de Lágrimas*. Y tal como a los Magos en su viaje en busca del Mesías, también alguna vez la Estrella se oscurece para el cristiano, desapareciendo del firmamento del cielo y dejándolo sumido en el más completo de los desconciertos. De ahí que el Cristianismo jamás haya tratado de ocultar que la senda que conduce a la Vida es *estrecha y abrupta, y pocos son los que caminan por ella*.[31]

Pero el oscuro mundo de las tinieblas, que alguna vez oculta en una profunda *Noche* a la *Estrella de la Mañana* de la mirada del hombre, no puede ser tomado a la ligera. Pues nada más serio que el dolor y el sufrimiento humanos, tan capaces de sumergir al hombre, siquiera momentáneamente, en un abismo de confusión y desconcierto capaz de reducirlo casi a la incapacidad: *Llega la noche, cuando nadie puede trabajar*.[32] Lo demuestra el oráculo de Isaías, al interpelar al centinela por la situación de la noche repitiendo por dos veces la pregunta:

> *"Centinela, ¿qué hay de la noche?*
> *Centinela, ¿qué hay de la noche?"*

San Juan de la Cruz explica de manera magistral la profundidad de las *Noches del Sentido y del Espíritu*, como caminos necesarios y dolorosos por los que es necesario transitar para llegar, tanto a la purificación de los sentidos y apetitos, como a la eliminación de las consecuencias derivadas de la concupiscencia. Su doctrina sobre la necesidad y la profundidad de las *Noches* por las que ha de atravesar el alma hasta llegar a la unión con Dios, supone un hito que ha quedado marcado para siempre en la Historia de la Espiritualidad Cristiana.

---

[31] Mt 7:14.
[32] Jn 9:4.

Carta a la Iglesia de Tiatira

Con todo, conviene tener en cuenta que San Juan de la Cruz centra el horizonte de su doctrina sobre las *Noches* en las pruebas interiores que ha de sufrir el *alma*, en una purificación que se reduce al ámbito interno por el que se ve afectada de una manera directa e inmediata. De ahí que el mundo de las *Noches* sanjuanistas sea un mundo meramente interior que no abarca más allá. Lo que no tiene nada de particular si se tiene en cuenta el horizonte contemplado por el Santo, en el que se describe la vía purgativa e interior del *alma* sin tener en cuenta la influencia de las circunstancias exteriores de un ambiente posiblemente hostil prácticamente entonces inexistente. El Siglo de Oro fue una época de intensa fe, en la que el cristiano se sabía formar parte de una Iglesia que no tenía que soportar las poderosas embestidas que la combatieran, incluso desde dentro de Sí misma, tal como sucede en la actualidad con la herejía modernista.

No se trata, por lo tanto, de poner en duda o de restar un ápice a una doctrina cuyo valor inestimable ha sido reconocido siempre por la Espiritualidad Cristiana con absoluta justicia. Lo que vamos a intentar exponer ahora, por lo tanto, no es sino una cuestión de *puntos de vista*. Dado que el mundo ha evolucionado hacia niveles del Mal desconocidos en los tiempos del Santo. Las tinieblas que ahora ocultan la *Estrella de la Mañana* han llegado mucho más allá del ámbito que rodea al individuo, dado el grado en que han aumentado su extensión, altura y profundidad. La *Noche* que ahora envuelve al cristiano rebasa los límites *interiores* de su alma y los extiende hasta el ambiente *exterior* y extremadamente hostil que lo rodea. O dicho de otra manera, la Cruz del cristiano, sin perder de vista para nada los sufrimientos y pruebas interiores del alma en cada individuo, se extiende ahora y abarca también las crisis que sufren la Iglesia y el mundo, hasta ahora en la Historia desconocidas. Las cuales afectan de forma tan dolorosa a la vida del creyente actual como nunca antes había conocido la Historia de la Iglesia.

Es de notar, sin embargo, que el Libro de *El Cantar de los Cantares* prefiere hablar de *ausencia del Esposo* en vez de *Noche del alma*, y es el punto de vista que adoptamos aquí. Lo que en modo alguno significa dar de lado a la doctrina que describe el terrible calvario del alma hasta su unión con Dios según San Juan de la Cruz, puesto que no puede existir dolor mayor que la realidad que supone la ausencia o la pérdida del amado del alma:

> *En el lecho, entre sueños, por la noche,*
> *busqué al amado de mi alma,*
> *busquéle y no le hallé.*
> *Me levanté y recorrí la ciudad,*
> *las calles y las plazas,*
> *buscando al amado de mi alma.*
> *Busquéle y no le hallé.*
> *Encontráronme los guardias*
> *que hacen la ronda en la ciudad:*
> *¿Habéis visto al amado de mi alma?*[33]

De donde, según afirma también *El Cantar*, la esposa se apercibió de la ausencia o pérdida del Esposo *por la noche*, con lo que aparece de nuevo el paralelismo noche–ausencia. Y de ahí que la poesía mística y los poetas en general hayan explotado el tema de la noche para explicar la situación en la que queda el amante ante la ausencia o pérdida de la persona amada:[34]

> *De noche se marchó el amado mío,*
> *como se oculta el sol tras el collado,*
> *cual se pierde en el mar el ancho río*
> *y en los espesos bosques el venado.*[35]

---

[33] Ca 3: 1–3.

[34] Si bien *El Cantar*, como se ha dicho arriba, pone más el acento en el tema de la *ausencia*.

[35] *CFC*, 22.

O tal como se ve en los bellos versos de San Juan de la Cruz:

> *¿Adónde te escondiste*
> *amado y me dejaste con gemido?*
> *Como el ciervo huiste*
> *dejándome herido,*
> *salí tras ti clamando y eras ido.*[36]

Y la tristeza por la ausencia del Amado, sin conseguir hallarlo todavía, que puede llegar hasta provocar en el amante sentimientos de muerte de amor:

> *En vacilante vuelo y derrotero,*
> *busca un ave, de amores malherida,*
> *al que fue de su vida el compañero,*
> *mas viendo su esperanza ya perdida,*
> *muerta quedó tendida en el sendero.*[37]

La terrible dureza que suponen para el alma las *Noches* sanjuanistas, tanto del *sentido* como del *espíritu*, así como la tragedia que llevan consigo la *ausencia* o la *pérdida del Esposo* en la mística de *El Cantar*, conducen a grados de sufrimiento y angustia que sólo pueden comprender quienes los han experimentado. Se trata efectivamente, como dice el Santo de Fontiveros, de pruebas de purificación que Dios permite para la mayor gloria de los que ama. Pero dado que la altura de su amor es en extremo elevada, también la profundidad de tales sufrimientos puede exceder, no ya los límites de lo alcanzable por el entendimiento del hombre, sino también la de una capacidad

---

[36] San Juan de la Cruz, *Cántico Espiritual*.
[37] *CFC*, 26.

de sufrimiento únicamente ayudada por las fuerzas con las que Dios sostiene tales tormentos.

Pese a todo lo dicho y como algo en extremo curioso pero que pasa desapercibido, el tema de las *noches* o de la *ausencia* del Esposo, encuentra en *El Cantar de los Cantares* muy escaso margen (3: 1–3) dentro de la totalidad de su texto. Como si tratara de no conceder mayor relevancia a lo que es pasajero o meramente provisional. Y es preciso reconocer que pese a la crudeza e importancia del tema, que incluso puede reaparecer una y otra vez, de modo intermitente en el camino del peregrino que busca al *Lucero Brillante de la Mañana*, no supone, sin embargo, el punto decisivo en la historia de las relaciones amorosas divino–humanas.

Y efectivamente, pues si bien se examina el oráculo que Isaías pronuncia sobre Dumá (Is 21: 11–12), a la interpelación dirigida al centinela acerca del avance y estado de la noche, éste responde con palabras que pueden parecer tan extrañas como que realmente lo son. Un oráculo a propósito del cual y tal como sucede con otros, los exegetas suelen pasar como sobre ascuas. O aportando al tema explicaciones capaces de llenar de estupor al más avisado de los lectores; quienes pocas veces logran sacar algo en claro de lo que se les dice. Con todo, también ha de tenerse en cuenta la dificultad del tema y el terreno sobre el que se camina, no sin antes traer a colación la respuesta del centinela:

> *Viene la mañana,*
> *y viene también la noche.*
> *Si queréis preguntar, preguntad.*
> *Volved, venid.*

Ante todo, no debemos olvidar que nos encontramos de lleno dentro del ámbito de un lenguaje profético que, además, ha sido elaborado mediante un cúmulo de expresiones que rondan el mundo de la Poesía. Y donde propiamente habría que aplicar al pie de la letra la consigna de Jesucristo: *Quien lea, entienda*.[38] Nadie debiera extrañarse, por lo tanto, que haya que acudir al procedimiento de insinuar sugerencias y evocaciones, puesto que no existe otro camino accesible sobre el que abrirse paso, caminando despacio y fatigosamente a través de misterios que transcienden el entendimiento y el corazón humanos.

Sin embargo, es evidente y claro que tanto el lenguaje profético, como el poético, *siempre dicen algo*.

O tal vez mucho, pero siempre algo. A no ser que supongamos que Dios habla por hablar o que gusta de jugar con enigmas. O que la belleza del lenguaje, y en la medida en que es belleza, no contiene ni dice nada: en cuyo caso habría que concluir que *no habría tal belleza*. Dado que la belleza es el esplendor del ser, expresado esta vez por medio de las palabras.

Partiendo, por lo tanto, de que la respuesta del centinela posee un contenido significativo, observamos ante todo que el vigilante ciertamente reconoce que viene la noche. Aunque afirma al mismo tiempo que *viene también la mañana*, e incluso coloca a esta última por delante de la noche.

A lo que hay que añadir, para completar el hermético contenido de sus palabras, que el centinela exhorta a que se le hagan preguntas, animando a que acudan todos los que deseen venir, y a que vuelvan todos aquellos que, movidos quizá por el temor, hubieran pretendido escapar de un posible y desconocido peligro: *Volved, venid*.

Una posible explicación avanzaría el supuesto de que el sufrimiento cristiano, con sus *noches* del alma y las *ausencias* del Esposo, podrá ocasionar efectivamente la angustia del fiel discípulo de Jesu-

---

[38] Mt 24:15; Mc 13:14.

cristo, al verse a sí mismo envuelto en el abismo de oscuridad que a menudo se cierne sobre su existencia. Pero con la particularidad, sin embargo, de que esa oscuridad *jamás llega a convertirse en tinieblas*. Pues la noche del que sigue los pasos de Jesucristo, por densa que sea, definitivamente está destinada a convertirse en mañana, que es la que siempre define —la mañana, o la luz del día— el devenir del camino del buscador de la Estrella: *La noche está avanzada, y el día ya está cerca.*[39]

Por supuesto que el peregrino puede sentirse desconcertado al ocultarse el Lucero, al verse sumido en la oscuridad y enfrentado, por consiguiente, al Misterio del Dolor. Pero aquí son admisibles todas las preguntas que cualquier ser humano sea capaz de formular, que no serán distintas de las que durante siglos y siglos han venido torturando a la Humanidad, generalmente sin hallar respuesta. Pues es un hecho incontestable que es el Cristianismo, a la luz que se desprende del Misterio de la Cruz, *la única Doctrina que puede responder a todas*:

> *Si queréis preguntar, preguntad.*
> *Volved, venid.*

Según la cual, el sufrimiento, que desde el principio tuvo su origen en el pecado cometido por la criatura humana, con el que Satán quiso destruirla con su odio, se transformó, sin embargo, en su mayor derrota y vergüenza cuando *Dios le dio la vuelta al dolor y lo cambió de signo*, convirtiendo la noche en día. Desde ahora, sufrir con Jesucristo, participando de su Muerte, es el mayor y más perfecto acto de amor que en esta Tierra le ha sido concedido ejercer al ser humano y promesa, a su vez, de una corona de gloria. Y de

---

[39] Ro 13:12.

ahí las vibrantes y exultantes exclamaciones del Salmo: *Tampoco las tinieblas son para ti oscuras, pues la noche brilla como el día y las tinieblas como la luz.*[40]

7. Las formas antropológicas atribuidas a Dios y el Simbolismo en *El Cantar de los Cantares*

Buena parte de la Exégesis de *El Cantar de los Cantares* ha elegido la vía fácil de considerar al libro como una mera colección de cantos epitalámicos. Pero reducir el Poema sagrado a un conjunto de odas, cantadas a propósito de las bodas, es una pobre solución además de insostenible. Por supuesto que no existe inconveniente en admitir que el hagiógrafo haya utilizado fuentes originales basadas en el tema, aunque no parece que existan razones para atribuir al asunto la consideración de problema. Por nuestra parte, partiendo como siempre del punto de vista de la Fe, y admitiendo el carácter inspirado de toda la Sagrada Escritura, mantenemos la creencia de que *El Cantar de los Cantares* es un libro inspirado, reconocido como canónico por la Iglesia. Sin dejarnos caer en la simpleza de imaginar al Espíritu Santo inspirando frivolidades sin un propósito determinado; aunque, como sucede en este caso, se trate de costumbres tan importantes y seculares en la convivencia humana como son las celebraciones que dan paso al matrimonio.

Con todo, es cierto que el Libro utiliza la figura del amor humano conyugal para describir las relaciones de amor entre Dios y el hombre. A lo cual se le debe conceder, como a todo lo que se contiene en la Escritura, un propósito bien definido de antemano. Que no es difícil de reconocer en este caso si se tiene en cuenta que el Autor

---

[40]Sal 139:12.

sagrado se ciñe a las formas de hablar y pensar del hombre, una vez admitido que el amor conyugal es la forma de amor humano más completa y más simple como para expresar las relaciones de amor entre Dios y su criatura. Con tal que las reflexiones que se lleven a cabo tengan siempre a la vista un principio fundamental y básico en estas cuestiones, cual es el de la necesaria elevación del tema al orden sobrenatural. En realidad, desde el punto de vista cristiano, carecería de sentido cualquier lectura de *El Cantar de los Cantares* que no estuviera guiada por la luz de la Fe.

Siempre se puede profundizar más, sin embargo, en el conocimiento del significado contenido en la Palabra revelada, con tal que se mantenga el sentido original y no existan desviaciones que se aparten de las enseñanzas del Magisterio de la Iglesia con respecto al tema.

Como no podía ser de otra manera, una vez atribuido a Dios el carácter de *Esposo*, y al alma humana (al ser humano) la condición de *esposa* —amor conyugal, en la pareja un hombre y una mujer—, se impone la necesidad de pensar en Dios en clave antropológica. Algo acerca de lo cual nunca ha dudado la Exegesis. Y sin embargo, una vez admitidos como innegables los referidos presupuestos, quizá aún pueda darse un paso adelante y profundizar en el contenido del texto.

Para lo cual, y a fin de avanzar en nuestra investigación, podríamos comenzar llamando la atención acerca del hecho de que el Libro comience, directamente y sin preámbulos, aludiendo de forma cruda y realista a uno de los gestos más íntimos de expresión del amor humano:

> *¡Béseme con besos de su boca!*
> *Son tus amores más suaves que el vino.*[41]

---

[41] Ca 1:2.

Textos que se van acumulando a lo largo del Libro, expresando de forma realista algunas de las formas de manifestarse el amor conyugal. Proceden a veces de boca del Esposo, mientras que otras se trata de requiebros y lisonjas de amor pronunciados por la misma esposa. Como puede verse en los siguientes, escogidos entre otros:

*Es mi amado para mí bolsita de mirra
que descansa entre mis pechos.*[42]

*Reposa su izquierda sobre mi cabeza
y con su diestra me abraza amoroso.*[43]

*Ven, paloma mía,
dame a ver tu rostro, dame a oír tu voz,
que tu voz es suave y es amable tu rostro.*[44]

*¡Qué dulces tus caricias, hermana mía, esposa!
Dulces más que el vino son tus amores,
y el olor de tus ungüentos
es más suave que el de todos los bálsamos.*[45]

*Eres, amada mía, hermosa como Tirsa,
bella como Jerusalén,
terrible cual escuadrón ordenado en batalla.
Aparta ya de mí tus ojos,
que me matan de amor.*[46]

Todo lo cual se explica fácilmente acudiendo a la teoría del *Simbolismo*, en la que basta con elevarse del plano natural al sobrenatural a fin de comprender, como ya hemos dicho repetidamente,

---

[42] Ca 1:14.
[43] Ca 2:6.
[44] Ca 2:14.
[45] Ca 4:10.
[46] Ca 6: 4–5.

el misterio de las relaciones de amor divino–humanas. Para lo cual bastaría con considerar, ascendiendo de abajo hacia arriba, el amor conyugal humano como una *analogía* que nos puede conducir a comprender el amor entre Dios y su criatura. Aunque quizá fuera más conforme a la realidad de las cosas hacer el camino desde arriba hacia abajo: lo cual supondría explicar el amor divino–humano como un analogado primero en relación al Misterio Trinitario, reservando así la denominación de analogado segundo para el amor conyugal puramente humano.

La teoría del *Simbolismo* explica cumplidamente el objeto principal que el Autor sagrado se propuso con el libro: exponer las relaciones de amor divino–humanas por medio de aquello que mejor podía ser comprendido por el hombre, lo cual no es otra cosa sino las formas del amor humano conyugal.

Pero, como ya hemos apuntado arriba, quizá se pueda avanzar más en la profundización de la Palabra revelada. Y en este sentido es posible que *El Cantar de los Cantares* contenga todavía otro significado, tan oculto como maravilloso, referido a *Alguien* y a *Algo* que están por venir. El cual significado, aparentemente bien disimulado y escondido en el texto, es por consiguiente y tal como cabía esperar, un *Anuncio*. Y un maravilloso anuncio además.

Es cierto que su contenido acerca de *Quién viene* y de *Qué es lo que viene* estuvo oculto durante los siglos. E incluso en cierto modo, aunque sea ya una Realidad cumplida, sigue sin descubrirse como una profecía que fue..., pero que ya se ha realizado. Pues todo parece como si Dios gustara de revelar ciertas verdades, a veces tan sublimes que superan en mucho el entendimiento y el corazón del hombre, pero como si se tratara de una *broma divina*, para ser comprendida y saboreada solamente a su tiempo.

Es bastante probable que la insistencia de *El Cantar* en atribuir a Dios formas antropológicas en la figura del Esposo, utilizando expresiones tan crudas como realistas, exija que le sea asignado un significado más profundo. Es posible que tal cosa responda a la necesidad de proclamar abiertamente que la naturaleza humana necesita, para poder amar con perfección, de otra naturaleza humana; ya se trate simplemente de otra naturaleza humana igual, o ya se trate *de otra Naturaleza también perfectamente Humana, si bien con una particularidad: la de que en este caso pertenece a una Persona Divina que la ha tomado y hecho suya como propia sin dejar de ser Dios.*

De ser esto cierto, como efectivamente lo es, estaríamos ante un descubrimiento inesperado: la proclamación, por parte de *El Cantar*, de algo tan sublime como es *la necesidad de la Naturaleza Humana de Jesucristo*, contenida a su vez dentro del misterio de la unión hipostática en la Persona Divina de Jesucristo, a fin de otorgar al hombre la posibilidad de amar a Dios *con un amor perfecto*. Lo cual quiere decir *según su naturaleza* —que es, al fin y al cabo, como actúan todos los seres—, la cual está formada precisamente de alma y cuerpo.

8. La Humanidad de Jesucristo y la Eucaristía

Para la Doctrina Católica es un dogma de fe que en la Eucaristía están *realmente presentes* el cuerpo y la sangre de Jesucristo juntamente con su alma y su divinidad, tanto bajo la especie de pan como en la de vino.

La fe unánime de los fieles cristianos jamás ha vacilado en que al recibir la Eucaristía, bajo cualquiera de las dos especies, se recibe a la Persona Divina de Jesucristo en posesión indivisible de sus dos Naturalezas, divina y humana.

Sin embargo, y sin merma alguna de lo dicho, los fieles que consumen el Sacramento Eucarístico lo hacen pensando, *de primera intención*, en que reciben el *Cuerpo de Cristo*, como así lo dice expresamente el Ministro al impartir el Sacramento (que generalmente se recibe bajo la especie de pan). Lo que en modo alguno disminuye el convencimiento de los fieles acerca de que reciben la Persona misma de Jesucristo.[47]

Según la Doctrina, *ex vi verborum* (en virtud de las palabras de la consagración) el cuerpo de Cristo está presente bajo la especie de pan, y la sangre de Cristo bajo la especie de vino. Aunque *por concomitancia* se hallan también presentes bajo la especie de pan, juntamente con el cuerpo, la sangre de Cristo y su alma (concomitancia natural); mientras que por la unión hipostática se halla presente su divinidad (concomitancia sobrenatural). A su vez, bajo la especie de vino, juntamente con la sangre de Cristo, se hallan también presentes su cuerpo, su alma y su divinidad.

Santo Tomás lo explica de la siguiente manera:

Omnino necesse est confiteri secundum fidem Catholicam quod totus Christus sit in hoc sacramento. Sciendum tamem quod aliquid Christi est in hoc sacramento dupliciter: uno modo, quasi ex vi sacramenti; alio modo, ex naturali concomitancia. Ex vi quidem sacramenti, est sub speciebus huius sacramenti id in quo directe convertitur substancia panis et vini praexistens prout signficatur per verba formae, quae sunt efectiva in hoc sacramento sicut et in ceteris: puta cum dicitur, "Hoc est corpus meum, Hic est sanguis meus". Ex naturali autem concomitancia est in hoc sacramento illud quod realiter est conconiunctum ei in quo prædicta conversio terminatur. Si enim aliqua dua sunt realiter coniuncta, ubicumque est unum realiter, oporter et aliud esse: sola enim operatione animae discernuntur quae realiter sunt coniuncta...

---

[47]El hecho es semejante a lo que sucede en la oración con respecto a la percepción de la Persona del Señor; la cual tiene lugar en una *primera y directa* apreciación más lógica que temporal de su Humanidad, y que a su vez se traduce en un acto único de amor.

> *Conversio panis et vini non terminatur ad divinitatem et animam Christi, consequens est quod divinitas vel anima Christi non sit in hoc sacramento ex vi sacramenti, sed ex reali concomitantia. Quia enim divinitas corpus assumptum nunquam deposuit, ubicumque est corpus Christi, necesse est et eius divinitas esse. Et ideo in hoc sacramento necesse est esse divinitatem Christi concomitantem eius corpus.*[48]

Es importante notar que el modo *sacramental* de la presencia de Cristo en el sacramento no supone ningún obstáculo para su *presencia real*.[49] Todo lo contrario, puesto que Jesucristo habla claramente de la realidad de su cuerpo y de su sangre y de la necesidad de que sean *comidos* para la vida eterna: *Qui manducat meam carnem et bibit meum sanguinem habet vitam æternam.*[50] Jesucristo ni siquiera se molesta en aclarar conceptos a quienes se escandalizaron y abandonaron ante el realismo de sus palabras en el discurso eucarístico (Jn 6: 60–64).

Es evidente, por lo tanto, que la Doctrina avala y corrobora lo dicho acerca de la necesidad de insistir en la *Naturaleza Humana* de Jesucristo, sin que ello implique prescindir ni siquiera intencionalmente de su *Divinidad*. Lo que ayuda a explicar mejor el modo perfecto de amar a Dios por parte del hombre, como punto importante para evitar lagunas en la ascética y en la mística o la aparición

---

[48] *Summa Theologiæ*, IIIª, 76, 1. (DS., 1640).

[49] Santo Tomás describe en la IIIª parte de la *Summ. Theol.*, qq. 75–77, de manera extraordinariamente pormenorizada, la forma correcta de entender la presencia real de Cristo en la Eucaristía, resolviendo todas las objeciones y dificultades. Su detallada explicación corresponde a un Manual de Teología mejor que a este lugar.

[50] Jn 6: 53–58. El verbo griego τρώγω significa literalmente *comer* o masticar. Cf también 1 Cor 11:29.

de dificultades de difícil solución.[51] Para lo que hemos partido siempre del hecho de que cada agente obra según su propia naturaleza, que en el hombre está compuesta por un cuerpo material y un alma espiritual formando la unidad de la persona humana. No se insistirá bastante en el peligro que representa la tendencia de las Escuelas Espirituales y escritores místicos a considerar al hombre meramente como un *alma*. Lo cual, además de dividirlo en su naturaleza, infunde sospechas de resabios de maniqueísmo y es fuente de infinidad de problemas que, por lo general, suelen darse de lado solapadamente como si no existieran.

9. Del papel representado por el Cuerpo en la relación amorosa divino–humana, visto desde "El Cantar" y la Poesía Mística

Lo que aquí se va a decir nada tiene que ver con la *Teología del Cuerpo* de Juan Pablo II, cuya doctrina apenas si transciende el soma humano y carece del suficiente calado sobrenatural para valorarla como *teología*, además de ser rechazable en muchos aspectos. Aquí se analiza el papel del cuerpo humano (bien que pertenezca a la persona humana o a la Divina de Jesucristo) desde un punto de vista sobrenatural, como ingrediente fundamental en la relación de amor divino–humana. Bien entendido que se trata de un enfoque realizado desde un mero punto de vista intencional y a efectos didácticos, sin prescindir de su función como elemento integral de la persona. Abarcando en este ámbito, tanto a la persona humana como a la Persona Divina de Jesucristo, como poseedora esta última igualmente de una Naturaleza Humana y según lo que se desprende del misterio de la unión hipostática.

---

[51]Sería conveniente aclarar que la Doctrina Católica sobre la Eucaristía no pretende hablar meramente de la realidad de la presencia del *Cuerpo* y de la *Sangre* de Cristo en el Sacramento, sino del Cristo completo que abarca también su Divinidad. Sin embargo es evidente su *insistencia* en la realidad de su Humanidad.

Carta a la Iglesia de Tiatira

Ya hemos visto que el libro de *El Cantar* comienza con una proclamación, cruda y realista, de un deseo (1:2) que no vacila en evocar gestos *corporales* muy expresivos del amor humano. Por lo que no es posible prescindir en este tema de la alusión a tales gestos, puesto que al ser humano le resulta imposible expresar su amor meramente a través del alma, dada la unidad que forman en él los dos elementos esenciales que lo conforman (cuerpo y alma). Como se aprecia claramente en las deficiencias que aparecen en las doctrinas espirituales o místicas que insisten demasiado en el papel del alma, prescindiendo prácticamente del cuerpo.

De ahí que las expresiones alusivas a los gestos corporales sean tan frecuentes en el libro de *El Cantar*, tanto por parte del Esposo como de la esposa. Y justamente lo mismo sucede en la poesía mística:

> *¡Qué hermosa eres, amada mía,*
> *qué hermosa eres!*
> *Tus ojos son palomas.*[52]
>
> ....
>
> *¡Qué hermosa eres, amada mía,*
> *qué hermosa eres!*
> *Son palomas tus ojos a través de tu velo.*
> *Son tus cabellos rebañito de cabras,*
> *que ondulantes van por los montes de Galad.*
> *Son tus dientes cual rebaño de ovejas de esquila,*
> *que suben del lavadero,*
> *todas con sus crías mellizas,*
> *sin que haya entre ellas estériles.*
> *Cintillo de grana son tus labios*
> *y tu hablar es suave.*[53]

---

[52] Ca 1:15.
[53] Ca 4: 1–3.

El piropo, el requiebro o la lisonja son cosa normal en todas las relaciones amorosas, tanto humanas como humano–divinas y, como después veremos, incluso en las divinas. En las relaciones amorosas creadas, la alusión al requiebro como dirigido exclusivamente a la mujer es sin duda una atribución injustificada, como fácilmente está atestiguado por una práctica generalizada llevada a cabo por ambos sexos. Su explicación psicológica necesitaría profundizar en los misterios del amor, cuya necesidad de *expresarse* —atribuible a ambos amantes— suministraría alguna de las claves que conducirían a su comprensión. Además de la existencia de bastantes similitudes, en las relaciones amorosas meramente humanas se observan diferencias con respecto a las divino–humanas en sus estadios más avanzados; acerca de lo cual hablaremos enseguida.

Todo verdadero amor es una participación y derivación de su fuente última, que no es otra que el Amor divino. De donde una vez más será necesario acudir a la analogía, a fin de pergeñar hipótesis que proporcionen las que podrían llamarse *explicaciones*, capaces de satisfacer, siquiera de algún modo, el deseo de saber por parte del hombre.

También el *requiebro*, en cuanto que es una manifestación y expresión amorosa, podrá ser referido igualmente al Amor Supremo. Por supuesto, como acabamos de indicar, que tal cosa requerirá del cuidado y de la atención exigidos por el recto uso de la analogía. Tenido en cuenta lo cual, tal vez ya podría decirse que en el Seno de la Trinidad, así como el Hijo procede del Padre *via generationis*, así el Espíritu Santo, al proceder de ambos *via exhalationis* o suspiro de amor, se convierte en un supremo y mutuo *Requiebro Amoroso* que, al estar identificado con la misma Esencia Divina, goza igualmente de la misma Realidad que la de Ambos de quienes procede. Lo que conduce a la conclusión de que si el requiebro en las criaturas es puramente *accidental*, en el Seno de la Trinidad es en cambio *sustancial*.

Y aquí la analogía da un salto esencial una vez referida a las relaciones amorosas creadas, en el sentido al menos de que ahora el requiebro queda reducido a una mera *expresión*. Realizada en el amor humano por medio del lenguaje, como no podría ser de otro modo, el tema exige ciertas puntualizaciones en cuanto a las relaciones del amor divino–humano. En las cuales, una vez alcanzado estadios más avanzados de la vida espiritual (que algunos llamarían vida mística), hace su aparición, como una forma especial de comunicación, un cierto lenguaje divino que es enteramente inaccesible al ser humano por medios normales, ya sean naturales o incluso sobrenaturales. Lo cual se explica por las exigencias propias de los grados más avanzados de la vida mística, en los que el amor divino se *desborda* e incluso hace partícipe de esa cualidad a la criatura con la que le une la relación amorosa; pues es ahí donde el *lenguaje* que media entre ambos supera y transciende todas las posibilidades de cualesquiera formas de comunicación humanas (y que por eso mismo sería inexplicable).

Llegados a este punto, es oportuno advertir acerca de la tendencia a identificar esta última forma de lenguaje divino (o divino–humano) con el *silencio*, del que a veces suele decirse que, al menos entre enamorados, es la mejor forma de comunicación. Como puede verse en el siguiente ejemplo de poesía mística:

> *Allí, junto al Amado,*
> *mientras soplaba el cierzo en el ejido,*
> *a fuer de enamorado*
> *me susurró al oído*
> *que también por mi amor estaba herido.*[54]

---

[54] *CFC*, 55.

Donde, si bien se observa, queda patente que no se trata de un silencio desarrollado a manera de diálogo, sino que solamente tiene lugar por parte de la esposa; la cual se encuentra anhelante en un momento de espera aguardando las palabras del Esposo, hasta que al fin las escucha.

Si nos atenemos al sentido estricto de la expresión, pronto nos damos cuenta de que no existe el silencio como forma de lenguaje, puesto que en realidad el silencio *nada dice*. Por lo que es imposible considerarlo como una forma de comunicación. Lo que sucede en casos semejantes se explica mejor si se tiene en cuenta que el silencio amoroso que ha lugar entre los amantes es otro modo de comunicación, mucho más intenso si cabe, ocurrido en momentos en los que no existe otra forma más apropiada de expresar lo que transciende y supera a cualquier sistema de comunicación conocido por el ser humano (e incluso sin posibilidad de ser conocido por él, ni aun por vía sobrenatural), más allá y en un orden distinto al que no llega el silencio:

> *Junto al arroyo en los floridos prados*
> *tus ojos y los míos se encontraron*
> *y, a fuer de enamorados,*
> *dos encendidos dardos se lanzaron*
> *y en dos llagas de amor se atravesaron.*[55]

Pero las alusiones a los gestos corporales amorosos son constantes en *El Cantar de los Cantares*. Unas veces explicadas por parte de la esposa:

> *Reposa su izquierda bajo mi cabeza*
> *y con sus diestra me abraza amoroso.*[56]

---

[55] Alfonso Gálvez, inédito.
[56] Ca 2:6.

Y otras por parte del Esposo, formuladas a veces en forma de petición, delicada y exquisitamente dirigida a una esposa que escucha embelesada:

> *Ven, paloma mía,*
> *que anidas en las hendiduras de las rocas,*
> *en las grietas de las peñas escarpadas.*
> *Dame a ver tu rostro, dame a oír tu voz,*
> *que tu voz es suave, y es amable tu rostro.*[57]

Una vez más, queda superada la oración entendida como puramente monólogo. Aunque adopte formas tan legítimas y necesarias como las de petición o las de acción de gracias, que pueden encontrar su lugar, sin embargo, en momentos especialmente apropiados de la oración.

De todos modos queda bien claro que la oración es principalmente un diálogo con Dios, y amoroso además. En el cual, como ocurre en todo diálogo, uno es el que habla y otro es el que escucha, uno el que pronuncia lisonjas y otro el que las oye arrobado, uno el que contempla y otro el que es contemplado, uno el que suspira y otro el que corresponde, uno el que formula protestas de amor y otro el que trata de superarlas en competidora respuesta.

Algo que también parece deducirse de los textos es la necesidad de la mutua *contemplación* por parte de los amantes. Puesto que al amor precede siempre la percepción de lo maravilloso, amable y seductor, que viene a concretarse en la belleza y de la bondad de la persona amada. He ahí el único modo de que el ser humano, según su forma natural de obrar, ame a Jesucristo de tal forma que se pueda hablar de verdadero enamoramiento.

---

[57] Ca 2:14.

De ningún modo nos referimos aquí a cosas tales como aquéllas a las que Santa Teresa de Ávila llamaba *visiones imaginarias*, o también *visiones intelectuales*. Tales fenómenos, propios de la vida mística, son gracias extraordinarias concedidas por Dios cuando quiere y solamente a quien quiere. Con todo, sí que es necesario admitir la existencia de una cierta *percepción* de Jesucristo por parte del alma, aunque ocurrida siempre a través del ámbito de la fe y dentro del grado de oscuridad que suele envolver a esta virtud; que incluso puede adquirir mayor claridad en los grados más elevados de la oración.

Sin embargo conviene advertir acerca del peligro que puede suponer aquí la propia imaginación. De donde la necesidad de someter las propias experiencias y apreciaciones en este punto al control de una seria dirección espiritual. Puesto que las conclusiones del propio juicio, y principalmente cuando se trata de los eventos espirituales ocurridos al alma, pueden ser engañosas y poco fiables. La buena Doctrina suele enseñar aquí que la humildad y las buenas obras realizadas en Cristo, y de un modo especial la participación en sus sufrimientos y su muerte, son en este punto la piedra de toque. Con la seria advertencia de que, a falta de tales cosas, cualquier pretensión de amor a Jesucristo *es absolutamente falsa*.

Como era de esperar, la poesía mística sigue derroteros paralelos a las expresiones de *El Cantar de los Cantares*, como una de sus principales fuentes de inspiración. Sin olvidar, empero, que la poesía mística se alimenta de todo el Nuevo Testamento:

> *A la rosada aurora*
> *salí a buscar, con paso apresurado,*
> *a Aquél que me enamora.*
> *Y habiéndole encontrado en buena hora,*
> *a fuer de enamorado,*
> *morir quise de amor junto a mi Amado.*[58]

En cuanto a los requerimientos que el Esposo dirige a la esposa, en los que expresa su deseo de que le permita ver su rostro y oír su

---

[58] *CFC*, 11.

voz, la poesía mística trata de describir los sentimientos emocionados de la esposa al escuchar tales peticiones, lo que no resulta una labor fácil. Pues no existe sonido más dulce, otorgado por Dios a los hombres, que el que procede de la voz de la persona amada. Como tampoco es empresa sencilla la tarea de intentar describirlo:

> *Es la voz del Esposo*
> *como la huidiza estela de una nave,*
> *como aire rumoroso,*
> *como susurro suave,*
> *como el vuelo nocturno de algún ave.*[59]

Y como todo en el amor es reciprocidad, como tantas veces se ha dicho, también el Esposo manifiesta los sentimientos de gozo que experimenta al escuchar la voz de la esposa:

> *Es la voz de la esposa*
> *cual un murmullo dulce de arroyuelo,*
> *como un suave volar de mariposa*
> *que pasa rauda e ilumina el cielo.*[60]

Como alguien quizá habrá pensado, no podía faltar en este elenco la voz de San Juan de la Cruz, el Místico universal y gran Doctor de la Iglesia. Algunas de las maravillosas estrofas de su *Cántico Espiritual* podrían servir como guinda que ponga especial contrapunto a todo lo que venimos diciendo:

---

[59] *CFC*, 75.
[60] Alfonso Gálvez, inédito.

> *Descubre tu presencia,*
> *y máteme tu vista y hermosura;*
> *mira que la dolencia*
> *de amor, que no se cura,*
> *sino con la presencia y la figura.*
>
> *¡Oh cristalina fuente,*
> *si en esos tus semblantes plateados*
> *formases de repente*
> *los ojos deseados*
> *que tengo en mis entrañas dibujados!*

10. Lo Numinoso en *El Cantar de los Cantares* y la Poesía Mística

Hablar del contenido *divino* de *El Cantar de los Cantares* y de la poesía mística apenas si tendría sentido, puesto que, sin esa presencia, ni el primero sería un Libro inspirado ni la segunda sería poesía mística. No solamente es su elemento principal, sino que es el fundamento que vertebra y da sentido a todo lo que se dice en ellos. Pese a la forma de su lenguaje, ni en *El Cantar* ni en la poesía mística existe la más mínima sombra de profanidad.

El Cantar de los Cantares es un Poema o Libro poético de contenido altamente místico. Sin embargo, debido a su peculiar forma de lenguaje, la poesía mística no está necesariamente ligada a los términos utilizados en los temas de devoción, y hasta normalmente los descarta.

Conviene recordar que no es lo mismo la *poesía religiosa* que la *poesía mística*. Así como la poesía mística es necesariamente religiosa, no solamente no puede decirse que la poesía religiosa sea siempre poesía mística, sino que por lo general no suele serlo. La poesía mística apunta a formas elevadas del amor divino, y también divino–humano, a cuya altura no suele alcanzar el vocabulario normal utilizado para los temas religiosos.

Se dirá que incluso poetas de la categoría de San Juan de la Cruz utilizan a veces temas específicamente religiosos en su poesía mística, lo cual es cierto. Aunque tales poemas no forman el núcleo más importante de su obra, ni por supuesto el mejor. Como lo prueba el hecho de que sus poemas religiosos, pese a los que poseen elevada calidad, como el de *El Pastorcito*, son los menos conocidos. En cuanto a Santa Teresa de Ávila, por citar algún otro astro de la Historia de la Mística, aunque siempre será considerada justamente como Doctora de la Iglesia y eximia Maestra de la Mística, no puede decirse lo mismo respecto a su condición de poetisa, dígase lo que se quiera.

La explicación estriba en que la poesía mística intenta elevarse hasta la Belleza Infinita aprovechándose de la belleza del lenguaje. Cosa que efectivamente ya hace la verdadera poesía religiosa, aunque no con tan necesaria motivación como cuando se trata de la Belleza Suprema (dado que su objeto es el de dirigirse directamente a *Dios*, sin la necesaria pretensión de considerar de forma explícita el atributo de la Belleza), que transciende y sobrepasa a toda otra clase de belleza creada. Por otra parte, como se ha dicho antes, el vocabulario religioso está por naturaleza limitado al ámbito de la devoción, por lo que pone una mayor insistencia en profundizar en los contenidos espirituales que miran a la salvación; siempre más preocupados por inducir a la devoción que a suscitar la exaltación artística.[61] De ahí que la poesía religiosa rara vez pueda considerarse como verdadera poesía, por más que esta afirmación suscite el escándalo de la multitud de poetas religiosos que deambulan por el mundo. La verdad es que el poeta es un ser raro y extraño entre la especie humana, la cual siempre abunda en una multitud de auto convencidos que aspiran a convertirse en miembros del Parnaso; aunque sean muy pocos quienes lo consiguen.

---

[61] La poesía religiosa apunta *directamente* a suscitar la devoción y el fervor religioso, aunque no pretenda prescindir del factor belleza en el lenguaje, sin el cual no existe rastro alguno de verdadera poesía pero utilizado aquí como elemento de segunda importancia. La poesía mística apunta igualmente a lo religioso como su objetivo principal y prácticamente único; pero otorgando una importancia *fundamental* a la belleza del lenguaje para la consecución de sus fines. Por eso elige con preferencia el lenguaje profano sobre el religioso, debido a la mayor riqueza y libertad de expresión del primero sobre el segundo, lo que supone una mayor apertura a conceptos y vocablos que suelen estar vetados en el ámbito religioso.

No pretendemos decir con esto que la poesía meramente profana descarte como objetivo la consideración de la Belleza Suprema. El mismo hecho de considerar la belleza ya supone incluir su infinitud, aunque se haga de forma implícita, y ni siquiera es posible imaginar lo contrario. Todos los transcendentales *tienden* al infinito, y por eso sólo encuentran en Dios su explicación última. Con todo, es necesario reconocer que, al menos intencionalmente, la poesía profana solamente *apunta* a la belleza creada.

El hecho de subrayar la importancia de lo divino en la poesía mística no es una cuestión baladí, por más que pueda parecer lo contrario. Sobre todo después de haber insistido en el papel fundamental de la Naturaleza Humana de Jesucristo, como elemento necesario para llegar al verdadero amor a Dios por parte del hombre: *Amarás al Señor tu Dios con toda tu alma, con toda tu mente, con todo tu corazón, con todas tus fuerzas, etc.* Si bien es verdad, como ya hemos explicado, que el alma llega a enamorase enteramente de Jesucristo, mediante el concurso de la gracia, percibiendo *de primera intención* (en sentido lógico, no temporal) su Naturaleza Humana, tal cosa no sería posible sin percibir también *de segunda intención* (en sentido lógico, no temporal) su Naturaleza Divina. Y todo ello en *un acto único de amor* mediante el cual llega hasta la Persona Divina del Señor, que es, en definitiva, de quien el ser humano se enamora, habida cuenta de que el amor es siempre una relación entre personas.

Desde que Dios se hizo Hombre no hay posibilidad de conocerlo sino a través de Jesucristo: *A Dios nadie lo ha visto jamás; el Dios unigénito, que está en el seno del Padre, es quien nos lo ha dado a conocer.*[62] Ni tampoco amarlo sino por medio de Jesucristo: *Nadie viene al Padre sino por mí.*[63]

El misterio de la unión hipostática enseña la integridad de ambas naturalezas en Jesucristo —la divina y la humana—, sin mezcla alguna posible, en la unidad indivisible de la única Persona Divina. Efectivamente Jesucristo es Verdadero Dios y Perfecto Hombre en una única Persona Divina. No hay persona humana en Jesucristo, aunque es de fe dogmática reconocerlo como Hombre completo y perfecto (perfecto hombre y hombre perfecto). Las dificultades han surgido a lo largo de la Historia por el hecho de que, no siendo Jesucristo persona humana, haya de ser considerado, sin embargo, como verdadero hombre. Con explicaciones heréticas que han dado lugar al monofisismo, de una parte, y al nestorianismo, de otra.

---

[62] Jn 1:18.
[63] Jn 14:6.

Con todo, está fuera de discusión que el único *Yo* existente en Jesucristo es *divino*, que unas veces actúa por medio de su voluntad divina (acciones divinas, realizadas por su Naturaleza Divina) y otras por medio de su voluntad humana (acciones humanas, realizadas por su Naturaleza Humana). O bien obra a veces por medio de sus dos voluntades (como cuando toca los ojos a los ciegos y les devuelve la vista, en Mt 9:29). Pero siempre sus acciones son atribuibles al único *Yo* divino. Por lo que debe afirmarse, según la recta Doctrina, que sus dos naturalezas son independientes y sin mezcla alguna, así como que poseen diferentes inteligencias y diferentes voluntades, que no se entremezclan y que se unen en la única Persona Divina. De donde, según el misterio de la unión hipostática, explicado a su vez por la doctrina teológica llamada *comunicación de idiomas*, Jesucristo es Verdadero Dios (Dios Verdadero) y Verdadero Hombre (Hombre completo o Perfecto).

En cuanto al problema de la relación entre las dos voluntades la divina y la humana, es suficiente con lo ya dicho. Aunque conviene insistir en la imposibilidad de que exista en algún momento oposición entre ellas. Con todo, aún cabría preguntarse por el modo de *relacionarse* entre ambas.

En el que no es posible admitir la forma de *paralelismo*, puesto que los textos muestran claramente que no existe tal cosa en algunos momentos, y sin que ello signifique —conviene insistir— la presencia de oposición. Como puede comprobarse en el episodio del Huerto de los Olivos, en el que aparece de un lado su voluntad humana: *Padre, si es posible que pase de mí este cáliz...* Y por otro la divina: *Pero que no se haga como yo quiero, sino como quieres tú.*[64] Y dado que la voluntad del Padre es exactamente la misma voluntad divina de Jesucristo, no existe, por lo tanto, *oposición* alguna posible según el texto, aunque tampoco puede hablarse de *paralelismo* entre ambas.

Tampoco puede decirse que ambas voluntades actúen en forma de *armonía*, puesto que entonces habría que admitir una *relación* entre ambas que conduciría a suponer una cierta interrelación o mezcla, siendo así que en realidad son absolutamente independientes. La única relación existente en la voluntad divina de Jesucristo es con su Persona Divina, e igualmente puede decirse que no existe relación alguna en su voluntad humana sino con la Persona Divina.

Repetidamente se ha dicho que Jesucristo es Verdadero Dios y Hombre completo, en la unidad de su única Persona Divina, que es lo que viene a expresar el Dogma con el nombre de *unión hipostática*. Por lo que no se puede prescindir de ninguna de sus dos Naturalezas, y ni siquiera dejar en el olvido alguna de ellas. Pues tal cosa significaría, de una manera expresa o al menos inintencionada, que

---

[64]Mt 26:39.

ya no se trataría de Jesucristo. Las Espiritualidades Cristianas han tendido a veces, aun distando mucho de caer en la negación del dogma, a *dejar en la sombra* la Naturaleza Humana de Jesucristo. Bajo un exceso de celo en subrayar la Divinidad de Jesucristo olvidaron insistir igualmente en su Humanidad. Lo que supuso graves daños en todas las ramas de la Espiritualidad.

Sin embargo es imposible avanzar en los caminos de la oración relegando a un segundo plano la Humanidad de Jesucristo. La insistencia de los autores espirituales en expresiones como *la unión con Dios*, la *elevación del alma hacia Dios*, *los necesarios grados de purificación para alcanzar la unión con Dios*, (San Buenaventura es autor de un hermoso opúsculo titulado *Itinerarium mentis in Deum*), etc., por más que hayan sido admitidas como auténticas y legítimas por su uso constante dentro de la Iglesia, se quedan a la mitad del camino. En la medida al menos en que olvidan la necesidad de la Naturaleza Humana para vivir la realidad de la verdadera conformación con Jesucristo, *único camino para llegar a la unión con Dios* (Jn 14:6).

11. Vicisitudes en las relaciones amorosas divino–humanas

Las relaciones amorosas divino–humanas no se desarrollan según una línea homogénea, de menos a más, hasta llegar a una cima o cenit de la máxima perfección. E incluso aunque se alcance la deseada meta de llegada, lo normal es que tal cosa nunca tenga lugar sin dejar trazado un gráfico de altibajos en el que quedan reflejados avances, retrocesos, detenciones e intermitentes vueltas a empezar.

Si utilizamos el lenguaje corriente, habremos de decir que el pistoletazo de salida corresponde indefectiblemente a Dios, puesto que a Él siempre pertenece la iniciativa de la llamada o invitación de amor hecha inopinadamente a la criatura: *Amamos porque Él nos amó primero.*[65] Siendo Él la fuente, el lugar y el origen de todo amor, del cual la criatura es llamada a participar, es lógico que sea de Él de quien parta el primer silbo de amor:

---

[65] 1 Jn 4:19.

> *Si huyera de tu lado,*
> *búscame tú de nuevo, compañero,*
> *y habiéndome encontrado,*
> *devuélveme al sendero,*
> *allí donde me hallaste tú primero.*[66]

De ahí que el amor comience siempre por el factor sorpresa. En este caso, por parte de la criatura, con lo que también queda patente que, si bien *el amor no pasa jamás* como dice el Apóstol,[67] debe admitirse que, al menos el amor creado, tiene efectivamente un comienzo.

Este factor sorpresa está integrado a su vez por otros elementos no menos importantes y, como veremos enseguida, decisivos: asombro, admiración e incertidumbre, a los que a veces, aunque no siempre, se añade un momento más o menos largo de indecisión por parte de la persona interpelada.

Esta primera llamada, o silbo amoroso por parte del Esposo divino, ha de ser efectivamente *amoroso*. Lo suficiente para causar en la persona llamada los correspondientes sentimientos de admiración y asombro en aquél a quien va dirigido. Pero que a veces es tan fuerte, como para suscitar una respuesta inmediata por parte del interpelado..., cuando tropieza con un corazón lo suficientemente ancho y generoso, como en el caso de San Pablo en el camino de Damasco (Hech 26:14).

Lo normal, sin embargo, es que sigan momentos de perplejidad, de incertidumbre y de indecisión por parte de quien escucha por primera vez la llamada del amor. A los que puede seguir una respuesta afirmativa o negativa, por la razón bien conocida de que un

---

[66] *CFC*, 73.
[67] 1 Cor 13:8.

ofrecimiento de amor realizado en absoluta libertad queda sujeto necesariamente a una aceptación o un rechazo también hechos en absoluta libertad. Puesto que la libertad es un elemento esencial en el amor.

El elemento de incertidumbre y la indecisión, seguidos en este caso de una respuesta negativa, aparecen claramente en el episodio del joven rico del Evangelio. Jesucristo se dirige a él hablando de forma directa y sin rodeos: *Aún te falta una cosa: vende todo lo que tienes y dáselo a los pobres y tendrás un tesoro en el cielo. Luego, ven y sígueme.*[68] Por lo demás, la reacción negativa del joven ha pasado a la Historia como el caso más flagrante y claro de rechazo a una apasionante interpelación del amor.

Para amar y ser amado fue el hombre creado. Y por eso el momento de su vida en el que descubre tal cosa es, sin duda alguna, el más importante de su existencia. Aunque incomprensiblemente hay quien deja que transcurra toda ella sin enterarse del sublime destino que le había sido deparado. Así como también ocurre el caso de quien, habiéndose enterado, rechaza enteramente tal conocimiento como algo que en nada le afecta. Cuando eso sucede, o mientras que eso sucede, el ser humano no ha comenzado todavía a vivir su vida y es, al menos en cierto modo, *un ser desgraciado*. Pues no había sido creado sino para poseer la vida: *Yo he venido para que tengan vida, y la posean en abundancia.*[69] Pero la vida y el amor son la misma cosa, las cuales solamente en Cristo pueden ser encontradas: *Éste es el testimonio: que Dios nos ha dado la vida eterna, y ésta vida está en su Hijo. Quien tiene al Hijo de Dios, tiene la vida; quien no tiene a Hijo tampoco tiene la vida.*[70]

---

[68] Lc 18:22.
[69] Jn 10:10.
[70] 1 Jn 5: 11–12.

Y de ahí que la vida sin amor tampoco pueda llamarse vida ni merezca ser conocida con tal nombre:

> *De un pobre ruiseñor, bajo un olivo,*
> *escuché un triste canto de agonía*
> *que sólo entre susurros ya se oía;*
> *y al prestarle mi ayuda, compasivo,*
> *me dijo entre suspiros contenido:*
> *Por vivir sin amor, yo no he vivido.*[71]

El Cantar de los Cantares, como Poema que se dispone a narrar los sinuosos senderos de las relaciones amorosas, comienza con unas palabras muy directas de amor desbordante:[72]

> *¡Béseme con besos de su boca!*
> *Son tus amores más suaves que el vino.*[73]

Pero enseguida se centra el Poema según los *tiempos* propios de la relación amorosa, comenzando por un primer momento de búsqueda, por parte de la esposa, después de que ésta ha recibido la primera llamada del Esposo:

> *Dime tú, amado de mi alma,*
> *dónde pastoreas, dónde sesteas al mediodía,*
> *no venga yo a extraviarme*
> *tras de los rebaños de tus compañeros.*[74]

---

[71] Alfonso Gálvez, inédito.

[72] La relación amorosa es la más delicada, sutil y vaporosa de las relaciones personales, por lo que suele llevarse a cabo en un período de tiempo que sube en intensidad desde un menos a un más de aproximación.

[73] Ca 1:2.

[74] Ca 1:7.

Es la más pronta reacción del alma enamorada que, por primera vez, ha escuchado la voz del Esposo y, aun sin saber dónde está, ha quedado seducida y emprende apasionada su búsqueda:

> *De tu vergel un ave*
> *por tu ausencia cantaba en desconsuelo;*
> *y oyó tu voz suave*
> *y, alzándose del suelo,*
> *a buscarte emprendió veloz su vuelo.*[75]

Como acabamos de ver, una vez que la esposa ha preguntado al Esposo acerca de dónde está, a fin de no perderse por caminos extraviados, éste le responde:

> *Si no lo sabes, ¡oh la más hermosa de las mujeres!,*
> *sigue las huellas del rebaño*
> *y apacienta tus cabritos*
> *cabe las majadas de los pastores.*[76]

Y como puede verse, lo primero que se desprende de la respuesta del Esposo es que no resulta clara de entender.

Por supuesto que pueden intentarse múltiples interpretaciones. Puede decirse, por ejemplo, que *seguir las huellas del rebaño* significa que, una vez adquirida conciencia de que se pertenece al Rebaño de Cristo que es la Iglesia, ya no habría más que seguir fielmente las directrices y enseñanzas del Organismo del que se forma parte.

También cabe sugerir la interpretación de que la esposa debe refugiarse *cabe las majadas de los pastores*, puesto que pertenece a

---

[75] *CFC*, 9.
[76] Ca 1:8.

Carta a la Iglesia de Tiatira

la Iglesia y forma parte de ella y no puede, por lo tanto, prescindir de la guía de sus legítimos Pastores. Y así sucesivamente.

Pero no serían sino interpretaciones subjetivas y arbitrarias que, en el fondo, ni satisfacen ni convencen a nadie. Y sin embargo el misterio de la respuesta está ahí y permanece ahí.

Pero resulta imposible creer que la Palabra de Dios está formulada en forma de jeroglíficos o de acertijos. Existen efectivamente ocasiones en las que Dios habla al hombre de forma velada o de tal manera que no pueda ser entendida por todos; como ocurre frecuentemente en el lenguaje profético o incluso también en el didáctico: *para que los que ven, no vean, y los que oyen, no entiendan.*[77] Pero el obstáculo que impide en esos casos la audición o la inteligencia de lo propuesto depende siempre del hombre; ya sea por su reticencia a creer y a obedecer la Palabra de Dios, o por las debilidades propias de su naturaleza dañada por el pecado.[78]

Como acabamos de decir, los obstáculos que opone la naturaleza dañada del hombre son suficientes para impedir a menudo una inteligencia clara de las palabras con que Dios le habla. Por otra parte, las leyes del lenguaje imponen que la respuesta a una pregunta sea compleja cuando la cuestión propuesta es de naturaleza compleja, o incluso extraordinariamente compleja. Y en cuanto a la pregunta planteada por la esposa al Esposo acerca del lugar donde se encuentra para hallarlo sin extraviarse, plantea una cuestión sumamente difícil y complicada. Por la sencilla razón de que el camino que conduce hasta Él, si bien está claramente marcado y señalado, es *tan sumamente largo, cuajado de dificultades y arduo de recorrer,*

---

[77] Lc 8:10.

[78] En Lc 8:10 Jesucristo está citando las palabras de Isaías 6:9, entresacadas de un contexto en el que Dios expresa su ira por los pecados de su Pueblo (Is 6: 8–13). Por otra parte, Dios condena a quienes voluntariamente no creyeron en la verdad y pusieron su complacencia en la injusticia (2 Te 2:12). Cf Ro 3: 3–6.

que su trazado no cabe en una respuesta rápida. Jesucristo señaló con suma claridad las grandes líneas fundamentales y esenciales a seguir: *Yo soy el Camino, la Verdad y la Vida*,[79] de tal manera que el cristiano es capaz de conocer exactamente cuál es el Camino por donde andar y aquello en lo que consiste la Vida. Sin embargo, no conviene olvidar las palabras del mismo Jesucristo: *¡Qué angosta es la puerta y estrecho el camino que conduce a la Vida y qué pocos son los que la encuentran!*[80]

Donde conviene llamar la atención a esas importantes palabras finales que se refieren a la senda a seguir: *¡Qué pocos son los que la encuentran!*...

Es lógico que después de preguntar al Esposo la esposa hubiera esperado una respuesta rápida y fácil, pues no otro es el modo de proceder de la naturaleza humana. Pero las cosas son como son, y puesto que el hombre ya las hizo difíciles a causa de su propio pecado, ahora es imposible presentarlas de otra manera. Siempre han soñado los hombres con un camino fácil para llegar al Paraíso. Y cuando se han convencido de que tal cosa era imposible, han procurado fabricarse uno propio aquí en la Tierra. Los deseos de hacer un Cristianismo fácil y confortable, ausente de sacrificios y de preocupaciones, o *fabricado a la medida*, siempre han estado presentes en la Historia de la Iglesia, aunque se han agudizado en los tiempos presentes cuando ha sido invadida por el Modernismo. Pero el Cristianismo de ruta fácil, o estructurado según planos trazados por el propio hombre, conduce necesaria e infaliblemente a un Cristianismo falso, primero, y a la desaparición y destrucción total del Cristianismo, después.

---

[79] Jn 14:6.
[80] Mt 7:14.

Y llegados a este punto conviene abrir un importante paréntesis. Porque el Cristianismo que hemos llamado *de ruta fácil*, o el configurado por el mismo hombre en un intento de *hacerlo a su medida*, ha tenido a lo largo de la Historia una transcendencia y trayectorias mucho mayores de lo que parece. Hasta el punto de que el problema llena todo el trayecto recorrido por la Iglesia desde el momento mismo de su fundación. Las herejías comenzaron casi con la muerte de Jesucristo, y ya San Pablo tuvo que luchar contra los que querían reducir el Cristianismo al Judaísmo o contra los que negaban la resurrección. Si saltamos a la Edad Media, nos encontramos con los Movimientos de los *cátaros*, de los *fraticelli*, del *milenarismo* o con las ensoñaciones de Joaquín de Fiore, por citar algunos. Cuyas repercusiones, a través de Hegel y Marx, han llegado hasta los Movimientos del *socialismo cristiano* de los siglos XIX y XX, con su definitivo florecimiento y repercusión final en la moderna *Teología de la Liberación*, de plena vigencia en la Iglesia de nuestros días.

Si se busca el denominador común de todos estos Movimientos, siempre aparece el intento del hombre por *escapar de Dios*, después de considerarse a sí mismo como suficiente. Aparece ya con el primer hombre y el pecado de desobediencia cometido en el Paraíso Terrenal (Ge 3), para reaparecer después de una forma patente en el episodio de la Torre de Babel (Ge 11: 1–9). Continúa después con el empeño judeo–farisaico de edificar un *Reino Mesiánico* puramente terreno cuya cabeza sería Israel como supremo regidor del mundo (idea que continúa viva en el núcleo duro y actual del judaísmo, dentro del moderno judaísmo ateo–masónico). Derivada a su vez toda esta ideología del llamado *conocimiento gnóstico*, viene a desembocar en la doctrina según la cual el ser humano tiene su fundamento en sí mismo, además de que (en el conocido como *gnosticismo cristiano*) sólo puede llegar hasta Dios a partir de un sentimiento transcendental experimentado en sí mismo. Aunque, una vez bien considerado el problema, pronto se descubre que el fondo de todos estos intentos se reduce a una mera *utopía*.

La *utopía* responde al deseo del hombre de hacer realidad sus propios sueños. Si bien conviene distinguir entre las que podríamos llamar utopías *literarias*, como las prefiguradas en *La República* de Platón o en la *Utopía* de Tomás Moro, y las que podríamos considerar, si cabe admitir el barbarismo, como *utopías realistas*, que son las que pretenden erigirse a sí mismas como fundamento y explicación de toda la realidad.

Y es en este último punto donde está contenido el tremendo peligro que encierran en su seno. Su convencimiento de que poseen la *absoluta verdad* acerca de la realidad, a pesar de que no se basan en otra cosa que en una falsa ideología que las impulsa a imponerse a sí mismas al Mundo hasta la extrema violencia cuando es preciso.[81] Cosa que han logrado con enorme éxito. Los países dominados y esclavizados por el comunismo ocupan una buena extensión del globo terráqueo, y en cuanto a sus víctimas asesinadas se cuentan por millones. Su ideología ha cubierto todas las capas de la Sociedad, tanto la civil como la eclesiástica, y ha influido en todos los estratos de sus diversas clases. Incluso muchos miembros de la Jerarquía de la Iglesia, una buena parte de la teología católica y casi todos sus Centros de Enseñanza han acabado por aceptar y hacer suya la interpretación marxista de la Historia.

Pero la influencia y el poder de las ideologías anda lejos de acabar en eso. Por lo que hace al marxismo, muy pronto comprendió la utilidad de revestirse de una atractiva capa de religiosidad, con lo

---

[81]El Padre de todas las Mentiras, pese al éxito de su propia obra, acaba creyendo también sus propios engaños. De forma que el falsario resulta a su vez víctima y engañado, aunque no llega a enterarse de su propia tragedia hasta la última hora.

que consiguió establecer una nueva demostración de hasta dónde es capaz de aceptar el absurdo la mentalidad del ser humano cuando se ha vuelto de espaldas a Dios. Pues cuando el hombre se aparta de la verdad —una vez dentro del oscuro Laberinto en el que se ha empeñado en introducirse— se encamina a la Mentira primero y después al Absurdo; para acabar desembocando en las más execrables e inimaginables aberraciones. Así fue como nació el *Socialismo cristiano*, y así fue también como apareció la *Teología de la Liberación*.

El proceso a seguir ha sido bien delineado por el Padre de la Mentira y ha sido plenamente aceptado por la Nueva Iglesia de los tiempos actuales. El *Marxismo Cristiano*, cuyo máximo exponente es, como hemos dicho, la *Teología de la Liberación*, aparece primero como una ideología *compatible* con el Cristianismo. Para luego esgrimir, en un segundo momento, la pretensión de que *muchos* de los valores del Cristianismo están contenidos y reconocidos dentro del bagaje de su propio paquete ideológico. Finalmente se acaba imponiendo, por los medios que sean necesarios, como el único Movimiento de acción que realmente los pone en práctica, frente a una Iglesia vieja y anquilosada que vive de puras teorías e incluso de explotar a los pobres. Como colofón final, la *Teología de la Liberación* se presenta como la verdadera interpretación válida del Evangelio y como la única capaz de conducir al hombre a una real *liberación*. La cual se entiende, como no podía ser de otra manera, en un sentido puramente temporal que rechaza todo lo transcendente y todo lo que contenga cualquier atisbo de carácter sobrenatural.

Todo el Magisterio anterior al Concilio Vaticano II, que rechazaba abiertamente el carácter *intrínsecamente perverso y contrario al Cristianismo* del Marxismo, fue olvidado y arrojado al cubo de la basura.

Con la irrupción del Modernismo dentro de la Teología y de la Jerarquía Católicas, las *utopías*, aun partiendo siempre de la misma base de la naturaleza que las caracteriza, han adoptado las formas más sutiles de una nueva y revolucionaria teología que, una vez más, ha pretendido constituirse como la única y auténtica interpretación del Evangelio. A cuyo éxito ha contribuido la labor de difusión llevada a cabo por la Teología progresista durante los Pontificados de los Papas Juan Pablo II y Benedicto XVI.

Se trata ahora de la doctrina de la *salvación universal de todo el género humano*. De todos los hombres, sin distinción: cristianos o no cristianos, creyentes o ateos, practicantes de cualquier clase de culto o incluso de ninguno. El fundamento de esta nueva y revolucionaria ideología que pretende, al parecer, haber permanecido oculta y sin descubrir hasta ahora, no es otro que la doctrina de *la intrínseca y ontológica transcendencia del espíritu humano*, la cual se concreta en la indiscutible dignidad de la naturaleza humana. Ya el Concilio Vaticano II afirmó expresamente que *El Hijo de Dios con su encarnación se ha unido, en cierto modo, con todo hombre*.[82] Por lo que tal dignidad queda reconocida *en principio* en el hecho de que Dios se desposó con la naturaleza humana en Jesucristo. Para después, siguiendo una cierta lógica del razonamiento, acabar proclamándola como un valor en sí misma, aunque ahora ya sin el procedimiento de acudir a ninguna otra consideración transcendente. La necesidad de la Fe, del Bautismo o de la misma Redención, pasaron a formar parte de las cosas obsoletas que se archivan en el desván de las cosas que han perdido utilidad.

Los *Encuentros de Asís* encuentran en esta doctrina su pleno fundamento. Y en cuanto a su exposición doctrinal, que comenzó con las famosas Conferencias predicadas por el Cardenal Karol Wojtyla

---

[82]Constitución Pastoral *Gaudium et Spes*, n. 22.

en 1976 al Papa Pablo VI y a sus colaboradores en el Vaticano, alcanza su culminación, sobre todo, en las tres *Encíclicas Trinitarias* de Juan Pablo II. La doctrina fue luego plenamente aceptada por el Papa Benedicto XVI, que también continuó con la práctica de los *Encuentros de Asís* y el reconocimiento de idéntico valor de salvación para todas las religiones.

Como puede deducirse fácilmente de todo este conjunto de cosas, la *utopía* del hombre reconocido como valor *en sí mismo* y como absolutamente independiente y autónomo (en el lado opuesto a cualquier heteronomía) alcanza aquí el cenit de su culminación.

Aunque después de todo, la doctrina no es tan arbitraria como puede parecer. Su fundamento último está contenido en el número 24 de la Constitución Pastoral *Gaudium et Spes*, del Concilio Vaticano II, donde se afirma expresamente que *el hombre es la única criatura terrestre a la que Dios ha amado por sí mismo*. La dificultad, sin embargo, en aceptar esta creencia se basa en los fundamentos de la Sana Doctrina, siempre mantenida por la Iglesia, la cual defiende que solamente existe un Ser que puede y debe ser amado en Sí mismo y por Sí mismo, y que no es otro sino Dios. Puesto que ninguna criatura, ni en el Cielo ni en la Tierra, posee por sí misma la condición de *amable*; en cuanto que todas las perfecciones que pueda contener no son sino un reflejo de las perfecciones de Dios, una participación en las cuales la misma criatura ha *recibido* de Él, por pura gracia, en el instante de su creación o en otros momentos posteriores.

Cualquiera se sentiría tentado a creer que con esto se ha llegado al final del proceso de la sublimación de la *utopía* de la autosuficiencia del hombre, que es la que lo conduce a considerar que ya no necesita a Dios y a calificar como desfasado el pensamiento de que *no tenemos aquí ciudad permanente* de Heb 13:14. Se engañaría quien pensara que el Padre de las Mentiras se iba a detener aquí. Por lo que nos encontramos estamos ahora en el momento en el que el hombre, no contento todavía con considerarse a sí mismo como enteramente *libre* y autónomo, piensa en atribuirse la misma categoría y cualidad de dios único. Con lo que se desemboca en la última explicación que aclara la aparición de la doctrina del *misericordiosismo* del Papa Francisco.

Como no podía ser de otra manera, el hombre no puede sentirse tranquilo ni satisfecho con el hecho de *promulgarse a sí mismo sus propias leyes*. De una manera o de otra, su inteligencia (que por pervertida que se encuentre no ha dejado de ser inteligencia), intuye que tal despropósito necesita con urgencia de alguna justificación. Incapaz —no podría obrar de otra manera— de reconocerse a sí mismo como que se encuentra dentro del ámbito de la mentira y de la iniquidad que él mismo se ha fabricado, necesita, como cuestión de vida o muerte, *dar una apariencia de legalidad a sus actos* de tal manera que queden legitimados. Es la otra servidumbre con la que Dios ha castigado a la mentira: la necesidad de revestirse, por más que le repugne, con el hábito aparente de la verdad y de la honradez.

Ante la necesidad de otorgar la cualidad de *legalidad* a sus actos, no ha encontrado nada mejor, como procedimiento para justificarlos, que atribuirse a sí mismo el atributo divino de la Misericordia. Desafortunadamente para él, el atributo de la *Misericordia*, que es precisamente uno de los más característicos de la Divinidad, como todos los demás atributos de Dios es infinito y se identifica con la misma Esencia Divina. Por lo que siempre va unido e identificado igualmente con el de la *Justicia*, del que no se puede separar. Un grave inconveniente para el hombre del que no puede liberarse sino acudiendo al truco de la *abstracción*, que equivale a separarlos o al menos a olvidar la presencia del segundo.

El moderno procedimiento de la *misericordia* es aplicado ahora a un abanico de posibilidades y circunstancias mucho más amplio de las que abarcaba Jesucristo. Y sin las trabas que el Hijo de Dios imponía, la principal de las cuales era la necesidad del arrepentimiento; un lastre inútil que, al entorpecer el ejercicio de la *misericordia*, suponía un insuperable obstáculo a la lluvia de bienes y de consuelos destinados a enriquecer y curar al *misericordiado*. Dicho de otra manera, Jesucristo ejercía este atributo de un modo restrictivo y coactivo que limitaba la personalidad y la libertad del sujeto sobre el que se ejercía. La nueva Pastoral de la Nueva Iglesia es más comprensiva con respecto a las necesidades de los que sufren y ha encontrado un nuevo concepto de la *Misericordia*. Ahora por fin, al cabo de tantos siglos, el hombre ha llegado *a conocer por sí mismo el bien y el mal* y, en consecuencia, puede actuar en completa autonomía.

El Concilio Vaticano II rechazó la filosofía tomista del ser y declaró la intrínseca transcendencia del espíritu humano y, como consecuencia, la indiscutible dignidad de su naturaleza. Según el Concilio, *El Hijo de Dios con su encarnación se ha unido, en cierto modo, con todo hombre* (*G. et S.*, n. 22), para añadir enseguida que *El hombre es la única criatura terrestre a la que Dios ha amado por sí mismo* (*G. et S.*, n. 24). Dando así paso, por pura lógica, a la completa autonomía del hombre, que es la que ha dado lugar a afirmar a la teología modernista historicista, entre otras cosas, que ya no es la Revelación la que juzga al hombre, sino que es el hombre histórico quien, según las circunstancias de tiempo y lugar, es el único capacitado para juzgar a la Revelación.

Al afirmar el Concilio que el Hijo de Dios con su encarnación se ha unido *en cierto modo* con todo hombre, parece olvidar la Doctrina Católica de la *Redención Objetiva*, operada por Jesucristo con su muerte para todos los hombres, frente a la *Redención Subjetiva*, que afirma la necesidad de que cada hombre haga suya y acepte libremente, mediante la ayuda de la Gracia, la Redención universal. Según esta Doctrina —cuyo valor de asentimiento es de Doctrina de Fe Dogmática—, Dios *jamás impone nada al hombre*, y ni siquiera la salvación o la condenación, puesto que lo trata según lo que es propio de la naturaleza en la que lo ha creado, a saber: como un ser racional, libre, personal y responsable. Dios a nadie coacciona para imponerle la salvación o la condenación, ya que es éste un negocio de amor (que, como siempre, es esencialmente bilateral), el cual, como se sabe, después de haberse ofrecido libremente, exige siempre ser libremente correspondido..., o libremente rechazado.

Por decirlo brevemente, al proclamar el Concilio el principio de la inmanencia frente al de la transcendencia, *introdujo una Nueva Era en la Historia de la Teología...*, suponiendo que al pensamiento que aparece a partir de ese momento con pretensiones de teológico se le pueda aplicar tal calificativo.

Una de las consecuencias más graves que ha producido la nueva situación es la imposibilidad de todo diálogo (amoroso o no) divino–humano. Pues al erigirse el hombre a sí mismo como único interlocutor, después de haber decidido no creer ya en la voz de Dios, cualquier experiencia de diálogo carece de sentido; puesto que nada puede el hombre esperar de un Dios en el que ha acabado no creyendo.[83]

---

[83] Como se ha dicho tantas veces, el Modernismo jamás confesará abiertamente su ateísmo. Por lo que su teísmo no pasa de ser un *flatus vocis* que viene a ser una tapadera utilizada como instrumento de trabajo. Cuando el hombre afirma no creer en Dios (en su Realidad o en sus Palabras) está confesando su cinismo. Pero incluso cuando se declara escéptico, se está refiriendo, en realidad, a una situación de pleno ateísmo que se avergüenza de reconocerse a sí mismo como tal. Con respecto a Dios no cabe el término medio, puesto que o se cree en Él o no se cree en Él: *Quien no está conmigo está contra mí* (Mt 12:30).

Pero una vez que se ha quedado el hombre como único interlocutor, después de haber sido eliminado Dios como el otro elemento esencial del diálogo, nos encontramos con la *Noche Oscura del Ateo*, que el Cardenal Wojtyla quiso hacer coincidir con la *Noche Oscura del Sentido* y con la *Noche Oscura del Espíritu* de San Juan de la Cruz.[84]

Según Dörmann, el Cardenal parte de la posible salvación de los ateos proclamada en el n. 16 de la *Lumen Gentium*. Si el encuentro entre Dios y el hombre, en el caso extremo de los ateos, aparece como una posible experiencia de lo transcendente, con mayor razón puede decirse lo mismo del *homo religiosus* de cualquier religión.

El Cardenal utiliza la doctrina mística de San Juan de la Cruz para establecer un puente entre ella y su propia doctrina. Según él, *la Iglesia del Dios viviente reúne a todos los hombres. Los cuales, de una manera u otra, comparten la maravillosa transcendencia del espíritu humano. Todos ellos saben que nadie, excepto el Dios de infinita majestad, puede satisfacer sus más profundas aspiraciones (Gaudium et Spes, n. 41)*.[85]

Según el Cardenal, el hombre, a través de su personal transcendencia y de la inmanente capacidad de su mente, es capaz de recibir al Dios infinito.[86] Pero olvida que entre la *Noche Oscura* del ateo y las *Noches Oscuras* de San Juan de la Cruz, median la Gracia, la

---

[84] Ver los datos aportados por Johannes Dörmann en *Pope John Paul II's Theologica Journey to the Prayer Meeting of Religios in Assisi*, Part I, págs. 47 y ss. También he tenido en cuenta en esta sección las tres *Encíclicas Trinitarias* de Juan Pablo II, que es donde principalmente expone el Papa su doctrina de la *salvación universal*.

[85] Dörmann, *o.c.*, pág. 53.

[86] *Cada hombre, por el mero hecho de ser hombre, es llamado a compartir los frutos de la Redención de Cristo y de su auténtica vida* (Juan Pablo II, *L'Osservatore Romano*, 28 de Marzo de 1988, p.7, I,2,), citado por Dörmann, en *o.c.*, pág. 55.

necesidad de la Fe, y el ejercicio de las virtudes cristianas, en las que nunca falta el sufrimiento (llegado con frecuencia hasta el paroxismo) asociado a su vez a la Pasión y Muerte de Cristo. Todo lo cual falta en la *Noche* del ateo.

Para el Cardenal, *la Iglesia del Dios viviente* reúne en un mismo conjunto a todos los hombres. Quienes, de un modo u otro, comparten la maravillosa transcendencia del espíritu humano. Y puesto que la transcendencia es una ontológica determinación de la persona humana, de ahí se sigue que todo el conjunto de la Humanidad pertenece a la Iglesia del Dios viviente. Los cristianos, los musulmanes y los budistas alcanzan y poseen, por lo tanto, al mismo Dios. Con lo que llegamos a la teoría de la *salvación universal* para todos los hombres sin excepción, tesis fundamental en la doctrina de Wojtyla–Juan Pablo II, enteramente fundamentada, según él, en las conclusiones del Vaticano II.

Antes de adentrarnos a reflexionar sobre toda esta doctrina, conviene acentuar dos puntos que parecen importantes:

El primero se refiere a que la doctrina del Concilio Vaticano II, en la que establece *la maravillosa transcendencia del espíritu humano*, conseguida ésta después de que el Hijo de Dios mediante su encarnación *se ha unido en cierto modo con todo hombre*, para acabar reconociendo que *el hombre es la única criatura terrestre a la que Dios ha amado por sí mismo* y, en definitiva, proclamar definitivamente *la independencia del espíritu humano...*, ha supuesto un giro histórico de consecuencias incalculables para la Humanidad. Como siempre sucede, las ideas siguen su curso lógico como si tuvieran vida propia. Y si alguien pone en duda esto último, no tiene más que examinar toda la teología progresista modernista que ha surgido en la Iglesia después del Vaticano II y que incluso hoy día tiene plena vigencia.

La necesaria consecuencia no es otra sino la de que, al privar al hombre de Dios, haciendo que se crea autosuficiente y único árbitro de sí mismo, *lo ha convertido en el ser más solitario y desgraciado del universo*. Puesto que el hombre fue creado para vivir en sociedad (la metáfora evangélica del Rebaño de ovejas que siguen al Buen Pastor es mucho más que una metáfora), al privarlo de la facultad de la *comunicación* ha quebrantado su naturaleza y lo ha convertido en un ser des–naturalizado. Teniendo en cuenta además que tal imposibilidad de comunicación no se refiere solamente a Dios, sino también a todos los demás hombres, *puesto que cada uno de ellos se encuentra en la misma situación y, en cuanto que se considera autosuficiente y como que se basta a sí mismo, también ha sido privado de tal facultad*. La cual, por otra parte, le sería imposible ejercitar, pues ningún hombre sería capaz de poner su confianza en los demás cuando falta un solo principio que lo justifique: si cualquier clase de *comunicación* consiste en extraer de sí mismo para a su vez recibir del otro, ¿cómo es eso posible cuando nada se puede sacar fuera de sí mismo y nada se puede esperar de un otro que tampoco es capaz de dar nada? No es de extrañar que se haya puesto de moda el uso del vocablo *Diálogo*, aunque utilizado de la misma forma engañosa que usan los niños cuando juegan a *buenos y malos*, a saber: sabiendo todos perfectamente que se trata de una pura ficción en la que al cabo todos son iguales. Verborreas semejantes a la de que todos los hombres se encuentran unidos *en la maravillosa transcendencia del espíritu humano* no dejan de ser un ejercicio de literatura, por más que nadie se atreva a reconocer que, después de todo, *el rey iba desnudo*.

El segundo punto tiene que ver con el hecho de que quienes confunden la *Noche del ateo* con las *Noches de San Juan de la Cruz*, demuestran no haber entendido la esencia de la oración mística o incluso de la simple oración cristiana. Introducir al Cristianismo en el mismo cajón de sastre en el que caben igualmente el islamismo, el judaísmo, el budismo, el budismo zen, el brahmanismo, el confucianismo, el taoísmo, etc., etc., es una grave ofensa al Único y Verdadero Dios, a la Palabra por Él revelada y a todos los cristianos.

Quienes así piensan hacen alarde de no haber comprendido lo que es la oración mística cristiana, como ya hemos dicho. Las susodichas *religiones* que se acaban de mencionar dependen exclusivamente de técnicas humanas que siguen procedimientos humanos. Al estar carentes de la Fe, ausentes de la ayuda de la Gracia, e ignorantes de toda idea acerca del verdadero Dios, no pueden dar de sí sino productos meramente humanos. Que no son sino elementos fabricados por el mismo hombre, extraídos del hombre mismo e inventados por el hombre mismo. Por lo que no pueden hacer otra cosa que *encerrar al hombre en sí mismo*. ¿Y adónde podría ir, o adónde podría conducir al hombre la famosa *meditación transcendental*, cuando es lo cierto que nadie se ha atrevido a confesar que *jamás hasta ahora hombre alguno ha encontrado ni alcanzado nada a través de ella*?

Es un hecho que la misma *oración mística* es hoy prácticamente desconocida entre los mismos cristianos. La idea de la necesidad de la oración, por no hablar ya de la oración mística, se ha ido difuminando desde el Concilio entre el Pueblo cristiano (clero secular, religiosos y laicos). Cuando el Cardenal Wojtyla compara la *Noche* del ateo con las *Noches* de San Juan de la Cruz, parecería no haber leído la doctrina del místico sanjuanista, a pesar de todo el aparato de su tesis doctoral. Ni menos aún parece haber practicado nunca un modo de oración que se acerque, ni de lejos, a lo que es la oración mística.

La *Noche* del ateo es la Noche del absoluto solitario. Pues ciertamente se ve rodeado de oscuridad, en cuanto que se encuentra a sí mismo en una situación de soledad, sin saber adónde ir, ni poseer cosa alguna en la que esperar. Cualquier cosa que pretendiera conseguir, *tendría que obtenerla de sí mismo y sólo de sí mismo*, con lo que el sentimiento de su aislamiento acabaría abocado a la desesperación. Expresiones como la *unión con el Universo*, la del *encuentro consigo mismo* u otras semejantes (extraídas a su vez de la imaginación del mismo hombre), que son los máximos hallazgos que pueden lograr los procedimientos de las así llamadas religiones orientales, vienen a reducirse a algo semejante al bronce que resuena o al golpear de platillos a los que aludía San Pablo (1 Cor 13:1).

La oración mística cristiana es cualquier cosa menos un procedimiento fácil o al alcance de cualquiera que no cuente con la Gracia. Las *Noches* sanjuanistas son mucho más serias, dolorosas, angustiosas y diferentes de la idea que corrientemente se hace de ellas el cristiano. En primer lugar, se fundamentan siempre en la búsqueda ansiosa de un Dios al que se ama y por el que se suspira con todo el corazón. En segundo lugar, toda la urdimbre de la oración mística se basa en la Fe y no se mueve sino a través de ella y por ella, bajo la ayuda de la Gracia. Finalmente se desarrolla a través de una verdadera *participación en los sufrimientos y muerte de Cristo*, hecha realidad mediante la práctica heroica de las virtudes cristianas, las cuales conducen a una verdadera *muerte mística* en el perfecto abandono en las manos de Dios.

Con todo, el elemento principal en las *Noches* sanjuanistas consiste en que el místico, por más que se sienta a sí mismo en soledad y ausencia de Dios, sabe que tales sentimientos no son sino el camino necesario para llegar a la perfecta unión, y que *jamás se ha encontrado más cerca de Dios que en tales momentos*. El místico cristiano, lejos de ser el solitario de la oscuridad que se encuentra sin saber adónde ir, conoce perfectamente que se encamina hacia el Dios al que busca y ansía su corazón. La oscuridad de la Fe en la que vive se convierte en faro luminoso, capaz de conducirlo hacia la meta a la que se dirige sin el menor error. Y en cuanto a sus sufrimientos —verdaderos y angustiosos sufrimientos— se convierten en el dulce gozo que causa el saber que está compartiendo el destino del Amado en la Persona de Jesucristo.

Un tema extraordinariamente difícil, como es el de los sufrimientos de las *Noches* místicas quizá no haya sido suficientemente profundizado por los estudiosos de la Mística.

Estoy convencido de que tampoco en mi libro *El Misterio de la Oración*,[87] está contemplado el tema en todas sus vertientes. Quizá yo mismo, en mi deseo de hacer más *asequible* la doctrina sanjuanista, cargué demasiado las tintas en la extraordinaria *dureza* de sus *Noches*. O para ser más exactos, en su modo de exposición.

Sin embargo, dicho sea en honor de la verdad y de la obligación de justicia debida al Santo, es lo cierto que la famosa y temible dureza queda bastante atemperada, y hasta dulcificada, en su *Noche Oscura del Alma* (Noche Pasiva). No hay más que leer las bellísimas estrofas que preceden al tratado para convencerse. Quizá mis buenas intenciones pudieron dar lugar a la falsa impresión de que yo pretendía presentar como *más soportable* la doctrina del Santo, lo que conducía a privar a las *Noches* místicas de la angustia consiguiente a una verdadera participación en la Muerte de Cristo. Cuando la verdad es que las *Noches* sanjuanistas no tienen nada que ver con algo se parezca a un camino fácil. Y en cuanto al camino que yo propongo, se trata de una simple forma de presentar las cosas, o tal vez algo así como el intento de colocarles una envoltura más atractiva; pero de ningún modo con la pretensión de cambiar la doctrina del Santo.

Sin duda que existe un punto equidistante que resuelve adecuadamente la disyuntiva. Que es precisamente lo que mantiene en toda su *dureza* las *Noches* del Santo, y al mismo tiempo las hace *dulces y asequibles*. Y me refiero a la realidad del amor, y solamente y sobre todo al amor. Ya hemos aludido al tema repetidas veces. Sufrir por el Amado y junto al Amado, participando de su propia vida y destino, incluida la muerte, *es la única cosa que puede hacer feliz al alma enamorada*. De

---

[87]Shoreless Lake Press, N.J. 2014. Reimpr. 2024.

donde, una vez más, aparece el amor como la clave que explica todas las cosas y las hace enteramente nuevas: *He aquí que hago nuevas todas las cosas.*[88]

De todos modos, como he dicho antes, uno de los problemas que se presentan con respecto a San Juan de la Cruz consiste en que el Santo *es un difícil y complicado comentarista de su propia poesía.* Dígase lo que se quiera, una cosa es leer sus versos, de los que siempre se desprenden sublimes y elevados sentimientos, y otra cosa es leer sus complicados comentarios en prosa. Los cuales no todos logran entender, y hasta aún son menos los que encuentran siempre una relación lógica entre lo expresado en la ágil y volátil belleza del verso y la aridez y complejidad de una prosa complicada.

Y aunque todo esto parezca extraño, nadie podrá negar que resulta difícil encontrar dos estudiosos o comentaristas del Santo que se pongan de acuerdo acerca de su doctrina. De donde puede deducirse la dificultad del tema, pues también son incontables los tratados que han sido escritos al respecto.

Todo lo cual, como es de suponer, no hace sino aumentar la gloria y la grandeza del Fraile de Fontiveros, de quien caben resaltar tres puntos principales en su persona y su obra que no admiten cuestionamiento alguno: la indiscutible autenticidad de su santidad y de su vida mística, la profundidad y ortodoxia de sus doctrinas y la perenne y sublime belleza de su inmortal Poesía.

La *Noche* del místico cristiano es la Noche del enamorado que busca con ansias a la persona amada. La densa oscuridad que lo envuelve es meramente relativa, en cuanto que, valga la paradoja, está iluminada por la Fe y porque sabe el enamorado que se encuentra dentro del camino necesario para encontrar a la Persona amada. Como Dante, que tiene que atravesar el Infierno y el Purgatorio para encontrarse en el Paraíso con Beatriz.

La *Noche* del ateo, por el contrario, en cuanto que carece de esperanza y de rumbo, es la situación tenebrosa del desesperado. En definitiva acaba sabiendo que la famosa *unión de todos los hombres* en la *Iglesia del Dios viviente,* dentro de la cual todos comparten *la maravillosa transcendencia del espíritu humano,* no es sino una nueva ideología. La cual ha sido inventada por la *sabiduría* de un hombre

---

[88] Ap 21:5.

moderno que cree haber superado, por fin, la *oscura ignorancia* del hombre antiguo, la historia de cuyos exiguos conocimientos transcurre, a través de milenios y milenios, desde Adán hasta el Concilio Vaticano II. El único problema a resolver aquí tiene que ver con el hecho de que esta misma doctrina, elaborada por expertos carentes de Fe, requiere sin embargo un verdadero acto de Fe para creerla.

Para comprender lo que significa la *Noche* del místico cristiano, en contraposición a la del que carece de Dios, no hay sino recordar algunos textos de San Juan de la Cruz. No hace falta caminar demasiado lejos para comprender la incongruencia de quienes pretenden hacer compatibles doctrinas que, no solamente son extrañas las unas a las otras, sino también absolutamente contradictorias:

> *¡Oh Noche que guiaste!,*
> *¡oh Noche amable más que el alborada!,*
> *¡oh Noche que juntaste*
> *Amado con amada,*
> *amada en el Amado transformada!*[89]

El místico cristiano, puede efectivamente *sentirse* abandonado de Dios y sufrir la tristeza de la ausencia del Amado de su alma, al que busca sin cesar noche y día mientras camina por el sendero de su peregrinación terrestre, oteando y rastreando ansiosamente mientras que trata de encontrar lo perdido:

> *De noche se alejó el Amado mío,*
> *como se oculta el sol tras el collado,*
> *cual se pierde en el mar el ancho río*
> *y en los espesos bosques el venado.*[90]

---

[89] San Juan de la Cruz, *Noche Oscura del Alma*.
[90] *CFC*, 22.

> *De noche se marchó hacia la montaña,*
> *de noche se perdió por el sendero,*
> *de noche me dejó, por tierra extraña,*
> *de noche me encontré sin compañero.*[91]

Pero sentirse abandonado no es *saberse* abandonado. El sentimiento puede ser para el alma incluso más fuerte de lo que pueda ser imaginado, aunque sin igualar ni superar jamás la *certeza* de la fe y confianza en un Amado de cuyo amor ella sabe que le sería imposible abandonarla.

Los límites del amor, por ser infinitos, son para el ser humano absolutamente desconocidos. Por eso es cosa para él totalmente imprevisible, por lo que nunca puede saber, ni imaginar, ni prever, hasta dónde puede llegar el amor de Dios hacia él: ¿Acaso no lo demostró ya con el hecho de dar la vida por él? ¿Y qué pueden significar las palabras según las cuales habiendo amado Jesús a los suyos que estaban en el mundo, *los amó hasta el fin*?[92]

De ahí que llegado que sea el momento en el que la criatura siente con ansiedad que *necesita* amar a Dios, sin el cual ya no puede vivir, es lo cierto que Dios también ahí ha *querido* necesitar todavía más del amor de su criatura. En el combate de amor entablado entre ambos, ¿quién puede obtener la victoria? Y a eso alude *El Cantar de los Cantares*:

> *Me ha llevado a la sala del festín*
> *y la bandera que ha alzado contra mí*
> *es bandera de amor.*[93]

---

[91] *CFC*, 23.
[92] Jn 13:1; cf 3:16.
[93] Ca 2:4.

Esta justa o torneo, por ser enteramente real, se ajusta a las reglas de un verdadero combate. Pero es difícil suponer que el alma pueda superar, con respecto a Dios, en la ansiedad del amor de Dios con respecto a ella:

> *En noches silenciosas*
> *del sueño de los niños veladoras,*
> *tras aves rondadoras*
> *al aire de las brisas rumorosas*
> *en auras luminosas;*
> *por pasos escondidos*
> *de bosques olvidados*
> *de rosas y de lirios florecidos...,*
> *allí busqué al Amado*
> *y a todos fui con ansias preguntando,*
> *y todos me han contado*
> *que estábame aguardando*
> *y en suspiros de amores sollozando.*[94]

La fuente de toda poesía mística humana es, como no podía ser de otro modo, la poesía mística divina. De ahí que la poesía del *Cantar* llegue mucho más allá que la humana, e incluso que contenga más osadía en las expresiones que el Esposo le dirige a la esposa:

> *Ven, paloma mía,*
> *que anidas en las hendiduras de las rocas,*
> *en las grietas de las peñas escarpadas.*
> *Dame a ver tu rostro, dame a oír tu voz,*
> *que tu voz es suave, y es amable tu rostro.*[95]

---

[94] *CFC*, 4.
[95] Ca 2:14.

El Esposo divino es consciente de que su criatura anda por la senda abrupta del tenebroso valle de las *Noches* del alma. Y conoce y comparte sus angustias, que Él mismo las hace suyas: *Que anidas en las hendiduras de las rocas, y en las grietas de las peñas escarpadas.* Pues no puede un enamorado ver sufrir a la persona amada sin compartir él mismo tales dolores.

Por eso no se recata en prodigar atrevidos y hermosos requiebros amorosos a la esposa:

> *Prendiste mi corazón, hermana, esposa,*
> *prendiste mi corazón en una de tus miradas,*
> *en una de las perlas de tu collar.*
> *¡Qué dulces son tus caricias, hermana mía, esposa!*
> *Dulces más que el vino son tus amores,*
> *y el olor de tus ungüentos*
> *es más suave que el de todos los bálsamos.*[96]
>
> ....
>
> *Aparta ya de mí tus ojos, que me matan de amor.*[97]

Nos encontramos demasiado lejos de la idea del Dios terrible y alejado del hombre que suelen tener los cristianos. Más dispuestos a creer en un amor *de ellos a Dios*, en cierto modo obligatorio, que en un amor *de Dios hacia ellos* y además puramente gracioso y desinteresado. Más proclives también en creer en un amor *de impetración* a Dios que en un verdadero amor bilateral, en igualdad de condiciones y en la intimidad cariñosa y amigable de un *tú a tú* personal.

Es de notar el atrevido y conmovedor requiebro que el Esposo dirige a la esposa: *¡Aparta de mí tus ojos, porque me matan de amor!*

---

[96] Ca 4: 9–10.
[97] Ca 6:5.

El cual, por su misma profundidad, audacia, intensidad de amor y expresión de una herida abierta en el propio corazón que manifiesta, no parece que sea muy frecuente en las locuciones de amor meramente humanas. Y caso de que lo fuera, puesto que en definitiva se trata de otra máxima más entre otras metafóricas —como suelen ser las manifestaciones orales en el amor—, habría que tener en cuenta que aquí la metáfora sigue un itinerario que va *de más a menos*, o de un estadio demasiado idealizado (desde arriba) al terreno de la tangible y ordinaria realidad (ya en un orden bastante más bajo). Si bien esto es lo normal en todas las expresiones metafóricas del amor meramente humano, como no podría ser de otra manera.

En el amor divino–humano la metáfora recorre un camino de orden contrario. Puesto que aquí apunta *de menos a más*, como ocurre en todas las expresiones de esta clase de amor. El itinerario aquí comienza en un punto de deseo al que podríamos denominar como *de partida* (ansioso e inalcanzable, y solamente presentido por ahora), hasta otro *de llegada* cuya ubicación e intensidad permanecen por ahora en el absoluto desconocido para la criatura (exactamente en el lugar del Amor infinito, que es adonde camina y al cual está destinada).

De ahí que podría decirse que las metáforas *quedan largas*, que es lo mismo que decir exageradas, en el amor meramente humano, mientras que *quedan cortas*, lo cual significa insuficientes, cuando apuntan a una realidad tan inexpresable como es el amor divino–humano.

La regla se cumple al pie de la letra incluso en las expresiones amorosas de *El Cantar de los Cantares*. Pero no en este caso por culpa de la realidad del amor, sino por la dureza y escaso nivel de ese instrumento de comunicación que es el lenguaje humano. Al cual el mismo Dios estaría obligado a sujetarse si quiere comunicarse con el hombre. Y si hemos dicho que *estaría obligado* es porque de hecho no lo está, en cuanto que Dios no está *ob–ligado* a nada.[98] Por eso, aparte de que la Poesía (también la meramente humana) siempre *dice* mucho más que la prosa,[99] no debe olvidarse que la poesía inspirada de *El Cantar* es un instrumento en manos del Espíritu Santo, por el cual Dios puede conducir al alma hasta *toda la verdad* (Jn 16:13), o hasta donde es dable en esta vida, y aunque tal espacio de sublime conocimiento quede tan a menudo reservado a los verdaderos místicos.

---

[98] Ni siquiera a la verdad, puesto que siendo Él mismo la Verdad infinita, la suposición de obligarse a Sí mismo carecería en absoluto de sentido: ¿qué razón exterior a Él mismo podría inducirlo a obligarse?

[99] A veces incluso la prosa parece *disminuir* a la Poesía, como puede comprobarse, por ejemplo, en los escritos de San Juan de la Cruz.

CARTA A LA IGLESIA DE LAODICEA

Al ángel de la Iglesia de Laodicea escríbele:

«Esto dice el Amén, el testigo fiel y veraz, el principio de la creación de Dios: "Conozco tus obras, que no eres frío ni caliente. ¡Ojalá fueras frío o caliente! Y así, porque eres tibio, y no caliente ni frío, voy a vomitarte de mi boca. Porque dices: «Soy rico, me he enriquecido y de nada tengo necesidad» y no sabes que eres un desdichado y miserable, pobre, ciego y desnudo. Te aconsejo que me compres oro acrisolado por el fuego para que te enriquezcas, túnicas blancas para que te vistas y no aparezca la vergüenza de tu desnudez, y colirio con que ungirte los ojos para que veas. Yo, a cuantos amo los reprendo y castigo. Por tanto, ten celo y arrepiéntete. Mira, estoy a la puerta y llamo: si alguno escucha mi voz y abre la puerta, entraré en su casa y cenaré con él, y él conmigo. Al que venza le concederé sentarse conmigo en mi trono, igual que yo he vencido y me he sentado con mi Padre en su trono"».

El que tenga oídos, oiga lo que el Espíritu dice a las Iglesias.

(Ap 3: 14–22)

1. El Problema de la Tibieza

El contenido de la Carta al Ángel de la Iglesia de Laodicea, última de las Siete destinadas a las Iglesias del Asia Menor, parece una especie de epílogo, un tanto ardiente y hasta agresivo, de todo lo anteriormente dicho; como si el Espíritu quisiera resumir los contenidos de las Siete Cartas y poner énfasis en el conjunto de sus advertencias. De ahí sus palabras finales, que suenan como un serio aviso recordatorio y que sirve para todas ellas: *El que tenga oídos, oiga lo que el Espíritu dice a las Iglesias.*

El estado de tibieza en el hombre es juzgado por el Espíritu con palabras de extrema gravedad: *¡Ojalá fueras frío o caliente! Mas porque eres tibio, y no frío o caliente, voy a vomitarte de mi boca.* Por lo que el tema ha de ser considerado con la máxima seriedad (cosa muy diferente de lo que suele hacerse), dada su importancia como factor determinante en la salvación del hombre.

Así pues, conviene examinar ante todo lo que se entiende por el concepto *tibieza* tal como se desprende de las palabras de la Escritura. Para lo cual podríamos definirlo, como punto inicial de partida y simplificando enteramente la cuestión, como *amor imperfecto*.

Pero el *Amor Perfecto* solamente existe en Dios, que es el Ser infinito por excelencia. Aparte de eso, todo *amor creado*, en cuanto que es una participación del Amor infinito, es por definición imperfecto, de tal modo que podría decirse, utilizando tal vez un lenguaje no demasiado preciso pero inteligible, que esa es su situación *normal* tal como se da en las creaturas. Aunque no en todas en el mismo grado, puesto que a cada una de ellas le es otorgado el amor a través de la gracia y *secundum mensuram donationis Christi*.[1]

De ahí que el itinerario espiritual de cada alma discurra por diversos estadios del camino, los cuales van desde lo más imperfecto hasta lo más perfecto, hasta llegar a la cima de la unión con Dios. La situación se especifica en el mundo de la Mística mediante el procedimiento de acudir a las llamadas *fases*, que abarcan desde los primeros momentos de purificación de la criatura humana que busca a su Creador, pasando por otros de iluminación, hasta llegar por fin al punto final en el que tiene lugar la consumación y perfección del amor. Así queda descrito, por citar un resumen de lo más señalado del tema en la Historia de la Espiritualidad, en el *Itinerario del alma hacia Dios* o en el *Tratado de la Triple Vía* de San Buenaventura, en las diferentes *Moradas* del *Castillo Interior* de Santa Teresa, o en la difícil *Subida al Monte Carmelo* a través de las *Noches del Sentido y del Espíritu* en los escritos de San Juan de la Cruz.

Pero siendo Dios el Sumo Bien y el Último Fin del hombre, el amor con que ha de ser correspondido por parte de éste es prácticamente *ilimitado*. Y si bien puede decirse que no todos los hombres alcanzarán la suma perfección, es cierto, sin embargo, que todos están obligados a *tender* hacia ella. El precepto del Señor en este punto es absoluto: *Amarás al Señor tu Dios con todo tu corazón, con toda tu alma, con todas tus fuerzas y con toda tu mente*.[2] Por otra parte, como dice Santo Tomás, nunca podría el hombre amar a Dios tanto como debería amarlo, ni creer o esperar en Él tanto como debería hacerlo: *Nunca potest homo tantum diligere Deum quantum diligi debet, nec tantum credere aut sperare in ipsum, quantum debet*.[3]

---

[1] Ef 4:7.
[2] Lc 10:27; De 6:5.
[3] *Summ. Theol.* Iª–IIae, q. 64, a. 4.

Una vez más nos encontramos ante las inflexibles reglas del amor de las cuales una es la de la *reciprocidad*. Si una persona otorga libremente su amor a otra, es indudable que espera ser correspondida de la misma manera. Pero Dios ha ofrecido su amor al hombre hasta el sumo grado en que podía ser recibido por éste: *Sic enim Deus dilexit mundum ut Filium suum unigenitum daret*.[4] Y en cuanto a Jesucristo, habiendo amado a los suyos que estaban en el mundo, *los amó hasta el fin*.[5]

El hombre fue creado por Dios, que es su Último Fin, para amar y para ser amado. Siendo éste el principal objeto de su existencia y lo que constituye la misma esencia de su vida, todas las demás cosas que le rodean han de ser consideradas como objetivo secundario y subordinado al primero: *Yo he venido para que tengan vida, y la tengan en abundancia*,[6] decía Jesucristo. Y para el Apóstol San Pablo la vida del cristiano no podría consistir en otra cosa que en Cristo mismo (Col 3: 3–4). La vida del hombre no puede consistir, por lo tanto, sino en amar a Dios: *Gloria Dei vivens homo, et vita hominis visio Dei*, decía San Ireneo.[7]

De donde se desprende la necesidad del hombre de tender siempre hacia la perfección del amor. Lo que equivale a decir que está obligado a caminar siempre y sin descanso, como miembro que es de la Iglesia itinerante y peregrina. En el camino del amor —ímpetu irresistible que empuja hacia la persona amada— no está contemplada la posibilidad de entregarse a momentos de descanso o de interrupción, como cosa que sería incompatible y contradictoria con

---

[4] Jn 3:16.
[5] Jn 13:1.
[6] Jn 10:10.
[7] San Ireneo de Lyon, *Adversus Hæreses*, IV, 20, 7.

el necesario impulso propio del amor: *Quien no recoge conmigo, desparrama.*[8]

Y siendo el Amor la Suprema realidad que da existencia y sentido a todas las cosas —*El Amor, que al Sol mueve y las demás estrellas*, según el bello verso con el que Dante cierra su inmortal Poema—, y sobre todo y en primer lugar al hombre mismo como cabeza de la Creación, estamos por fin en situación de asegurar que la tibieza es la lacra de quien *no se toma en serio* el amor ni por lo tanto tampoco al mismo Dios. El hombre tibio vive en una situación de indiferencia con respecto a Dios y a su Amor pero que, en último término, viene a equivaler a un estado de autosuficiencia, equiparable a lo que sería una actitud de *burla* con respecto a las realidades últimas que habrían de determinar su existencia.[9] Que en definitiva es el sistema de vida —la *aurea mediocritas*, que decía Horacio— adoptado por un incalculable número de cristianos y que fue admirablemente descrito por Ernesto Hello:

El hombre verdaderamente mediocre siente un poco de admiración por todas las cosas; aunque no siente entusiasmo por ninguna... Encuentra insolente toda afirmación, porque ésta excluye la proposición contradictoria. Y si eres un poco amigo y otro poco enemigo de todas las cosas, te admirará por sabio y reservado. El hombre mediocre proclama que todas las cosas tienen su lado bueno y su parte mala, y que no se debe ser absoluto en los juicios. Si resueltamente afirmas la verdad, el mediocre dirá que tienes demasiada confianza en ti mismo. El hombre mediocre lamenta que existan dogmas

---

[8] Mt 12:30.

[9] En el lenguaje corriente, lo contrario de la *seriedad* sería la *burla* o la broma. Pero adoptar una actitud negativa, bien sea de claro rechazo o bien de indiferencia como es el caso de la tibieza, ante los dones de Dios, supone una gravedad que ha de ser medida en atención a la magnificencia y magnitud de los regalos o presentes por Él ofrecidos.

en la religión cristiana; su deseo sería que se enseñase "solamente la moral"; y si le dices que la moral radica sólo en los dogmas, te responderá que exageras... Si un hombre naturalmente mediocre se hace cristiano de verdad, deja en absoluto de ser mediocre... El que ama no es mediocre jamás.[10]

En cuando al repudio claro y manifiesto del amor generosamente ofrecido a alguien, es evidente que al menos se han *tomado en serio* tanto la oferta como a la persona que la ha otorgado; de donde es preciso reconocer que quien hizo el ofrecimiento ha sido *considerado* y tenido en cuenta, por más que haya sido rechazado. Mientras que, por el contrario, la actitud de ni siquiera *considerar* la proposición ofrecida, por supuesto que equivale a *no tomar en serio* a la persona que la hizo. Rechazar a alguien supone al menos admitirlo como *otro*; al contrario de lo que sucede cuando no se llega a ni considerar al oferente, que equivale a no concederle ni aún la categoría de *otro* como sujeto.

En nuestro caso concreto, quien rechaza abiertamente a Dios es porque al menos lo reconoce como oponente; mientras que quien se comporta como que no lo conoce, o adopta ante Él una postura de total insensibilidad, es porque ni siquiera le concede la categoría de existente. Una cosa es afirmar que *no me interesa la oferta que se me ofrece*, y otra muy distinta la de *mostrar absoluta indiferencia hacia la persona que la hace*, que es justamente lo equivalente a considerarla como si no existiera. Y de ahí la mayor gravedad de la tibieza y la justificación de la grave increpación que merece por parte del Espíritu: *¡Ojalá fueras frío o caliente! Mas porque eres tibio, estoy para vomitarte de mi boca.*

---

[10]Ernesto Hello, *L'Homme*, II, cap. VIII (citando por Garrigou Lagrange, en *Las Tres Edades de la Vida Interior*, Ediciones Desclée de Brouwer, Buenos Aires, pág. 231).

Como tantas veces hemos dicho, el hombre ha sido creado para amar y para ser amado. En definitiva, todas las actividades de su vida —acciones, pensamientos, sentimientos— deben estar encaminadas al amor y fundamentarse en él. Como decía tan bellamente San Juan de la Cruz:

> *Mi alma se ha empleado,*
> *y todo mi caudal en su servicio;*
> *ya no guardo ganado,*
> *ni ya tengo otro oficio,*
> *que ya sólo en amar es mi ejercicio.*[11]

Y si ya no tengo otro ejercicio por hacer sino el de amar, todo tiempo dedicado a cualquier actividad cuyo objeto no sea el amor es tiempo perdido:

> *En lágrimas bañado*
> *llora mi corazón, de amor herido,*
> *en penas angustiado*
> *del tiempo que ya es ido*
> *y por no haber amado se ha perdido.*[12]

El tiempo es la moneda concedida al hombre para las necesidades que debe satisfacer durante su peregrinación terrestre. Por lo que malgastarlo supone una pérdida irreparable acarreadora de graves consecuencias. *El corazón del sabio sabe el tiempo y el modo, ya que cada cosa tiene su tiempo y su modo*, decía el Eclesiastés,[13] en una consideración del tiempo todavía veterotestamentaria pero

---

[11] San Juan de la Cruz, *Cántico Espiritual*.
[12] *CFC*, 95.
[13] Ece 8:5.

que ya reconoce, sin embargo, que es de sabios apreciar el sentido precioso del tiempo, al igual que el de todas las cosas que Dios ha otorgado al hombre. Que por eso decía San Pablo que *mientras disponemos de tiempo hagamos el bien a todos, y especialmente a los hermanos en la fe*,[14] añadiendo además, en palabras que parecen misteriosas, que hemos de vivir *como sabios redimiendo el tiempo* —*redimentes tempus*—,[15] aludiendo quizá a que hemos de sustraerlo de la postración a que ha sido sometido, a fin de aprovecharlo para la redención de la creación y consiguientemente de la nuestra.[16]

2. La Tibieza según el Evangelio

El Evangelio no trata *expresamente* del problema de la tibieza, aunque sí contiene al menos dos episodios que la contemplan: el del joven rico y el del fariseo que invitó a comer a Jesús y no cumplió los requisitos rituales.

El caso del Joven Rico
(Mc 10: 17–27)

La expresión no es muy apropiada si se tiene en cuenta que el *caso* del joven rico no tiene nada de singular. Puesto que, por lo general, cuando se habla de *el caso de* en el lenguaje corriente, se hace referencia a un hecho especial de características peculiares y

---

[14] Ga 6:10.

[15] Ef 5:16.

[16] El tiempo forma parte de la creación. Y según el Apóstol, *la creación se ve sujeta a la vanidad, no por su voluntad, sino por quien la sometió, con la esperanza de que también la misma creación será liberada de la esclavitud de la corrupción para participar de la libertad gloriosa de los hijos de Dios* (Ro 8:21).

no demasiado corrientes, que no es precisamente lo que sucede aquí. Ciertamente el joven rico quería alcanzar la vida eterna, que es a lo mismo que aspira todo el mundo..., pero no mediante el esfuerzo de complicarse la vida, que es un planteamiento que igualmente coincide con el de la inmensa mayoría de la gente.

Por eso le pregunta a Jesús, ingenuamente pero con sinceridad, acerca de lo que había de hacer para conseguirla. El Maestro, conociendo que eran rectas sus intenciones, le propone el programa *mínimo* del cumplimiento de los mandamientos. Y al responder el joven que ya los cumplía, el Maestro lo mira y comprueba con agrado que decía la verdad:

Jesús fijó en él su mirada y quedó prendado de él.

Ante lo cual le propone con ardor que avance adelante hacia el feliz final del camino, puesto que aún le faltaba lo más importante y esencial:

—*Una cosa te falta: anda, vende todo lo que tienes y dáselo a los pobres, y tendrás un tesoro en el cielo. Luego, ven y sígueme.*

A lo que el joven, frente a lo que hubiera podido esperarse, reaccionó de forma negativa:

Afligido por estas palabras se marchó triste, porque tenía muchas posesiones.

Actitud en la que queda reflejada, por desgracia, la normal aspiración de la inmensa mayoría de los cristianos. La cual consiste en conseguir la salvación mediante la práctica de un cristianismo ausente de cruz, haciendo caso omiso del precepto divino de caminar por la vía estrecha (Mt 7:14) —la única que según Jesucristo conduce a la Vida— para preferir el camino ancho de la comodidad y de la ausencia de complicaciones. Basado todo ello, a su vez, en la falsa creencia de que el Cielo se puede adquirir sin necesidad del esfuerzo personal y de la libre cooperación a la gracia; lo que supone evidentemente un grave desprecio al concepto mismo del amor.

Jesucristo llevó a cabo el misterio de la Redención mediante su Vida y su Muerte, reanudando así la relación amorosa del hombre con Dios que había sido destruida por el pecado. Con ello otorgó al hombre la posibilidad de aceptar el sublime intercambio de existencias por el cual cada uno —Jesús y el hombre— hace suya la vida del otro: *Quien come mi carne y bebe mi sangre permanece en mí y yo en él...*[17] *Así como yo vivo por el Padre, del mismo modo quien me come vivirá por mí.*[18] Y según el Apóstol San Pablo dirigiéndose a los Colosenses, *vuestra vida está escondida con Cristo en Dios.*[19] De ese modo el cristiano, unido íntimamente a Cristo dentro del gran Organismo que es su Cuerpo Místico, forma con Él una sola cosa haciendo suya la vida del Señor (y viceversa), aunque conservando cada uno a la vez su propia personalidad: *Vivo yo, pero ya no soy yo quien vive, sino que es Cristo quien vive en mí.*[20] Pero puestas así las cosas, el cristiano ya no puede alcanzar la vida eterna sin participar de la vida y del destino de Cristo, incluidas su Muerte y su Resurrección: *Sin mi nada podéis hacer...*[21] *Yo soy el camino, la verdad y la vida; y nadie viene al Padre sino por mí.*[22]

Lo que está en juego en el fondo del problema, como ya dijimos, es el concepto del amor. Una de cuyas reglas esenciales es la de la *reciprocidad*, que exige por parte de la persona amada una respues-

---

[17] Jn 6:56. El verbo griego *méno* puede significar permanecer, residir, vivir, morar, etc., pero apuntando siempre a una idea de *estar dentro*, más bien que la de continuación en el tiempo.

[18] Jn 6:57.

[19] Col 3:3.

[20] Ga 2:20.

[21] Jn 15:2.

[22] Jn 14:6.

ta en equivalencia a la actitud de entrega de la persona que ama. Y siendo el hombre un ser creado por el Amor y para el amor, no le es lícito responder ante su destino —que es su Fin último y su Felicidad— con una actitud de rechazo, y ni aun siquiera de indiferencia.

El joven rico, aunque no rechaza *expresamente* o con un no rotundo la propuesta de Jesús, lo hace indirectamente, sin embargo, al responder con una actitud que podría traducirse como de *no me interesa*. El hecho de rechazar clara y abiertamente a Dios, incluso por odio, supone al menos haberlo ponderado y tenido en cuenta; mientras que acoger sus propuestas con indiferencia equivale a pensar que ni siquiera han merecido ser valoradas por quien no ha llegado ni a molestarse en considerar a Aquél que las hacía.

Dice el texto de San Marcos que el joven quedó afligido por las palabras del Señor, por lo que *se marchó triste, pues tenía muchas posesiones*. La elección entre las cosas naturales, materiales y visibles, o las espirituales, invisibles y espirituales, es una decisión que todo hombre ha de tomar necesariamente en su vida y que marcará el destino de su existencia para toda la eternidad. San Pablo se lamentaba con tristeza de que su discípulo Demas le hubiera abandonado *por amor de este mundo* (2 Tim 4:10), y de ahí su hermosa recomendación a quienes permanecían en la fidelidad: *Buscad las cosas de arriba, donde está Cristo sentado a la derecha de Dios; saboread las cosas de arriba, y no las de la tierra.*[23]

La actitud del joven rico, que además es idéntica a la que han mantenido innumerables seres humanos a lo largo de toda la Historia, jamás dejará de ser un misterio inexplicable. Que un ser creado conceda más valor al propio *yo* personal que al mismo *Yo* divino, como sucedió con el Ángel Luzbel en el Cielo antes de los tiempos

---

[23]Col 3: 1–2.

y como sigue sucediendo en nuestros días con tantos hombres, es cosa a la que es imposible encontrar explicación alguna. Se puede aludir al misterio de la libertad creada, junto a la posibilidad de la criatura de preferir sumergirse voluntariamente en los abismos del Mal; aunque tal cosa, en realidad, no sería sino prolongar una discusión acerca de un problema cuya solución última sólo de Dios es conocida.

Dante contempla en el primer Círculo de su *Infierno* a quienes *no hicieron nunca nada malo, pero que tampoco hicieron jamás nada bueno*. Cabe pensar que no serían allí muchos los condenados, pues es bastante difícil imaginar que alguien que jamás hizo nada bueno tampoco haya hecho nunca nada malo, y ya decía San Juan que *quien no practica la justicia no es de Dios*.[24] No es exactamente el caso del joven rico, desde el momento en que no se puede considerar como actitud inocua la indiferencia o desprecio ante el ofrecimiento que le hace Jesús.

Y aun después de ponderadas estas consideraciones, además de las que aún nos restan por hacer sobre el tema, justo es reconocer que hallar una clave que explique, siquiera sea de algún modo, la actitud del cristiano tibio, sigue siendo tarea difícil y hasta equivalente a la de abordar un misterio. *Ni frío ni calor*, como términos siempre preferibles a otro probablemente intermedio que sería el de la *tibieza*. Pero con respecto al primero de ellos —el del *frío*— podríamos preguntar: ¿Se refiere quizá a quien conoció de algún modo el amor, e incluso comenzó a amar, pero luego se quedó detenido en los comienzos...? ¿Acaso haber conocido el amor y haberlo desdeñado es una actitud más condenable que la de quien —culpablemente o sin culpa— no lo ha conocido? ¿Hubo alguien que empezó a caminar, pero que luego no quiso seguir adelante pensando que no valía la

---

[24] 1 Jn 3:10.

pena, cometiendo así el mayor desprecio a la sublime realidad del amor que imaginar cabe...? Y así queda todavía abierta una vía en la que aventurarse en la especulación. Pero en definitiva, todo parece apuntar hacia las palabras de Jesucristo: *¿Quién de vosotros, si quiere edificar una torre, no se sienta primero a calcular los gastos a ver si tiene para acabarla? No sea que, después de poner los cimientos y no poder acabar, todos los que lo vean empiecen a burlarse de él y digan: "Este hombre comenzó a edificar y no pudo terminar"*.[25]

Un fariseo invita fríamente a comer a Jesús
(Lc 7: 36–50)

El adverbio *fríamente* en el encabezamiento de este apartado puede parecer a primera vista una excepción a la que podría ser considerada la situación normal de invitar a alguien. Aunque aquí, sin embargo, se refiere a un hecho tan ordinario como corriente, puesto que en realidad sería poco frecuente en estos casos el uso legítimo del término *cordialmente*; dado que está comprobado que las relaciones sociales entre humanos se limitan casi siempre a actitudes de mero cumplimiento y cortesía, pocas veces avaladas por el verdadero amor, y menos aún por lo que podría considerarse un fervoroso afecto.

La situación que contempla este caso evangélico se explica fácilmente. Por aquel entonces Jesucristo, aceptado por unos y discutido por otros, era ya un Maestro de prestigio entre los judíos. Y los humanos suelen sentir entusiasmo por el trato con personas de prestigio, aunque por supuesto que pensando siempre en el suyo propio. La narración de San Lucas contiene los suficientes detalles para dejar claro que estamos ante una invitación de mera cortesía, carente

---

[25] Lc 14: 28–30.

de calor y de afecto, más bien ofrecida por los motivos convencionales que tan a menudo determinan las relaciones sociales entre los hombres.

En el momento de nuestra narración aún no habían sido promulgados claramente como revelados el concepto y los preceptos referentes al amor, compendiados en el mandamiento nuevo y supremo expresamente promulgado por Jesucristo. De ahí que el mundo judaico siguiera practicando las normas, en cuanto al concepto del amor al prójimo, tal como eran formuladas por los arcaicos preceptos veterotestamentarios.[26]

El mundo greco–romano estuvo imbuido de las ideas de Platón, tan bellamente expresadas en el Diálogo de *El Banquete* y en el de *Fedro*. Tan inteligentes como para ser tomadas como abundante alimento de especulación pero carentes de la luz de la Revelación, y de ahí que nunca llegaran a alcanzar la plenitud de la verdad. Pasó el tiempo hasta llegar a la aparición y difusión del Cristianismo, aunque continuaron no obstante las investigaciones sobre un problema que nunca se tuvo por definitivamente resuelto. Las cuales cobraron especial auge en el Renacimiento con la aparición de las ideas neoplatónicas y las teorías sobre el amor puro, el amor espiritual, el amor desinteresado, el *amor cortés*, el amor de amistad, el de concupiscencia, etc., con sus respectivos opuestos. Pero la polémica ha continuado indefinidamente y aún sigue vigente en nuestros días, aunque con mucha mayor confusión que en los tiempos pasados, después de que el mundo haya vuelto la espalda a los valores cristianos hasta olvidarlos por completo.

---

[26]Según eran entendidos por los Antiguos, como lo afirmaba el mismo Jesucristo (Mt 5:21; *passim*), quien citaba como ejemplo a tener en cuenta la conocida expresión de *ojo por ojo y diente por diente* (Mt 5:38).

En general, todos los indicios dan a entender que los hombres, después de transcurridos tantos siglos, aún no se han enterado de que la Revelación del Nuevo Testamento ya había dicho que el Amor es Dios (1 Jn 4:16).

Si llegamos a concluir que la tibieza —prescindiendo ahora de discusiones de eruditos— equivale a un amor de barniz o cosa superficial, y puesto que el amor forma parte como elemento esencial de la naturaleza humana como su único Fin, nada tiene de extraño que la vida del hombre tibio vaya envuelta en la trivialidad, tanto en lo que mira a sí mismo como con respecto a los demás.

Simón el fariseo, al ver que Jesús aceptaba las manifestaciones de doloroso arrepentimiento y afecto de parte de una mujer pecadora, comenzó a pensar ligeramente sobre su invitado: *Si éste fuera profeta sabría quién y qué clase de mujer es la que le está tocando...* Actitud muy peculiar de quienes se erigen a sí mismos como jueces y adoptan una pretendida posición de superioridad y de desprecio hacia los demás, atreviéndose a juzgarlos y a condenarlos sin fundamentos suficientes o incluso sin fundamento alguno. Con lo cual muestran hasta dónde puede llegar el espíritu de envilecimiento de quien se erige a sí mismo como juez para condenar a otros, sin lograr otra cosa que hacerse él a su vez objeto de juicio y de una sentencia condenatoria: *No juzguéis y no seréis juzgados; no condenéis y no seréis condenados.*[27] ¿Quién se atreverá a ver la pajita en el ojo ajeno sin ver primero la viga en el propio?, como ya apuntaba el mismo Jesucristo en una de sus frases muy expresivas (Mt 7:3). ¿Y qué hombre es tan justo como para sentirse mejor o superior a los demás?

La tibieza, en cuanto estado de un alma en la que falta el amor —*ni frío ni caliente*—, es un obstáculo insuperable para el desarro-

---

[27] Lc 6:37.

llo de cualquier virtud. Una de las cuales, y de las más importantes, es precisamente la humildad. Virtud imprescindible para conferir a un ser humano el carácter de *verdadero hombre,* en cuanto que nadie puede ser considerado como tal sin verse a sí mismo como quien todo lo ha recibido, como indigente y necesitado de la continua ayuda de Dios a quien ha ofendido tantas veces, y como uno más de los pequeños de la Tierra a quienes les son reveladas las cosas de lo Alto, mientras que le son ocultadas a los sabios y prudentes del mundo (Mt 11:25).

La tibieza es un amor imperfecto, y como tal un amor *a medias.* Y puesto que pertenece a la esencia del amor la cualidad de la *totalidad,* resulta en último término que queda desvirtuada enteramente como amor, y de ahí que ni siquiera llegue a cumplir los mínimos requisitos de la cordialidad y la educación, quedando así como desnuda y puesta en evidencia ante lo que es el auténtico amor:

Y vuelto hacia la mujer le dijo a Simón:

—¿Ves a esta mujer? Entré en tu casa y no me diste agua para los pies. Ella en cambio me ha bañado los pies con sus lágrimas y me los ha enjugado con sus cabellos. No me diste el beso. Pero ella, desde que entré no ha dejado de besar mis pies. No has ungido mi cabeza con aceite. Ella en cambio ha ungido mis pies con perfume.[28]

Resulta imposible calificar como amor a lo que no llega a concretarse bajo la condición de la totalidad. Y de ahí que un amor que no consigue superar los límites de lo normal y de lo posible, no pasa de la categoría de un *amor pretendido* que jamás subirá al podio donde se premia al *amor auténtico.* Por eso son frecuentes las prescripciones de Jesucristo en las que exhorta a actitudes de reconocimiento hacia el prójimo que al común de los hombres pueden

---

[28] Lc 7: 44–45.

parecer *exageradas*, cuando tendrían que ser vistas como exponentes del verdadero amor:

Si alguien te golpea en la mejilla derecha, preséntale también la otra. Al que quiera entrar en pleito contigo para quitarte la túnica, déjale también el manto. A quien te fuerce a andar una milla, vete con él dos. A quien te pida, dale; y no rehúyas al que quiera de ti algo prestado.[29]

3. Las enfatuadas y falsas Riquezas según la Carta de Laodicea

Las imprecaciones del Espíritu, dirigidas al Ángel de la Iglesia de Laodicea, de nuevo son tan duras como claras y terminantes: *Porque dices: "Soy rico, me he enriquecido y de nada tengo necesidad". Y no sabes que eres un desdichado y miserable, pobre, ciego y desnudo. Te aconsejo que me compres oro acrisolado por el fuego para que te enriquezcas, túnicas blancas para que te vistas y no aparezca la vergüenza de tu desnudez, y colirio con que ungirte los ojos para que veas.*[30]

Es imposible conocer el significado exacto de estos graves improperios, tanto en lo que se refiere a la responsabilidad personal del Cabeza de la Iglesia de Laodicea como a la situación general de esa misma Iglesia. Considerada la solemnidad y seriedad de las acusaciones, es necesario concluir que debían estar motivadas por extraordinarias situaciones de corrupción y degeneración. Si bien existe una nota dominante que parece desprenderse del conjunto de tan furiosa amonestación, la cual no es otra que la actitud de *pe-*

---

[29] Mt 5: 39–42.
[30] Ap 3: 17–18.

tulancia e hipocresía que condujo a la Iglesia de Laodicea a creerse *rica, próspera y afortunada,* cuando en realidad, según las mismas palabras del Espíritu, no era sino *desdichada, miserable, pobre, ciega y desnuda.*

Tal como hemos advertido en otras ocasiones, las Cartas dirigidas a las Siete Iglesias del Asia Menor forman parte del Libro del Apocalipsis. Cuyos contenidos, como corresponde a un Libro revelado, son de índole profética. Y de ahí que no puedan limitarse, por lo que hace a su significado, a un ámbito territorial, geográfico, o temporal. Por otra parte, como es generalmente reconocido, el Libro del Apocalipsis es un libro de Consolación referido sobre todo a los Últimos Tiempos. Por lo que ha de ser leído e interpretado al claroscuro de las luces imprecisas que se desprenden de una profecía, siempre misteriosas y siempre claras; difíciles o imposibles de entender para la generalidad, pero extrañamente abiertas, sin embargo, para quien se deja conducir por la luz de la Fe y es capaz de ahondar en las palabras de Jesucristo: *Quien pueda entender, que entienda...*[31] *Quien lea, entienda.*[32]

Y como ya hemos dicho, no es posible conocer el sentido exacto en el que tan terribles amonestaciones fueron aplicables a la Iglesia de Laodicea. Pero si las palabras del Espíritu se leen teniendo en cuenta su sentido profético, además de la intención con la que fue escrito el Libro sagrado, cabe intentar aplicarlas al tiempo presente y a la situación actual de la Iglesia. Sin olvidar, claro está, la prudencia y el cuidado con el que han de ser medidas cualesquiera conclusiones que parezcan desprenderse de una profecía.

El hecho de referir tales palabras a la situación actual de la Iglesia, si bien no puede pretender más valor que el que pueda ser

---

[31] Mt 19:12.
[32] Mt 24:15.

atribuido a una interpretación, tampoco puede considerarse como mera arbitrariedad o un simple escarceo especulativo. Por la razón evidente del *extraño paralelismo* que parece existir entre la situación denunciada por el Espíritu contra el Ángel de la Iglesia de Laodicea y el estado ruinoso y de disolución de la Iglesia actual, ocasionado este último a su vez por la situación provocada por la misma Iglesia justamente a partir del año 1962.

El abismo sin fondo surgido entre las ruinas de la Iglesia desolada, nacida del Concilio Vaticano II, y esa misma Iglesia triunfalista creada por la apostasía de la Jerarquía, de una parte, y por la abrumadora propaganda postconciliar, de otra, es imposible de describir. Ni tampoco sería necesario hacerlo en este momento, después de lo mucho que se ha escrito sobre el tema y la evidencia que aparece ante los ojos de los fieles después de más de cincuenta años.[33]

La apostasía de la Jerarquía, junto al asalto del Modernismo a los medios de comunicación, provocaron una feroz campaña de lavado de cerebro poderosamente orquestada e inteligentemente dirigida, con el lógico resultado de un completo éxito entre la multitud de los fieles. La campaña de lavado y adoctrinamiento, que se vino extendiendo a lo largo de los años, llegó a adquirir en muchos momentos matices de vergonzoso descaro. Como cuando se puso en marcha la difusión de la famosa argucia del *post hoc, non propter hoc*, con la que se insultaba la inteligencia del pueblo cristiano mediante la falacia de que los desastres postconciliares habían ocurrido ciertamente *después* del Concilio, pero nunca *a causa del Concilio*. Buenos conocedores los manipuladores de opinión de que las frases que *suenan bien*, por más que carezcan absolutamente de contenido, son sin embargo fácilmente aceptadas, incluso sin previos análisis

---

[33]La bibliografía es inmensa. Ver, por ejemplo, mi libro *El Invierno Eclesial*, Shoreless Lake Press, N.J. (USA), 2011. Reimpr. 2021.

ni razonamientos de ninguna clase. Otra prueba más del estado de degeneración mental en el que se había sumido un Pueblo, antaño cristiano, pero que ahora había terminado por renegar de todas sus creencias y, como consecuencia lógica, también de la facultad de pensar.

El triunfalismo de la Iglesia postconciliar modernista está fielmente retratado en las imprecaciones que el Espíritu dirige al Ángel de Laodicea, y que ahora tienen más actualidad que entonces:

Porque dices: "Soy rico, me he enriquecido y de nada tengo necesidad".

Las trompetas que anunciaban la nueva era feliz sonaron, de forma triunfal y estrepitosa, en el discurso de apertura del Concilio pronunciado por el Papa Juan XXIII (octubre de 1962). Previamente el Pontífice había anunciado que convocaba el Concilio obedeciendo a una inspiración personal del Espíritu Santo, lo que no dejaba de ser una afirmación un tanto arriesgada que los hechos posteriores no parecieron confirmar.

Es muy aventurado confiar ciegamente en las *inspiraciones* que cualquier persona, aunque sea el Papa, pretende haber recibido del Espíritu Santo. El Papa solamente es *asistido* (que no es lo mismo que *inspirado*) por el Espíritu Santo cuando habla como Pastor Supremo de la Iglesia Universal, y siempre que se cumplan las *cuatro estrictas condiciones* que exige la Constitución dogmática *Pastor Æternus* del Concilio Vaticano I.

En medio del caos de confusión que el modernismo se ha ocupado de crear en la Iglesia actual, se ha extendido entre muchos fieles ingenuos la falsa doctrina, que algunos han llamado *papolatría*, que consiste en considerar como dogma de fe todo lo que haga o diga el Papa, sea lo que fuere. Dentro todo ello de un desconocimiento total de la sana doctrina acerca de las condiciones que ha de reunir el auténtico Magisterio de la Iglesia, tanto el Ordinario como el Extraordinario; y que ha demostrado, una vez más, la situación de miseria doctrinal a la que una falta de catequesis ha conducido a la inmensa mayoría de los fieles.

El Espíritu Santo dejó de *inspirar*, al menos oficialmente, con el cierre de la Revelación ocurrida con la muerte del último Apóstol. A partir de entonces todas sus revelaciones o inspiraciones son de *índole privada* y como tales han de ser recibidas, aunque con la prudencia y discreción que la Iglesia ha aconsejado siempre para estos casos. Sin que sus pretendidos receptores puedan pretender imponerlas absolutamente a nadie, independientemente de los motivos serios de credibilidad que puedan existir *exclusivamente para ellos*. Y la Historia y la experiencia han demostrado la imprudencia que se puede cometer al apresurarse a dar por ciertas cualesquiera revelaciones, apariciones e inspiraciones que, por otra parte, abundan desmesuradamente en las épocas de crisis. Y siempre habida cuenta de que, aun existiendo de por medio el buen criterio de vigilancia de la Iglesia que en ocasiones puede bendecir tales o cuales revelaciones o apariciones, pero en cuanto que son puramente privadas jamás pueden inducir a nadie a un consenso obligatorio.

El Discurso de Apertura del Concilio, tan solemnemente pronunciado por el Papa Juan XXIII, parecía anunciar una Nueva Era que daría lugar a un *giro radical* en la marcha de la Iglesia a través de la Historia. Se daba fin a las condenaciones de errores y se consideraba acabado el recelo de la Iglesia ante el Mundo. Lo cual *sonaba bien*, por lo que, tal como sucede siempre con estas cosas y conforme al ritmo de comportamiento de la naturaleza humana, fue saludado con entusiasmo por más de dos mil Padres conciliares, además de ser magnificado y aclamado como triunfo decisivo por la generalidad de medios de comunicación de todo el mundo, previamente preparados y bien manipulados para el caso. Todavía sigue siendo un misterio de la Historia (y seguramente lo seguirá siendo hasta el momento de la Parusía) el hecho de que dos mil Obispos y Padres de la Iglesia no fueran capaces de darse cuenta del significado del momento y del lugar adonde conducían los acontecimientos.

En primer lugar, la Iglesia, *Madre y Maestra* de la Historia y de los hombres, *jamás podía haber renunciado a su misión de denunciar los errores.*

La obligación de anunciar el Evangelio a todo el mundo, impuesta por su Divino Fundador, incluía necesariamente el deber de denunciar los errores y falsedades que el Príncipe de este Mundo suscitaría ininterrumpidamente, a lo largo de los tiempos y sin descanso, para impedir su propagación. Como efectivamente sucedió, y por eso la Iglesia hubo de llevar a cabo una intensa labor de vigilancia a través de toda su historia por medio de los Concilios, las doctrinas de los Padres y los escritos de los santos y de los teólogos. La historia del postconcilio demostró después ampliamente lo que sucede cuando la Iglesia se descuida y ya no guarda el Rebaño de los peligros que acechan. Porque, como decía el salmo: *Nisi Dominus costodierit civitatem, frustra vigilat qui custodit eam*;[34] donde es evidente que Dios ya no la vigilaba. Y ni siquiera nadie, puesto que los hombres habían decidido la conveniencia de abandonar toda clase de recelos, después de haber considerado que ya no era necesaria la vigilancia. Con las consecuencias de las que avisaba el Apocalipsis, pero a las que nadie tuvo en cuenta: *Bienaventurado el que vigila y guarda sus vestidos; para no tener que andar desnudo y que se vean sus vergüenzas.*[35]

Y luego, lo de siempre. Pues la conducta humana, tanto si se quiere reconocer como si no, se rige según unas leyes lógicas inexorables que son constantes a lo largo de la Historia. De ahí que, cuando se renuncia a denunciar el error, se acaba siempre denunciando la verdad, puesto que la cobardía degenera indefectiblemente en traición. Tal como han hecho los apóstatas de todos los tiempos,

---

[34] Sal 127:1.
[35] Ap 16:15.

que por cobardía renegaron de su fe y acabaron sacrificando a los ídolos. No es de extrañar, por lo tanto, que la gloriosa etapa de la *Primavera Eclesial*, que fue la que marcó con su sello a la Iglesia postconciliar pero que pasó por alto las herejías y guardó silencio ante la destrucción de la Liturgia y la burla a los Sacramentos, acabara persiguiendo, con su Jerarquía a la cabeza, a los pocos cristianos que se empeñaron en mantenerse fieles a la Fe de la verdadera Iglesia.

En segundo lugar, tal como se ha dicho arriba, en el Discurso de Apertura del Concilio del Papa Juan XXIII se puso fin —según anunció el Pontífice enfáticamente— a los recelos de la Iglesia frente al Mundo. Con lo que se iniciaba una etapa triunfal de apertura a todas las corrientes de las nuevas ideas.

Lo cual suponía hacer caso omiso de todos los avisos contenidos en la Revelación, por no hablar de los tesoros de Doctrina de un Magisterio de veinte siglos. Así se explica la facilidad con que el historicismo liberal protestante se introdujo en el Catolicismo, que la *Comisión Bíblica* fuera puesta en situación de jubilación, y que se acabara adoptando el escepticismo ante la historicidad de la Escritura. Un escepticismo que alcanzaría su punto culminante cuando el Cardenal Ratzinger, luego Papa Benedicto XVI, influenciado por el historicismo modernista de Dilthey, puso en tela de juicio la veracidad de los Evangelios y hasta la realidad histórica de Jesucristo. Así se explica que no se tuvieran en cuenta las duras acusaciones del Apóstol Santiago:

¡Adúlteros! ¿No sabéis que la amistad con el mundo es enemistad con Dios? Por tanto, el que desea ser amigo de este mundo, se hace enemigo de Dios.[36]

De esta forma el Catolicismo daba carpetazo, tal vez definitivamente, al hecho incontestable de que *ni es una religión del Mundo*

---

[36] San 4:4.

ni tampoco puede hacer las paces con el Mundo. Ciertamente que fue predicado para evangelizar el Mundo, pero no para confundirse con el Mundo. Por eso quedaron ya muy atrás y olvidadas, en estos momentos decisivos de la Historia de la Iglesia y del mundo, las palabras de Jesucristo en la Oración Sacerdotal dirigidas a su Padre en el Discurso de la Última Cena: *Yo les he dado tu palabra, y el mundo los ha odiado; porque no son del mundo, lo mismo que yo tampoco soy del mundo. No pido que los saques del mundo, sino que los guardes del Maligno. No son del mundo, lo mismo que yo tampoco soy del mundo.*[37]

He aquí de qué forma el Discurso triunfal de Apertura del Concilio Vaticano II fue en realidad un Discurso agorero. Lo cual por nadie será reconocido, e incluso sonará a grave blasfemia. Pero si acaso la Iglesia actual no se está enfrentando al Final de los Tiempos y al Juicio del Supremo Juez, y si tal vez su Historia y la del Mundo están destinadas por la Providencia a durar todavía indefinidamente, es seguro que los siglos venideros, cuando el fuego del crisol de los hechos disuelva el cúmulo de falsedades sembradas por el Maligno, acabarán reconociendo lo que, siendo ya ahora clara verdad, la ceguera de los hombres se empeña en no reconocer.

Ahí es precisamente donde tienen cabida las recriminaciones del Espíritu al Ángel de la Iglesia de Laodicea. Pero hechas ahora actualidad en una Iglesia desolada que, sin embargo, aún se considera a Sí misma —empeñada en no reconocer la verdad— como una Iglesia floreciente:

...Y no sabes que eres un desdichado y un miserable, pobre, ciego y desnudo. Te aconsejo que compres oro acrisolado por el fuego para que te enriquezcas, además de túnicas blancas para que te vistas y

---

[37] Jn 17: 14–16.

no aparezca la vergüenza de tu desnudez; y colirio con que ungirte los ojos para que veas.[38]

4. Al que llama se le abre

La última parte de la Carta a Laodicea contiene una declaración del Espíritu que, tanto por la índole de su carácter como por la extraña singularidad de su redacción, no ha dejado de llamar la atención a través de los siglos:

He aquí que estoy a la puerta y llamo. Si alguno escucha mi voz y abre la puerta, entraré a él y cenaré con él y él cenará conmigo.

Lo primero que conviene resaltar en el texto es la prioridad que Dios se atribuye en la estructura de la relación amorosa: el que llama a la puerta es Dios. Con lo que quedan claramente señalados el comienzo y la causa de la relación. Si el hombre ama a Dios es porque primero fue amado por Él: *Nosotros amamos porque Él nos amó primero.*[39]

La poesía popular expresa emociones que reflejan el sentimiento común: todo parte de Él como fuente del Ser y de todo Amor, y todo tiene su causa y principio en Él:

> *Si huyera de tu lado,*
> *búscame tú de nuevo, compañero,*
> *y, habiéndome encontrado,*
> *devuélveme al sendero,*
> *allí donde me hallaste tú primero.*[40]

---

[38] Ap 3: 17–18.
[39] 1 Jn 4:19.
[40] *CFC*, 73.

El hombre que ama a Dios suele creer en alguna especie de *encuentro* en el que se tropezó con Él para descubrirlo por primera vez. El Evangelio narra los sucesivos encuentros de Jesucristo con cada uno de sus Apóstoles, a los que fue invitando para que le siguieran, junto a los que tuvo con los diversos personajes que van apareciendo según lo van contando los hagiógrafos. Todos se presentan ante la imaginación del lector como gentes que gozaron de la ocasión de *encontrarse* con Jesucristo. Aunque en realidad no hubo nunca tal encuentro ocasional, sino que cada una de esas personas, según los planes providenciales de Dios, fueron previamente *buscadas* por Él.

La relación amorosa se inicia mediante una operación de pesca y captura, en la que Dios es el pescador y el hombre es el que ha sido capturado en la red. No hay que olvidar que al llamar Jesucristo a San Pedro para que le siguiera —como futuro garante de la continuidad de su misión— le aseguró que lo haría *pescador de hombres*.

Algo que suele pasar desapercibido en la relación amorosa es el hecho de que la persona que ama fue en su momento capturada; o más bien *pescada*, si se quiere hablar en un lenguaje más propio aunque la expresión pueda sonar a vulgar. La persona que ama ha caído prisionera en las redes de quien la ha seducido con el encanto de sus cualidades, pues no otra cosa es el sentimiento del amor suscitado por la irresistible atracción de la belleza. Si bien *belleza* ha de ser entendida aquí en un sentido más bien amplio, capaz de asumir el esplendor del ser con todas sus cualidades: la belleza y la bondad elevadas a extremos que solamente pueden ser cualificados y cuantificados por el enamorado que los percibe en cada caso. Pero teniendo en cuenta, como extremo importante, que a tales cualidades hay que añadir su principal elemento determinante: el cual nadie ha explicado hasta ahora, pero que consiste en el aura misteriosa que emana de una persona como algo propio y exclusivamente suyo, actuando como un poderoso imán cuya fuerza de seducción atrae y cautiva inexorablemente a la persona enamorada.

Esa *aura* personal y misteriosa no se identifica necesariamente con la belleza ni tampoco con la bondad. Sino que consiste en un reflejo y en una participación de la Naturaleza Divina, la cual se identifica a su vez con el Amor por Esencia o Amor infinito.

Pues Dios, siendo Uno, es sin embargo Trino en Personas. Lo cual quiere decir que Dios es sustancialmente Personal. Y es Amor porque es una Dualidad de Personas (el Padre y el Hijo) que se convierte en Trinidad porque el vínculo de Amor que los une es también (por la unicidad de la Sustancia divina) una Persona (el Espíritu Santo). De tal manera que Dios es Amor porque hay en Él *diversidad* de Personas, que es justamente la condición indispensable para que haya amor: un *yo*, un *tú* y el *vínculo* de amor que los une.

El *aura* de la que aquí se habla es un reflejo o participación del Amor divino, el cual es eminentemente *personal* en cuanto que se da entre Personas (que en el caso de Dios son divinas). De donde el amor, ya sea sustancial o participado, es siempre en su naturaleza misma *personal*. O dicho de otra manera, es el esplendor y la radiación del amor *en cuanto que emana de una persona*, al mismo tiempo que la hace brillar como aureolada de una inexpresable fuerza de atracción que seduce y embelesa. La cual persona, a su vez, aparece como *única*, en cuanto que ni siquiera en Dios, ni en todo el Universo creado, existen dos personas que como tales se identifiquen; que es lo que hace que a la persona enamorada le parezca que no exista otra como aquella a la que ama. Por eso el amor es una efusión que emana siempre y exclusivamente de una persona a la cual pertenece, sin que pueda decirse que dependa exclusivamente de los conceptos de belleza o de bondad. Pues se puede admirar la belleza de un paisaje, de una pintura, de una escultura, de una pieza musical o de una poesía..., aunque nadie se enamora de tales cosas. De ahí que podría definirse el amor como *el esplendor del ser en cuanto que emana de una persona*, como fuerza que atrae irresistiblemente. Así podría decirse que la belleza es el *esplendor del ser*, mientras que el amor es el *esplendor de un ser en cuanto que es sustancialmente personal*.

Según el texto que comentamos, Dios es quien busca y el hombre quien es encontrado. Dios es quien llama libremente y porque quiere a la puerta, en un intento de atraer la atención de un ser humano a quien corresponde la capacidad de responder..., o de no responder, puesto que el amor se presenta como ofrecimiento libre que espera una respuesta también libre. En la relación amorosa es a Dios a quien corresponde la operación de pesca y captura, puesto que es Él quien ama primero; mientras que es al hombre a quien toca dejarse capturar.

Bien entendido que, tal como se desprende de todo lo dicho, si la captura supone quedar prendido en las redes tal cosa habría de entenderse como contraria a la propia voluntad. Aunque al mismo tiempo, en el negocio del amor, ha de ser calificada también como un rendimiento *absolutamente voluntario e incondicional* a la seducción de quien lleva a cabo la captura.

Extraña paradoja cuyo misterio —como el de tantos otros en la realidad del amor— requeriría para ser entendido llegar a comprender a su vez el misterio del amor en su totalidad. El cual, en cuanto que se identifica con Dios, es imposible de ser abarcado por el entendimiento humano.

Las religiones no cristianas monoteístas, como el Islam o el mismo Judaísmo, que reconocen un solo Dios pero no en Trinidad de Personas, son absolutamente incapaces de explicar el concepto del amor, ni siquiera de forma aproximada. En cuanto al paganismo y las otras religiones, se encuentran si cabe aún más alejados del misterio, y de ahí el cúmulo de falsedades y de aberraciones a que han dado lugar, a lo largo de los siglos, los inútiles esfuerzos de tantas elucubraciones humanas que han pretendido explicar el misterio del amor prescindiendo de Dios.

Pero el amor entendido como *el esplendor del ser en cuanto que emana de una persona*, se convierte en otra clase de resplandor más elevado cuando esa Persona es divina. Por eso el amor profesado a Jesucristo, a diferencia del amor meramente humano, es un amor ciertamente humano pero a la vez *divino*: amor divino–humano, aunque abarcando esta vez el término *divino* todos los sentidos que suele atribuirle el lenguaje corriente entre los hombres.

He aquí que estoy a la puerta y llamo. El hombre que, confundido y pensando de sí mismo como un ser solitario y un caminante sin rumbo, por no haber hallado el sentido de su existencia y sintiendo en su alma un cúmulo de ansias insatisfechas, oye de pronto que llaman a su puerta. Y es lo cierto que alguna vez, en el momento culminante de su vida, todo hombre oye y percibe la llamada del Amor que solicita para que le permitan penetrar en el corazón. Es la llamada de Dios, de quien procede todo amor, y que por eso es el primero en ofrecer y el primero en buscar a quien acepte el envite. Y de forma especial a los seres perdidos o a quienes tal vez creyeron que nunca hallarían el camino; a quienes pensaron que a nadie encontrarían y que por nadie podrían ser encontrados:

Devuélveme al sendero,
allí donde me hallaste tú primero.

5. Y cenaré con él, y él cenará conmigo

Las ideas de la noche, del sueño, de la madrugada y del despertar, como conceptos aledaños al de la cena, aparecen continuamente a lo largo de *El Cantar de los Cantares*:

> *Os conjuro, hijas de Jerusalén,*
> *por las gacelas y las cabras monteses,*
> *que no despertéis ni inquietéis a mi amada*
> *hasta que a ella le plazca.*[41]

El de la cena ocupa un lugar importante en algunos textos de la Escritura y en la literatura espiritual, especialmente en la mística: los acontecimientos que tuvieron lugar en la Noche de la Última Cena, con la institución de la Eucaristía como el más importante de todos, y la *Gran Cena* o el Gran Banquete del Reino que había sido preparado y al que los primeros invitados no quisieron asistir, del que habla San Lucas (14: 16–24) y al que alude también el Libro del Apocalipsis: *¡Venid y congregaos para la gran cena de Dios!*[42]

Uno de los más hermosos ejemplos de la idea de la cena en la poesía mística puede saborearse en una de las estrofas de San Juan de la Cruz contenidas en su *Cántico Espiritual*. La rima poética va discurriendo en ella, a través de increíbles antítesis y espléndidas metáforas, hasta desembocar en una expresión que compendia lo más admirable del amor divino–humano:

---

[41] Ca 3:5; cf 5:2; 7:13; 8:4.
[42] Ap 19:17.

> *La noche sosegada*
> *en par de los levantes del aurora,*
> *la música callada,*
> *la soledad sonora,*
> *la cena que recrea y enamora.*

Las dos bellas antítesis–paradojas de los versos tercero y cuarto,

> *la música callada,*
> *la soledad sonora...*

son una preparación de la mente para el sublime desenlace que cierra la estrofa y que viene a sintetizar, en un apretado simbolismo de elevadas metáforas, el ambiente del que se rodea el despliegue del amor: el silencio que suele acompañar a la noche, el banquete nupcial celebrado precisamente al declinar el día, la soledad propia del momento y que siempre suelen buscar los enamorados, el recreo y el gozo de los que se aman en ese instante en el que acaba el día en el que se sienten aislados de todo y de todos... La poesía religiosa popular habla también de la cena como lugar propio de las relaciones amorosas divino–humanas:

> *Amado, yo quisiera*
> *al aura del jardín gustar tu cena,*
> *pues es la primavera*
> *y el aire ya se llena*
> *de romero, tomillo y hierbabuena.*[43]

---

[43] *CFC*, 47.

Índice de Citas del Nuevo Testamento

San Mateo

5: 3, **51**
21, **281**
29–30, **24**
38, **281**
39–42, **284**
6: 24, **146**
33, **27**
7: 3, **282**
14, **134**, **210**, **242**, **276**
9: 24, **82**
29, **235**
32, **100**
36, **112**
10: 9–10, **53**
10, **146**
24, **46**
25, **46**
39, **21**
11: 23, **21**
25, 41, **283**
12: 30, **250**, **272**
13: 24–30, **133**
28–30, **134**
44, **52**
16: 24, **54**, **58**
25, **21**
17: 19–20, **23**
18: 8–9, **24**
19: 12, **285**

26, **168**
20: 1, **93**
6, **208**
22, **35**
23, **35**
28, **28**, **40**
22: 37, **157**
23: 12, **34**
24: 15, **215**, **285**
24, **195**
28, **32**
42, **209**
25: 6, **113**
13, **209**
21, **57**
23, **57**
26: 4, **62**
28, **28**
39, **235**
27: 46, **61**

San Marcos

1: 15, **124**
18, **54**
7: 32, **100**
8: 35, **21**, **89**
9: 17, **100**
35, **33**
43–47, **24**

10: 17–27, **275**
    27, **168**
    45, **28**
12: 30, **157**
13: 14, **215**
    31, **146**
    35, **209**
    37, **209**
14: 24, **28**
15: 34, **61**
16: 16, **28**

San Lucas

1: 37, **168**
4: 8, **126**
5: 11, **54**
6: 20, **51**
    37, **282**
    40, **46**
7: 36–50, **280**
    44–45, **283**
    47, **41**
8: 10, **50, 241**
    27, **21**
9: 24, **21**
10: 21, **41**
    27, **157, 270**
    42, **36**
11: 14, **100**

12: 14, **27**
    37, **46, 209**
13: 19, **124**
14: 7–11, **35**
    8–9, **34**
    16–24, **297**
    26, **71, 158**
    28–30, **280**
    33, **54, 71**
15: 4–7, **64**
    7, **64**
    11, **64**
17: 6, **23**
18: 8, **126, 131**
    10, **55**
    22, **54, 238**
    27, **168**
21: 3, **57**
    7, **129**
    36, **130, 209**
22: 19, **166**
    27, **40**

San Juan

1: 3, **27**
    4, **164**
    18, **234**
    35–39, **92**
    38, **21**

3: 8, **179**
16, **28, 168, 259, 271**
29, **40, 47**
6: 53–58, **223**
56, **21, 153, 277**
57, **154, 277**
60–64, **223**
67, **61**
7: 9, **21**
8: 12, **97**
34, **196**
44, **100, 129**
54–55, **36**
9: 4, **210**
41, **21**
10: 5, **135**
10, **86, 200, 238, 271**
30, **181**
11: 11, **82**
12: 24, **21**
31, **125**
45, **124, 194**
46, **21**
13: 1, **156, 171, 259, 271**
8, **47**
12–14, **33**
14: 2, **173**
6, **164, 200, 202, 234, 236, 242, 277**
8–10, **124, 194**

9, **152, 181**
10, **21**
23, **15**
25–26, **25**
15: 2, **277**
5, **154**
13, **81, 168, 187, 205**
15, **40, 47**
22, **100**
26, **26**
16: 11, **125**
13, **12, 178, 263**
13–14, **40**
15, **162, 163**
17: 5, **36**
10, **162, 163**
14–16, **291**
24, **74**
26, **15, 79**

Hechos de los Apóstoles

1: 7, **129, 130**
3: 6, **52**
4: 12, **176**
13: 33, **78**
16: 14, **193**
20: 31, **209**
26: 14, **160, 237**

27: 31, **21**
28: 16, **21**

ROMANOS

3: 3–6, **241**
5: 5, **15**, **50**
6: 4, **29**
8: 21, **275**
    28, **62**
13: 12, **216**
14: 7–8, **81**

1 CORINTIOS

1: 18–25, **42**
    21, **28**
2: 9, **121**, **174**, **198**
4: 7, **36**
6: 16–17, **21**
11: 24–25, **166**
    26, **208**
    29, **223**
13: 1, **255**
    5, **35**, **41**
    8, **91**, **179**, **237**
    13, **21**
15: 25, **177**
    54–55, **167**
    55, **86**, **87**
16: 13, **209**

2 CORINTIOS

1: 19, **18**
3: 17, **18**
4: 10–11, **155**
    11–12, **171**
5: 17, **87**
6: 10, **52**, **53**, **85**
12: 5, **57**, **63**
    9, **57**
    10, **57**

GÁLATAS

2: 20, **26**, **155**, **277**
3: 27, **29**
4: 19, **29**
5: 22, **15**, **39**
6: 7, **167**
    10, **275**

EFESIOS

2: 15, **176**
4: 7, **50**, **150**, **173**, **270**
    24, **176**
5: 16, **275**

Filipenses

1: 23, **70**, **172**
   23–24, **86**
2: 6–7, **36**
   7, **46**
   8, **168**
   10, **176**

Colosenses

1: 15, **33**
   15–17, **27**
3: 1–2, **207**, **278**
   3, **277**
   3–4, **271**
   4, **200**
   11, **28**

1 Tesalonicenses

5: 3, **129**

2 Tesalonicenses

2: 3, **122**, **126**
   12, **241**

1 Timoteo

2: 4, **28**
3: 1, **39**, **137**

2 Timoteo

4: 7–8, **172**
   10, **61**, **278**
   16, **61**

Hebreos

1: 1–2, **100**
   5, **78**
5: 5, **78**
   8, **43**
9: 22, **169**
11: 6, **187**
   38, **45**
13: 14, **160**, **207**, **208**, **247**

Santiago

4: 3, **100**
   4, **290**

2 PEDRO

1: 4, **79**
3: 13, **125**

1 JUAN

1: 1–4, **206**
2: 18, **43**
3: 10, **279**
4: 1, **43**
   8, **13**, **91**
   16, **13**, **50**, **282**
   19, **94**, **236**, **292**
5: 11–12, **238**
   19, **125**

APOCALIPSIS

1: 8, **209**
   17–18, **26**
2: 7, **11**
   8, **33**
   8–10, **113**
   8–11, **9**
   11, **11**
   12–17, **117**
   17, **11**, **99**
   18–29, **191**
   20, **196**
   24, **197**
   29, **11**
3: 6, **11**
   13, **11**
   14–22, **267**
   15, **136**
   17–18, **284**, **292**
   20, **74**
   22, **11**
16: 15, **289**
19: 17, **297**
20: 10, **125**
21: 5, **88**, **257**
22: 13, **26**
   16, **199**

Siglas
de los
Libros Bíblicos

Ab, Abdías
Ag, Ageo
Am, Amós
Ap, Apocalipsis
Ba, Baruc
Ca, Cantar de los Cantares
Col, Colosenses
1 Cor, 1 Corintios
2 Cor, 2 Corintios
1 Cr, 1 Crónicas
2 Cr, 2 Crónicas
Da, Daniel
De, Deuteronomio
Ece, Eclesiastés
Eco, Eclesiástico
Ef, Efesios
Esd, Esdras
Est, Ester
Ex, Éxodo
Ez, Ezequiel
Flm, Filemón
Flp, Filipenses
Ga, Gálatas
Ge, Génesis

Ha, Habacuc
Heb, Hebreos
Hech, Hechos de los Apóstoles
Is, Isaías
Jb, Job
Jds, Judas
Jdt, Judit
Jer, Jeremías
Jl, Joel
Jn, Juan
1 Jn, 1 Juan
2 Jn, 2 Juan
3 Jn, 3 Juan
Jon, Jonás
Jos, Josué
Ju, Jueces
La, Lamentaciones
Lc, Lucas
Le, Levítico
1 Mac, 1 Macabeos
2 Mac, 2 Macabeos
Mal, Malaquías
Mc, Marcos
Mi, Miqueas

Mt, Mateo
Na, Nahúm
Ne, Nehemías
Nú, Números
Os, Oseas
1 Pe, 1 Pedro
2 Pe, 2 Pedro
Pr, Proverbios
1 Re, 1 Reyes
2 Re, 2 Reyes
Ro, Romanos
Rt, Rut
Sab, Sabiduría
Sal, Salmos
1 Sam, 1 Samuel
2 Sam, 2 Samuel
San, Santiago
So, Sofonías
1 Te, 1 Tesalonicenses
2 Te, 2 Tesalonicenses
1 Tim, 1 Timoteo
2 Tim, 2 Timoteo
Tit, Tito
To, Tobías
Za, Zacarías

Índice General

**SIETE CARTAS
A
SIETE OBISPOS**

Carta a la Iglesia de Esmirna 7

Carta a la Iglesia de Pérgamo 115

Carta a la Iglesia de Tiatira 189

Carta a la Iglesia de Laodicea 265

www.ingramcontent.com/pod-product-compliance
Lightning Source LLC
Chambersburg PA
CBHW060413010526
44107CB00006B/678